Maritime Sicherheit – Moderne Piraterie

ANALYSEN ZUR SICHERHEITSPOLITIK

Herausgegeben vom Institut für Sicherheitspolitik
an der Christian-Albrechts-Universität zu Kiel (ISPK)

BAND 7

ISPK Institut für Sicherheitspolitik Universität Kiel

Zu Qualitätssicherung und Peer Review der vorliegenden Publikation

Die Qualität der in dieser Reihe erscheinenden Arbeiten wird vor der Publikation durch den Herausgeber der Reihe geprüft.

Notes on the quality assurance and peer review of this publication

Prior to publication, the quality of the works published in this series is reviewed by the editor of the series.

Moritz Brake (Hrsg.)

Maritime Sicherheit – Moderne Piraterie

Hintergründe, Gefahren und mögliche Gegenmaßnahmen

PETER LANG
EDITION

Bibliografische Information der Deutschen Nationalbibliothek
Die Deutsche Nationalbibliothek verzeichnet diese Publikation in der Deutschen Nationalbibliografie; detaillierte bibliografische Daten sind im Internet über http://dnb.d-nb.de abrufbar.

Diese Veröffentlichung wird gefördert vom
Deutschen Maritimen Institut (DMI) e.V.,
dem Institut für Sicherheitspolitik an der Universität Kiel
und der Dr. Carl-Behrmann-Gedächtnisstiftung.

DEUTSCHES MARITIMES INSTITUT

Dr.-Carl-Behrmann-Gedächtnisstiftung

ISPK Institut für Sicherheitspolitik Universität Kiel

ISSN 1864 -256X
ISBN 978-3-631-66053-9 (Print)
E-ISBN 978-3-653-05385-2 (E-Book)
DOI 10.3726/ 978-3-653-05385-2

Peter Lang Edition ist ein Imprint der Peter Lang GmbH.

Peter Lang – Frankfurt am Main · Bern · Bruxelles ·
New York · Oxford · Warszawa · Wien

Diese Publikation wurde begutachtet.

www.peterlang.com

Inhalt

Der hier vorliegende Beitrag von Frau Dr. Patricia Schneider erschein unter dem Titel „Piraterie und Recht“ in der „if – Zeitschrift für innere Führung“, 01/2013, und wird abgedruckt mit der freundlichen Genehmigung der Redaktion.

Die Übersichtskarten und Grafiken im Beitrag „Moderne Piraterie: Komplex, global und äußerst brutal“ erscheinen mit freundlicher Genehmigung des United Nations Institute for Training and Research (UNITAR) und sind dem „UNOSAT Global Report on Maritime Piracy – a geospatial analysis 1995–2013“ entnommen. Prof. Dr. Martin N. Murphy erteilte ebenfalls freundlicherweise die Genehmigung, die Übersetzung seiner „Typologie moderner Piraterie“ in diesem Beitrag wieder zu geben. Sie entstammt seinem Beitrag „Petro-piracy: predation and counter-predation in Nigerian waters“ in Guilfoyle, Douglas, „Modern Piracy – Legal Challenges and Responses“, Edgar Elgar Publishing, Cheltenham 2013.

Grußwort Prof. Dr. Klaus-J. Windeck

In dem vorliegenden Band sind Beiträge eines Seminars über „Maritime Sicherheit“ wiedergegeben, die für zivile und militärische Spezialisten wie auch für die interessierte Öffentlichkeit von großem Interesse sind.

Bemerkenswert an dieser Sammlung hochkarätiger Beiträge ist, dass nicht nur Aspekte des unmittelbaren Schutzes gefährdeter Handelsschiffe in risikoreichen Seegebieten behandelt, sondern auch die elementaren rechtlichen Grundlagen der Gefahrenabwehr auf See dargestellt werden.

Damit gelingt es, auch das häufig plakativ behandelte Thema der modernen Piraterie in vielschichtiger und differenzierter Weise aufzugreifen und somit dessen Komplexität herauszuarbeiten.

Für mich als Dekan des Fachbereiches Seefahrt in Elsfleth der Jade Hochschule ist besonders wichtig, dass die Grundlage dieses Bandes ein Seminar im Frühjahr 2014 in Hamburg war, das gemeinsam von einer akademischen maritimen Einrichtung und Jugendoffizieren der Bundeswehr durchgeführt wurde.

Auf diese Weise wird der Brückenschlag zwischen der Handelsschifffahrt und den internationalen Marinekontingenten realisiert, der meines Erachtens so notwendig ist, um die Sicherheit des so bedeutenden internationalen Seeverkehrs zu gewährleisten.

Deshalb wünsche ich diesem Seminarband die positive Aufnahme, die er verdient.

Prof. Dr. Klaus-J. Windeck
Dekan des Fachbereiches Seefahrt
Jade Hochschule Wilhelmshaven/Oldenburg/Elsfleth

Grußwort Thomas Kossendey

Maritime Sicherheit war bis vor 10 Jahren ein exotisches Thema in Europa. Wie selbstverständlich gingen wir in Deutschland davon aus, dass Im- und Export über See unsere Arbeitsplätze sichert.

Die Piraten am Horn von Afrika haben uns die Augen dafür geöffnet, dass diese Sicherheit nicht zum Nulltarif zu haben ist. Deshalb haben die internationalen Gremien unter Beteiligung der deutschen Marine eine Schutzfunktion an dieser Wetterecke der Welt übernommen. Schnell wurde klar, dass für eine erfolgreiche Arbeit das Kurieren an Symptomen allein nicht ausreicht, wenn nicht gleichzeitig an Land Aktivitäten entwickelt werden um den Nährboden für Piraterie auszutrocknen. Deutlich wurde aber auch, dass sowohl dem Rechtsrahmen als auch möglichen Schutzmaßnahmen durch die Reeder mehr Beachtung geschenkt werden muss.

Hier ist einiges geschehen in Berlin und Elsfleth und es hat sich erwiesen, wie gewinnbringend die gemeinsame Ausbildung von Offizieren der Handels- und der Deutschen Marine sein kann.

Diese Entwicklung mit ihren Schwierigkeiten aufzuzeichnen von der Deutschen Marine bis zum Seemann an Bord, von den Reedern bis zu den Juristen, das ist der Verdienst des Kompendiums, dem ich viele interessierte Leser wünsche.

Thomas Kossendey
Parlamentarischer Staatsekretär a.D.
Präsident Oldenburgische Landschaft

Grußwort Lutz Feldt

Die Zahl der Publikationen zum Thema „Piraterie" ist beachtlich, die Ausgangspunkte und Motive sind sehr vielschichtig und die Piraterie hat in dieser Zeit in einem nicht enden wollenden Prozess immer neue Formen angenommen. Piraterie und kriminelle Aktivitäten auf See sind zu einem Geschäftsmodell geworden, in dem es eine begrenzte Zahl von Gewinnern und eine unüberschaubare Zahl von Verlieren gibt. Wobei festzuhalten ist, dass manche, die sich kurzfristig als Gewinner sehen, schon mittelfristig zu den Verlieren gehören. Hier beziehe ich mich vor allem auf diejenigen, die auf See die Verbrechen ausführen, die eigentlichen Piraten.

Geographisch lässt sich die Piraterie nicht eingrenzen, auch wenn die Berichterstattung in den Medien dies suggeriert. Ein Teil der Publikationen befasst sich mit den Ursachen, hat einen eher beschreibenden Charakter und hat einen guten Anteil daran, dass dem Problem und seinen Folgen mehr Aufmerksamkeit zuteil wurde und wird.

Das Leid der Seeleute an Bord der Schiffe und an Land in Gefangenschaft und Geiselhaft hat nicht zum Aufschrei der Entrüstung in unserer Gesellschaft geführt, wie wir sie bei anderen, vergleichbaren Verbrechen erleben. Bei den Verantwortlichen in der Politik und den Reedern und Charterern von Schiffen wurde das Problem lange Zeit unterschätzt, und unter anderen, vor allem wirtschaftlichen Gesichtspunkten als dem der Rettung von Menschen gesehen.

Der vorliegende Band und das ihm zu Grunde liegende Seminar befassen sich mit den Aspekten, die von einer beschreibenden Bestandsaufnahme zum praktischen Handeln führen. Dies macht ihn so wertvoll und lesenswert: die Beiträge, klar gegliedert, liefern Antworten im Rahmen des bestehenden Rechts.

Dabei wird auch deutlich, und dies muss nachdenklich stimmen, dass die Bundesrepublik Deutschland zwar, wie viele andere Staaten, das Seerechtsübereinkommen als die entscheidende internationale rechtliche Grundlage unterzeichnet und ratifiziert hat, es aber nicht, immer noch nicht, in nationales Recht umgesetzt hat.

Eine Konsequenz, die daraus zu ziehen war und die gezogen wurde, ist die Frage, wie dann die Bedrohung durch die Piraterie und die Risiken für die Kapitäne und die ihnen anvertrauten Seeleute reduziert werden kann. Der Band räumt damit zu Recht diesem Aspekt breiten Raum ein: der Rechtsstaat muss zeitnah eine Antwort auf diese Bedrohung finden. Ein rechtsfreier Raum ist ein ungemeiner Vorteil für alle verbrecherischen Vorhaben. Wenn der Staat selbst diese Aufgabe zum Schutz der Menschen nicht wahrnehmen will, eine politische Entscheidung mit einer weit über dieses Thema hinaus reichenden Wirkung, dann muss er rechtliche Grundlagen schaffen, die es privaten Sicherheitsdiensten ermöglichen, diese Aufgabe zu übernehmen.

Wertvoll ist aber auch der Beitrag, der sich mit dem Maritimen Terrorismus befasst. Auch wenn es den Nachrichtendiensten gelungen ist, durch umfassende Aufklärung und einen guten Datenaustausch, den Chefplaner des maritimen Terrors von *al-Qaida*, Abd Al Rahman Al Nashiri festzunehmen, ist es eine offene Frage, inwieweit die Piraterie den Terror mitfinanziert. Es ist davon auszugehen, dass es diese Verbindungen gibt.

Die Beiträge bieten Antworten an, die sich zur weiteren praktischen Befassung mit dem Thema ausgezeichnet eignen, das macht diese Sammlung so wichtig und lesenswert. Ich begrüße den interessierten Leser und hoffe, dass dieser Band noch einmal die Bedeutung des Rechts im Kampf gegen Piraterie und Terror deutlich macht. Aber eben auch, dass es ein Rechtsstaat nicht aus sachfremden Überlegungen zu rechtsfreien Räumen kommen lassen darf!

Lutz Feldt
Vizeadmiral a.D.
Direktor „Wise Pens International"

Danksagung

Mein Interesse an maritimer Sicherheit wurde wesentlich geprägt durch meine eigenen Erfahrungen mit somalischer Piraterie am Horn von Afrika. In den Jahren 2010 und 2011 war ich dort mit der Fregatte KÖLN Teil der Mission ATALANTA der Europäischen Union. Deshalb an dieser Stelle ein Gruß an die Besatzung der Fregatte KÖLN: Ich bin stolz und dankbar, in diesen Jahren mit Euch zur See gefahren zu sein.

Es ist mir aus dieser persönlichen Erfahrung heraus ein Anliegen, mit diesem Buch einen Beitrag zur öffentlichen Diskussion über Piraterie und maritime Sicherheit zu leisten. Vor allem aber erhoffe ich mir, dass der ein oder andere persönlich betroffene Praktiker hilfreiche Anregungen daraus ziehen kann, um Gefahren für sich und andere zu vermeiden oder zumindest zu mindern.

Dieser Sammelband ist das Ergebnis einer gemeinsamen Anstrengung. Ohne die vielseitige Offenheit und Begeisterung für dieses Projekt, die mir so oft in den vergangenen Monaten begegnete, wäre es schlichtweg nicht realisierbar gewesen. Ich möchte mich daher bei vielen Freunden und Kollegen bedanken, deren Namen nicht alle hier aufgeführt werden können. Einige möchte ich aber doch erwähnen:

Den Autoren des vorliegenden Bandes danke ich für die fruchtbare Inspiration und engagierte Zusammenarbeit. Darüber hinaus wären weder dieser Band noch das zugrundeliegende Seminar zustande gekommen, wenn der Fachbereich Seefahrt der Jade Hochschule in Elsfleth – meine eigene „Alma Mater“ – nicht so offen auf meine Idee eines spezialisierten Seminars für „Maritime Sicherheit“ eingegangen wäre. Hier sind es vor allem die enge Kooperation mit Professor Hans-Jörg Nafzger und das rege und unermüdliche Interesse seiner Studenten an diesem Thema, wofür ich außerordentlich dankbar bin. Dafür, dass ein Besuch in Elsfleth immer ein „nach Hause kommen“ für mich sein wird, ist in ganz besonderem Maße Thorsten Löffler im Dekanat des Fachbereiches verantwortlich, ein Freund seit Studientagen.

Für die Gastfreundschaft die unser Seminar im März 2014 in Hamburg erfahren hat, danke ich der Führungsakademie der Bundeswehr. Dankbar sind wir auch für die freundliche Aufnahme im Internationalen

Seegerichtshof, hervorragend vertreten durch Julia Ritter und Matthias Füracker, ein Höhepunkt des Seminars. Am Oberlandesgericht Hamburg danke ich Richter Dr. Carl von Freier für die Einladung und seinen äußerst inspirierenden Vortrag. Auch wäre das Seminar in Hamburg nicht durchführbar gewesen, hätte nicht im Hintergrund Philipp Züngler unermüdlich die Arbeit geleistet, die an Improvisation und Vor-Ort-Organisation immer nötig wird, wenn ein lange geplantes Projekt in die konkrete Umsetzung geht. Hartwig Ross möchte ich dafür danken, dass er an vielen wichtigen Wegmarken – nicht zuletzt auch oft bei diesem Seminar und Buchprojekt – mit freundschaftlichem Rat und Tat zur Seite stand.

Förderung und Unterstützung habe ich darüber hinaus seitens der Akademie für Information und Kommunikation der Bundeswehr in Strausberg erlebt. Namentlich möchte ich mich hier bei Dr. Ina Wiesner, Oberstleutnant Alexander Willing und Oberstleutnant Kai Samulowitz bedanken. Auch wäre ohne die stetige Rückendeckung von Oberstleutnant Klaus-Heinrich Ehlers ein umfangreiches Projekt wie dieses Buch nicht realisierbar gewesen; auch dafür meinen herzlichen Dank.

Einen besonderen Dank bin ich ebenfalls Dr. Heinrich Walle aus Bonn schuldig. Er gab mir nicht nur wertvolle Hinweise in der Ausgestaltung und Umsetzung der Idee dieses Bandes, sondern er ermöglichte mir auch, meinen Buchbeitrag zu moderner Piraterie im Rahmen einer Vorlesung an der Universität zu Köln einer kritischen Diskussion mit Studenten der humanwissenschaftlichen Fakultät zu stellen.

Bei Prof. Dr. Adolf Kimmel und Prof. Dr. Joachim Conrad möchte ich mich für Anmerkungen zum Manuskript bedanken. Darüber hinaus bin ich dankbar für Ratschläge und Inspiration durch Oberstleutnant Dr. Martin Hofbauer, die besonders in der Frühphase des Buchprojektes äußerst wertvoll waren.

Thomas Kossendey und Prof. Dr. Windeck gebührt nicht nur mein Dank für ihre Unterstützung dieses Bandes, sondern auch für die glückliche Gelegenheit, dass ich im Rahmen der von ihnen getragenen Kooperation zwischen Marine und der Jade Hochschule als aktiver Marineoffizier in Elsfleth studieren konnte.

Lutz Feldt danke ich hier für seinen Einsatz für dieses Buch und für die öffentliche Diskussion maritimer Sicherheit. Der der erfolgreiche Einsatz vor Ort – zivil und militärisch – hängt entscheidend davon ab, dass er von einer breiten, öffentlichen und gut informierten Debatte in unserer heimischen Demokratie getragen ist.

Ohne die Förderung des Deutschen Maritimen Instituts, des Instituts für Sicherheitspolitik der Universität Kiel und der Dr.-Carl-Behrmann-Gedächtnisstiftung wäre dieses Projekt nicht realisierbar gewesen. Stellvertretend für die Mitwirkenden bedanke ich mich für die großzügig gewährte Unterstützung bei dem Präsidenten des DMI, Vizeadmiral a.D. Hans-Joachim Stricker, dem Direktor des ISPK, Prof. Dr. Joachim Krause und Prof. Dr. Klaus-Jürgen Windeck, Dekan des Fachbereiches Seefahrt und Vorsitzenden der Dr.-Carl-Behrmann-Stiftung. Stefan Hansen vom ISPK gilt mein Dank dabei nicht nur für seinen Einsatz als Co-Autor eines Beitrages, sondern auch für seine Unterstützung bei der Veröffentlichung des Sammelbandes.

Ulf Scharrer danke ich für sein umfassendes Lektorat, seine wertvolle Kritik und vielseitigen Denkanstöße während verschiedener Stadien dieses Projektes.

Abschließend möchte ich mich bei meinem Vater Heinz-Georg Brake bedanken, der stets mit wertvollen Ratschlägen zu Stil und Form meine Texte begleitet. Auch inhaltlich gewann mein Anteil an diesem Band immens durch unsere intensiven Diskussionen.

Dieses Buchprojekt wäre aber vor allem ohne den Rückhalt in meiner Familie nicht möglich gewesen. Der größte Dank gebührt daher meiner Frau Sonja und meinen Töchtern Milla und Fiona für das Verständnis und die Zeit, die sie mir gewährt haben, sei es für die Arbeit am Schreibtisch oder für meine Abwesenheit auf See.

Der ursprünglich für diesen Band geplante Beitrag von Kapitän Holger Stahl musste bedauerlicherweise entfallen. Seine Frau verstarb während seiner Arbeit an diesem Projekt nach langer, schwerer Krankheit. Ihm gelten unsere Anteilnahme und unser herzliches Beileid.

Moritz Brake

Vorwort des Herausgebers

Der Themenkomplex „Maritime Sicherheit" trifft seit einigen Jahren auch jenseits spezialisierter juristischer und sicherheitspolitischer Fachkreise auf wachsendes öffentliches Interesse. Somit ist er weit mehr als nur grundsätzlich akademisch und politisch relevant. Insbesondere aber ist das Thema für das Fachgebiet „Nautik" – die akademische Disziplin, die sich mit sicherer, verantwortlicher Schiffsführung und der Ausbildung von nautischen Schiffsoffizieren und Kapitänen befasst – auch von unmittelbarer praktischer Relevanz. Und praktische Relevanz ist der besondere Fokus dieses Bandes. Deshalb stammt, im Anschluss an knappe theoretische Grundlagen und Einführungen, die Mehrzahl der Beiträge aus unterschiedlichen Anwendungsbereichen im Handlungsfeld maritimer Sicherheit. In diesem Rahmen ergibt sich die Schwerpunktsetzung auf „moderne Piraterie" aus der hohen praktischen Eintrittswahrscheinlichkeit dieser aktuellen Herausforderung an maritime Sicherheit.

Maritime Sicherheit, moderne Piraterie und mögliche Gegenmaßnahmen

Maritime Sicherheit ist nicht nur analog zum sich wandelnden allgemeinen Sicherheitsbegriff ein dynamisches Konzept,[1] vor allem vereinigt sich unter dieser Aufgabenstellung eine Vielzahl staatlicher und nicht-staatlicher Akteure.[2] Diese verschiedenen Akteure können nur dann optimal zusammenwirken, wenn sie außerhalb üblicher akademischer Disziplinen denken und alle verfügbaren Informationsquellen nutzen. Moderne Piraterie ist ein komplexes Phänomen, das sich nicht in einfachen Kategorien erfassen lässt. Seine unterschiedlichen regionalen Erscheinungsformen führen zu ganz unterschiedlichen Auswirkungen auf die Betroffenen beim zu erwartenden

1 Buerger, Christian (2013), „Theorien der Maritimen Sicherheit: Versicherheitlichungstheorie und sicherheitspolitische Praxeographie", in Bruns, Petretto Petrovic (Hrsg.) (2013), „Maritime Sicherheit" (Springer Fachmedien, Wiesbaden), S. 30–32.

2 Vgl. Beitrag von Lutz Feldt in diesem Band.

Gewaltmaß, dem Organisationsgrad der Angreifer, ihrem hauptsächlichen „Beuteschema", ihrer Verflechtung mit Staaten und deren Organen sowie möglichen Schutzvorkehrungen und deren Erfolgsaussichten.

Um des Problems Piraterie Herr zu werden, führt kein Weg an einer tieferen Ursachenanalyse vorbei, will man mehr als bloße Symptombekämpfung auf See erreichen. Die dann zum Einsatz kommenden Gegenmaßnahmen umfassen weit mehr als nur das Repertoire klassischer Seestreitkräfte. Auch wenn die Art der Bedrohung sowohl traditionell als auch aus praktischen Überlegungen heraus Schutzaufgaben durch (internationale) Marinekontingente nahelegt, ist es vor allem eine umfassende Kombination diplomatischer und entwicklungspolitischer Anstrengungen, internationaler Ausbildungsmissionen durch Polizei, Streitkräfte und Juristen und die Einbindung nicht-staatlicher Akteure, die nachhaltigen Erfolg versprechen. Gleichwohl ist in einem „failed state"-Szenario wie in Somalia eine vorherige und fortdauernde militärische Stabilisierungsmission unumgänglich, um diejenigen Strukturen aufbauen zu können, die eine zivile Gesellschaft überhaupt erst möglich machen. Dies zeigt sehr deutlich – trotz aller Schwierigkeiten – der Einsatz der regionalen Friedensmission AMISOM der Afrikanischen Union in Somalia. Gerade am Horn von Afrika bestätigt sich aber zugleich, dass moderne Piraterie nur sinnvoll von breiter praktischer und theoretischer Warte aus betrachtet und behandelt werden kann.

Im Umkehrschluss bedeutet die Komplexität maritimer Sicherheit und moderner Piraterie, dass das Interesse für diese Themen nicht nur auf reine Spezialisten beschränkt bleiben kann. Deshalb finden sich in den interdisziplinären Beiträgen dieses sowohl auf praktische als auch theoretische Aspekte ausgerichteten Sammelbandes nicht nur Anregungen für ein politisch und zeitgeschichtlich interessiertes Publikum und eine vielseitige akademische Leserschaft, sondern auch für gestaltende Akteure auf dem Feld der Politik und im Schifffahrtssektor. Speziell für ein nautisches Fachpublikum ergeben sich Hinweise und Konsequenzen für die eigene Vorbereitung, den Selbstschutz von Handelsschiffen und die Kooperation mit nationalen und internationalen Behörden, insbesondere internationalen Marine-Kontingenten in Krisen- und Risikogebieten.

Zu den besonderen Anregungen und Diskussionsanstößen dieses Bandes für politische Krisenreaktion auf Herausforderungen im maritimen

Raum gehört auch die Auseinandersetzung mit nationaler und internationaler Strafverfolgung von Piraterieverdächtigen, den bislang nur wenig beachteten Chancen und Grenzen der NATO Konvoi-Option sowie mit der zunehmenden Notwendigkeit, bei der Gewährleistung maritimer Sicherheit international zu kooperieren.

Struktur des Bandes

Um dieser Beitragssammlung ein thematisches Fundament zu geben, erläutern die Aufsätze von Philipp Züngler und mir sowie die Gemeinschaftsarbeit von Robert Frau und Tassilo Singer die Grundlagen der drei wesentlichen von Menschen bewusst und zielgerichtet verantworteten aktuellen Herausforderungen für maritime Sicherheit.[3] Während ich mich auf den Schwerpunkt Piraterie konzentriere, befasst sich Philipp Tüngler mit dem maritimen Terrorismus. Die Erfahrung, dass Gegenmaßnahmen gegen das alltäglichere Phänomen moderner Piraterie prinzipiell auch wirkungsvoll abschreckend gegenüber potentiellen maritimen Terroristen wirken können, unterstreicht den Nutzen, sich maritimer Sicherheit umfassend, interdisziplinär und mit weitem Blickwinkel zu nähern. Dieser weite Blickwinkel gewinnt auch, wenn man sich im folgenden Beitrag mit Robert Frau und Tassilo Singer vergegenwärtigt, dass nicht nur kriminelle oder sub-staatliche Akteure zum Sicherheitsrisiko für maritime Sicherheit werden können: Historisch waren es vor allem souveräne Staaten, die mit gewaltsamen Eingriffen in die Schifffahrt und die Nutzung der Ozeane das nachhaltigste Risiko darstellten. Aktuelle Beispiele und die geltende Rechtslage zeigen, dass diese Gefahr alles andere als abstrakt ist und in unsere heutigen Risikobewertungen mit einfließen muss.

Hans-Jörg Nafzger legt anschließend seinen Fokus auf die spezielle Relevanz, die das Thema „Gefahrenabwehr" für die Praxis und Ausbildung von Schiffsoffizieren und Kapitänen besitzt, und unterstreicht die Notwendigkeit, die nautische Ausbildung an aktuelle sicherheitspolitische Entwicklungen anzupassen und darüber hinaus entsprechende Fortbildungsangebote für die Praxis zu erarbeiten.

---

3 Auch wenn z.B. Kriminalität, Umweltkatastrophen oder eine drohende Klimaerwärmung potentiell große Konsequenzen für maritime Sicherheit haben können, sind sie nicht Gegenstand dieses Bandes.

Aus der Praxis der Handelsschifffahrt, vor allem aus Sicht der Seeleute und der Reedereien, schildert Dirk Max Johns im darauffolgenden Beitrag die Entwicklungen der vergangenen Jahre. Mit aktuellen Zahlen und Fakten zeigt er nicht nur die Relevanz von Piraterie für die Handelsschifffahrt und die globale Wirtschaft auf, sondern er spricht auch speziell über die Verantwortung der Reeder gegenüber ihren Seeleuten. Dabei bringt er explizit auch die Schutzverantwortung des Staates gegenüber seinen Bürgern zur Sprache. So kommt er zum – aus seiner Sicht nur suboptimalen – Lösungsansatz, private Sicherheitsunternehmen mit dem Schutz von Handelsschiffen zu betrauen. Hinsichtlich der Gesamtverantwortung – nicht nur allein seitens der Bundesrepublik Deutschland – gegenüber der Situation in scheiternden oder gescheiterten Staaten, sieht er in Fällen wie Somalia die Notwendigkeit eines umfassenden internationalen Handelns, um die Ursachen von Piraterie nachhaltig zu bekämpfen.

Aus praktischer, operativer Sicht fließen anschließend mit den Beiträgen von Christian Ickert und Nils Retkowski die hoheitliche und private Variante von bewaffnetem Begleitschutz für gefährdete Handelsschiffe in die Darstellung ein. Hierbei zeigen sich deutliche Unterschiede im rechtlichen Handlungsrahmen und in der Einsatzpraxis. Neben bewaffneten Schutzmaßnahmen spielt in beiden Fällen auch der waffenlose Selbstschutz von Handelsschiffen eine entscheidende Rolle. Als zusätzliche – wenn auch aus NATO- oder europäischer Sicht bislang nicht für aktuelle Krisenregionen genutzte – Option stellt Friedrich Fuchs das Konvoi-System der NATO in seinen unterschiedlichen Eskalationsstufen vor. Da Rufe nach diesem Angebot gelegentlich laut werden, wenn es um moderne Piraterie geht, und vergleichbare „Dienstleistungen“ durch andere Akteure angeboten werden (private Eskort-Boote sowie z.B. hoheitliche, durch Kriegsschiffe begleitete Konvois der Volksrepublik China am Horn von Afrika – gegen Bezahlung), bietet dieser Beitrag einen intensiven Einblick in die Möglichkeiten und Grenzen dieses Systems.

Im nachfolgenden Kapitel beleuchtet Patricia Schneider die besondere Herausforderung, die sich im deutschen rechtsstaatlichen Umgang mit somalischen Piraten stellt. Dies geschieht anhand des Beispiels der Gerichtsverhandlung über den Angriff somalischer Piraten auf das deutsche Handelsschiff TAIPAN. Frau Dr. Schneider widmet sich den grundsätzlichen Herausforderungen und Chancen, die die juristische Aufarbeitung von internationaler Piraterie in Deutschland bietet. Sie spricht sich dabei klar für ein dauerhaftes Engagement aus, Strafverfolgung von somalischen Piraten in Deutschland zu betreiben.

Der Beitrag von Uwe Jenisch zeigt auf, dass der Rahmen des See- und Völkerrechtes wirkungsvolle Handlungsmöglichkeiten für Deutschland und die internationale Gemeinschaft im Vorgehen gegen Piraterie bereithält. Speziell geht er auf die gemäß Seerechtsübereinkommen – auch durch Deutschland – erklärte Selbstverpflichtung der Vertragsparteien zur Kooperation in der Eindämmung von Piraterie ein und wagt einen Ausblick in die bisweilen auflebende Debatte über die Einrichtung einer internationalen Gerichtsbarkeit für maritime Straftaten.

Ebenfalls aus juristischer Sicht widmet sich das anschließende Kapitel mit Beiträgen von Werner von Unruh und Claudia Topp den rechtlichen Grundlagen eines Einsatzes privater bewaffneter Sicherheitsdienstleister auf Handelsschiffen. Während sich Professor von Unruh grundsätzlich mit dem Aspekt der Notwehr und dem Einsatz privater bewaffneter Sicherheitsteams aus Kapitänssicht befasst, beleuchtet Frau Topp die Neuerungen, die für privaten bewaffneten Schiffschutz unter deutscher Flagge seit den Änderungen der gesetzlichen Rahmenbedingungen seit Dezember 2013 wirksam sind. Hier zeigt sich vor allem, dass die Kapitäne auf solchermaßen begleiteten Schiffen in erheblichem Maße weiterhin in die Verantwortung einbezogen werden und ihre Gesamtverantwortung für ihr Schiff und die Handlungen, die von ihm ausgehen, behalten. Die Notwendigkeit, diese Verantwortung kompetent durch die Schiffsführung wahrnehmen zu können, verweist auf die ursprüngliche Forderung von Professor Nafzger, entsprechende aktuelle Fortbildungsprogramme für die Praxis an Bord und inhaltliche Integration in laufende Ausbildungsgänge umzusetzen und anzubieten.

Allerdings wäre die Perspektive auf privat organisierten bewaffneten Schiffschutz unvollständig, wenn nicht mit Dirk Siebels auch die internationalen Rahmenbedingungen zur Sprache kämen. Für den Praktiker an Bord sind die deutschen Regeln oft nicht relevant, da sein Schiff nicht unter deutscher Flagge fährt und die genutzten Dienstleister ihren Firmensitz nicht in Deutschland unterhalten. Hier wird ebenfalls die Frage erörtert, wie das deutsche Zertifizierungsverfahren im internationalen Vergleich dasteht.

In einer konkreten regionalen Fallbetrachtung widmet sich anschließend Dirk Steffen der Situation im Golf von Guinea. Mit Hintergrundwissen und Erfahrung vor Ort gewährt er einen Einblick in die komplexe Gemengelage von Interessen und Gefahren in der Region. Da er sich nicht nur den Ursachen, sondern auch den aktuellen Lösungsansätzen widmet und eine Einschätzung der Qualität unterschiedlicher Initiativen vornimmt, findet sich hier viel Hilfreiches für Seeleute mit Zielhäfen im betroffenen Seegebiet und für all jene, denen an einer Lösung – oder zumindest einem vernünftigen „Management" – der Krise im Golf von Guinea gelegen ist.

Stefan Hansen und Tore Wethling betrachten in ihrem Beitrag das aktuelle internationale Vorgehen gegen Piraterie aus einer geostrategischen Perspektive. Sie gehen dabei der Frage auf den Grund: Warum beteiligen sich so viele unterschiedliche Nationen am militärischen Vorgehen gegen Piraterie? Reichen die – gesamtwirtschaftlich vergleichsweise geringen – Verluste durch Kaperungen als Rechtfertigung aus? Hier offenbaren sich einige Aspekte des internationalen Engagements auch am Horn von Afrika, die selten in unsere aktuelle Debatte einfließen.

Abschließend nimmt Lutz Feldt in seinem Beitrag eine globale Perspektive auf Maritime Sicherheit ein, um das aktuelle europäische Konzept zur gemeinsamen Erfassung des Lagebildes und einer umfassenden Risikobewertung vorzustellen. Er zeigt dabei die Herausforderungen auf, vor die uns der global verknüpfte, aber noch weitgehend unregulierte maritime Raum stellt, und schlägt als langfristigen Lösungsansatz eine schrittweise Globalisierung lokaler und regionaler Kooperations- und Überwachungssysteme vor. Dabei stellt er insbesondere den Vorbildcharakter der europäischen Initiative zu einem „Common Information Sharing Environment" heraus.

Hintergrund und Zielsetzung des Bandes

Dieser Band entstand als Folge eines interdisziplinären Seminars über „Maritime Sicherheit", das am 19. und 20. März 2014 in Hamburg vom Fachbereich Seefahrt der Jade-Hochschule in Elsfleth und Jugendoffizieren der Bundeswehr durchgeführt wurde. Die hohe Qualität der Referentenbeiträge und der Umstand, dass das Detailwissen der unterschiedlichen Fachleute anderweitig selbst für Sachkundige oft nur sehr umständlich zugänglich wäre, waren dabei ausschlaggebend, diese Beitragssammlung einer breiteren Öffentlichkeit zugänglich zu machen.

Über die ursprünglichen Referentenbeiträge hinaus sind in diesen Band noch weitere Beiträge aufgenommen worden,[4] die den Anspruch einer praxisorientierten Herangehensweise an maritime Sicherheit zusätzlich unterstützen und in einen vertiefenden theoretischen Rahmen setzen. Somit erweitert dieser Sammelband die grundsätzliche Ausrichtung des Seminars und bietet dem Leser einen weiter gefassten Zugang zu diesem Thema. Auch wenn maritime Sicherheit mittlerweile seit spätestens 2008, dem Beginn der EU-Mission ATALANTA am Horn von Afrika, stärker in den öffentlichen und politischen Fokus gerückt ist, so zielt dieser Band auch darauf ab, zur Schließung der bisherigen Lücke in ihrer (nautisch) praktischen Betrachtung beizutragen.

4 Zu den ursprünglichen Seminarbeiträgen gehören u.A die Buchbeiträge von.: Claudia Topp, Christian Ickert, Nils Retkowski und Moritz Brake. Darüber hinaus trugen als Referenten zum Seminar bei: Kapt. Holger Stahl, Dr. Carl von Freier, Mathias Füracker und Kapt. Hartwig Ross.

Kapitel 1
Grundlagen

Moritz Brake

Kapitel 1.1: Moderne Piraterie: Komplex, global und äußerst brutal

Editorial abstract: Maritime piracy in its contemporary shapes has been presenting a significant challenge to international maritime security at least since the 1990s. Today, several piracy *hot spots* continue to require the attention of civilian and naval mariners, law-enforcement, the shipping industry, policy-makers, and our public. Beyond those regionally afflicted, piracy and maritime security are matters of concern to international society in general. This chapter aims to provide an overview over the phenomenon of contemporary piracy – and the very real risks it entails: individual, communal, regional and global. Likewise, addressing the problem of piracy involves all these levels of actors in mutually beneficial cooperation to achieve lasting success.

1.1.1 Einführung

Etwa 70 % der Oberfläche unserer Erde sind mit Wasser bedeckt, je nach Schätzung leben etwa 80 % der Menschheit in unmittelbarer Nähe zum Meer und über 90 % des Welthandels wird über das Meer abgewickelt. Bereits diese Zahlen verdeutlichen die existenzielle Bedeutung, die das Meer und der Seehandel für die meisten Länder der Erde haben. Die Globalisierung als treibender Prozess hinter den schnellen ökonomischen und gesellschaftlichen Entwicklungen in der zweiten Hälfte des 20. und im noch jungen 21. Jahrhundert hängt entscheidend vom freien Seehandel ab. Weder wäre der Wohlstand der entwickelten Industriegesellschaften ohne freien Seehandel denkbar, noch könnten ärmere Länder hoffen, zu den reicheren aufzuschließen, wenn ihnen der Warenverkehr über das Meer verwehrt würde. Anschaulich zeigte Ricardo Hausmann, welche drastischen Konsequenzen ein mangelnder Zugang zu leistungsfähigen Seehäfen für Entwicklungsländer haben kann: Die Transportkosten eines Seecontainers von Baltimore an die Elfenbeinküste vervierfachen sich für die gleiche Ladung in die Zentralafrikanische Republik, da dort zusätzliche 1.500 km beschwerlicher Landweg hinzukommen.[1] Der Effekt auf die Wettbewerbsfähigkeit der von mangelhaftem Zugang zum Weltmarkt betroffenen Volkswirtschaften und damit auf den potenziellen Lebensstandard ihrer Bevölkerung ist verheerend.

Gerade in Afrika zeigt sich, dass Piraterie nicht nur eine Beeinträchtigung des Seehandels ist, sondern auch ein schwerwiegendes Entwicklungshemmnis für die Staaten von deren Küsten aus die Piraten agieren. Das gilt für Somalia, zunehmend aber auch für den Golf von Guinea. Allerdings zeigen auch die aktuellen Zahlen auch, dass Piraterie nicht nur an afrikanischen Küsten ein massives Problem darstellt.[2] Die Ursachen, Wirkungen und möglichen Gegenmaßnahmen beim Umgang mit diesem Problem lassen sich dennoch mit einer Schwerpunktsetzung auf den westlichen Indischen Ozean und den Golf von Guinea zweckmäßig darstellen. Ein weiteres Vertiefen der jeweiligen regionalen Besonderheiten für sämtliche Piraterieschwerpunkte kann an dieser Stelle nicht geleistet werden, soll aber durch punktuelle Betrachtung auch der Situation z.B. in Südostasien erleichtert werden.

Hilfreich für den Umgang mit dem Phänomen moderner Piraterie ist die Erkenntnis, dass auf unterschiedlichen Handlungsebenen erfolgreich das Risiko minimiert werden kann: Durch Individuelle Vorbereitung und Vorsorge, Ausbildung und Schiffschutz (unbewaffnet und bewaffnet) auf gefährdeten Handelsschiffen; durch Einsatz von Kriegs- oder anderen Staatsschiffen; durch umfassende politische Lösungsansätze an Land, inklusive ggf. robuster militärischer Unterstützung eines staatlichen Stabilisierungsprozesses, mit dem Ziel verantwortlicher Regierungsführung und nachhaltiger gesellschaftlicher Entwicklung vor Ort; durch internationale, interdisziplinäre Kooperation bei allen diesen Aspekten.

Das Ziel einer nachhaltigen Krisenbewältigung – auch im maritimen Bereich – setzt dabei zwingend voraus, dass die demokratischen Werte und rechtstaatlichen Grundsätze unabdingbarer Teil einer nachhaltigen Lösung für ein Land wie Somalia sind, und zwar auf See, wie an Land. Dies schließt eine rechtsstaatlichen Grundsätzen und demokratischen Werten folgende strafrechtliche Behandlung der Täter ein.

Dass ein solches Vorgehen keine Leistung eines einzelnen Staates sein kann, ergibt sich aus der Notwendigkeit, dem komplexen Phänomen

1 Hausmann 2001.
2 Vgl. Fig. 2.

Piraterie mit einem langfristig angelegten und ressourcenintensiven Aufbau- und Entwicklungskonzept entgegen zu treten. Die völker- bzw. seerechtlichen Voraussetzungen gehören hierbei ebenso in die Betrachtung, wie die Menschwürde und -rechte der Opfer – *aber auch die der Täter*. Gemeinsam bilden diese den Rahmen, in dem eine nachhaltige Bewältigung des Problems moderner Piraterie überhaupt möglich wird. Dabei befinden sich die Initiativen der Europäischen Union – an Land wie auf See – für Somalia auf dem richtigen Weg. Es allerdings beim bisherigen Engagement zu belassen und daraus keine langfristige Gesamtstrategie für das Land zu entwickeln, wäre ein Fehler mit gravierenden Folgen nicht nur für die Seeleute an Bord, sondern auch für die Menschen in der Region und in Somalia selbst. Auch darf das europäische Engagement gegen Piraterie nicht in Somalia enden – nicht nur Nigeria erfordert ebenfalls Aufmerksamkeit und andere Lösungsansätze für eine unterschiedliche Gestalt dieser dort nicht minder gefährlichen Bedrohung – im Gegenteil: In Nigeria steht mit all seinen Schwierigkeiten – von denen maritime Kriminalität nur eine ist – ein Staatswesen mit über 170.000.000 Einwohnern auf dem Spiel.

1.1.2 Moderne Piraterie: Nicht nur eine Gefahr für den globalen freien Seeverkehr

Wer sich also mit den Gefahren für den freien Seeverkehr beschäftigt, kommt selbst in der heutigen Zeit nicht am Thema „Piraterie“ vorbei.[3] Auch wenn diese nicht die einzige Herausforderung für die maritime Sicherheit darstellt, so ist sie doch eine der aktuell brisantesten. „Maritime Sicherheit“ ist dabei ein komplexer, dynamischer Begriff, der sich analog zum

3 Vergleichbar mit der entsprechenden Umsetzung des International Maritime Bureaus (IMB) und Grundidee einschlägiger UN-Resolutionen (vgl. UN RES 1816, 1838, 1846 etc.), werden unter „Piraterie“ im folgenden Verlauf diejenigen kriminellen Handlungen zusammengefasst, die im allgemeinen Sprachgebrauch unter diesem Begriff verstanden werden. Juristisch umfasst dies sowohl die Definitionen des Artikels 101 des Internationalen Seerechtsübereinkommens (SRÜ, engl. „United Nations Convention on the Laws of the Seas“ – UNCLOS) für Piraterie als auch die der International Maritime Organisation (IMO) Resolution A. 1025 (26), vom 02.12.2009, für „bewaffnete Raubüberfälle gegen Schiffe“ (Armed robbery against ships).

Wandel des allgemeinen Sicherheitsbegriffs entwickelt.[4] Jenseits der reinen „Abwesenheit von physischer Gefahr“, sind individuelle Freiheit, Menschenrechte und demokratische Teilhabe mittlerweile – ganz im Sinne der Aufklärung – als elementare Aspekte von „Sicherheit“ etabliert. *Klassisch* umfasst also „Maritime Sicherheit“ die unmittelbare An- oder Abwesenheit von Gefahren für Schiffe, ihre Ladung und Besatzung, die Sicherheit des freien Zugangs zum Seehandel und zur Nutzung von Meeresressourcen sowie den Schutz vor Bedrohungen für Staatsbürger und Interessen souveräner Staaten. Sie kann aber nicht ausschließlich darauf begrenzt werden. Mittlerweile fließen in die Betrachtung maritimer Sicherheit zu Recht z.B. die gesellschaftlichen und politischen Verhältnisse der Küstenstaaten, die Auswirkungen von Umweltkatastrophen oder sozialen und ökonomischen Globalisierungsprozessen ein. Ein krisengeschütteltes, korruptes oder repressives Staatswesen an Land kann auch zum maritimen Sicherheitsrisiko werden. Umgekehrt können maritime Krisen schwere Folgen für die Gesellschaften an Land nach sich ziehen.[5]

Außerdem ist maritime Sicherheit auch aus Sicht Europas und Deutschlands nicht nur von Relevanz für unsere Transportwege und unsere Produktionsketten und -standorte. Der notwendige Wandel in der Betrachtung maritimer Sicherheit verdeutlicht sich in den Gefahren, die im Zusammenhang mit der See eine breite gesellschaftliche und politische Wirkung entfalten können. Der Klimawandel, speziell der zu erwartende Anstieg des Meeresspiegels, sowie z.B. Flüchtlingsströme über das Meer sind Herausforderungen, die nicht nur von den unmittelbar betroffenen Küstenregionen bewältigt werden müssen. Diesbezüglich konkretisiert Uwe Jenisch drei Gruppen von aktuellen maritimen Risiken:[6]

1. **Maritime Gewalt**: kriminelle menschliche Tätigkeiten (Piraterie, Terror, Drogenhandel – aber auch Menschenschmuggel, etc.)
2. **Maritimen Nationalismus**: Rücksichtslose Durchsetzung nationaler Interessen auf See, Militarisierung von Seeräumen
3. Spontane oder längerfristige **Naturereignisse** – insbesondere durch den Klimawandel

4 Buerger 2013, S. 30–32.
5 Siehe dazu Abs. **1.1.6.**
6 Vgl. Jenisch 2014, S. 8–9.

Entsprechend zeigen zwischenstaatliche Krisen, wie diejenige um die Krim oder die territorialen Streitigkeiten zwischen China und seinen Nachbarn, dass auch die Dimension einer möglichen hoheitlichen Einschränkung des freien Seehandels nicht von der politischen Agenda verschwunden ist.[7] Darüber hinaus gab es in der Vergangenheit wiederholt Terrorakte im Zusammenhang mit Seeschiffen, die bewusst Seehandelswege zum Ziel hatten.[8] Hier sticht vor allem der Fall des Tankers LIMBURG aus dem Jahr 2002 hervor. Allerdings ist in der vergleichenden Risikobewertung Piraterie von den zielgerichtet von Menschen verursachten Gefahren für die maritime Sicherheit aktuell und regional begrenzt diejenige mit der höchsten Eintrittswahrscheinlichkeit.[9]

1.1.3 Zahlen, Fakten und regionale Ausbreitung

Fig. 1: „Jährliche Entwicklung der Anzahl gemeldeter Vorfälle 1995–2013“

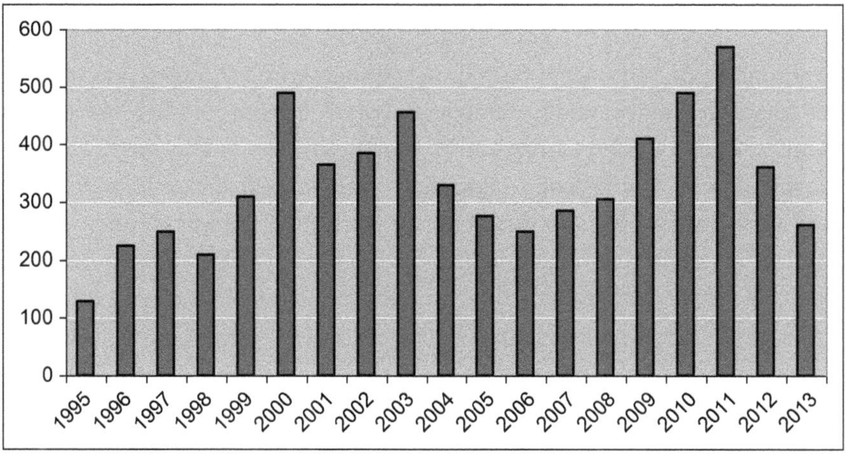

7 Hier sei auf den Beitrag von Robert Frau und Tassilo Singer in diesem Buch verwiesen.

8 Hier sei auf den Beitrag von Philipp Tüngler in diesem Buch verwiesen.

9 Dies klammert im weiteren Verlauf dieses Artikels die Gefahren durch unbeabsichtigte Ereignisse, z.B. Seeunfälle, Umweltverschmutzung oder Klimaerwärmung aus.

Von einem signifikanten Anstieg moderner Piraterie kann seit den 1990er Jahren gesprochen werden. Fig. 1 zeigt dabei, dass es sich nicht um eine lineare Entwicklung handelt. Die dort verwendeten Daten beziehen sich auch lediglich auf die *gemeldeten* Vorfälle und stützen sich auf die Erhebung der International Maritime Organization (IMO).[10] Es ist unmöglich, genaue Angaben zur Höhe der Dunkelziffer zu machen, wobei regionale Unterschiede zusätzlich eine große Rolle spielen. Nigeria und der Golf von Guinea lassen beispielsweise immer noch die Vermutung sehr hoher Zahlen ungemeldeter Vorfälle zu (ca. 50 % bis 80 %),[11] während Somalias Daten vermutlich dichter an der Realität liegen. Dort könnte allerdings die Sorge manch zweifelhafter privater Sicherheitsdienste, juristische Folgen ihres Handelns befürchten zu müssen, ein Argument gegen eine Meldung von abgewehrten Angriffen sein.[12]

Die anzunehmende unterschiedliche Meldedisziplin zwischen dem westlichen Indischen Ozean und dem Golf von Guinea verdeutlicht dabei auch, dass dort, wo Hilfe zu erwarten ist, die Dunkelziffer wahrscheinlich geringer ist. Sie steigt, wenn die anzeigende Reederei nur erhöhte Risikoprämien oder eine Rufschädigung verbunden mit Attraktivitätsverlust auf dem Frachtmarkt zu erwarten hat sowie Gefahren und Behinderungen durch etwaig aktivierte korrupte Behörden riskiert.[13] Die internationale Marinepräsenz vor Somalia verspricht zwar keinen lückenlosen Schutz, aber doch immerhin gute Aussicht auf wirksame Unterstützung. In den meisten anderen Regionen mit hohem Piraterie-Risiko müssen Seeleute allerdings davon ausgehen, dass ihre Hilferufe nach wie vor ignoriert werden.[14]

---

10 Zur Kritik an der Verlässlichkeit dieser Zahlen, sowie möglichen Alternativen, verweise ich auf den Beitrag von Dirk Steffen in diesem Band und den dort aufgeführten Vergleich nicht alltäglich verfügbarer Datenquellen.

11 Murphy 2013, S. 78, Palmer 2014, S. 14: „... up to 80 per cent of West African attacks are unreported“.

12 Für eine kurze Diskussion des Themas auch: „Somalia-Piracy-Under-Reporting-Incidents“, *maritime-security-seamarshal-blogspot.*

13 Murphy 2009, S. 68.

14 Ebd., S. 30.

Fig. 2: „Vorfälle von Piraterie und bewaffneten Raubüberfällen auf Seeschiffe, 1995–2013“[15]

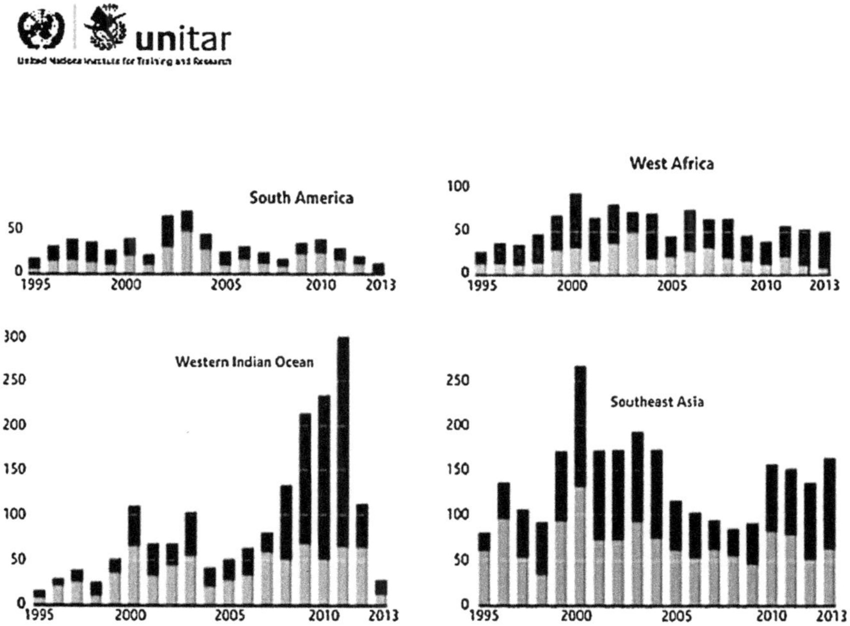

15 Nach Regionen aufgeschlüsselt. Durch UNITAR farblich hervorgehoben, stehen die dunkleren Anteile für Vorfälle mit hohem Gewaltanteil (Todesopfer, Verletzte, Gewaltandrohung oder „Meuterei“ – „Täter aus der eigenen Besatzung“). Hell unterlegt sind diejenigen Übergriffe, die ohne Gewaltandrohung abliefen (z.B. Diebstähle von Schiffsausrüstung). Vgl. UNITAR 2014, S. 11.

Fig. 3: Main maritime circulation and acts of piracy and armed robbery, 2006–2013

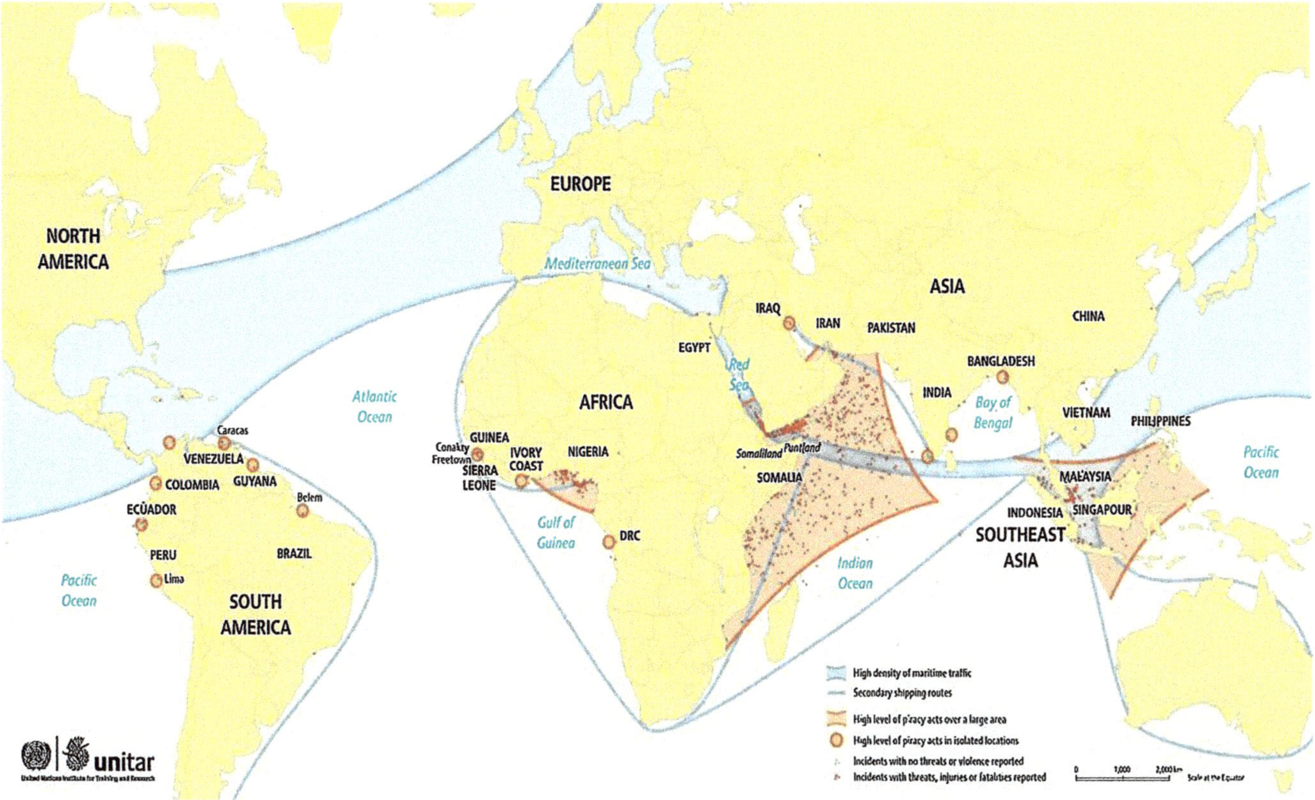

1.1.4 Unterschiedliche Erscheinungsformen moderner Piraterie

Piraterie, oder allgemeiner formuliert, Seeraub, begleitet den Seehandel in historischen Zeugnissen seit der Antike.[16] Allerdings ist das Phänomen der modernen Piraterie nicht vergleichbar mit oft romantisch verklärten Vorstellungen von „Freibeutern" und heroischen Hollywood-Filmgestalten. Die jeweiligen regionalen Ursprünge und Unterschiede lassen auch keine leicht verallgemeinerbare Beschreibung von Piraterie zu. Eine sehr hilfreiche Unterscheidung gegenwärtiger Ausprägungen von Piraterie, inklusive einiger entsprechender Beispiele, bietet die nachfolgende „Typologie Moderner Piraterie" (Tab. 1) von Martin Murphy. Mit Hilfe dieser Typologie und der durch UNITAR bereitgestellten Übersichtskarte der Pirateriefälle der Jahre 2006 bis 2013 (Fig. 3) gewinnt man einen guten Überblick über die gegenwärtig vorherrschenden Ausprägungen von Piraterie, bzw. „bewaffneten Raubüberfällen auf Seeschiffe". Auffällig ist hierbei, dass die Krisenregion im Golf von Guinea nahezu das gesamte Spektrum der Erscheinungsformen moderner Piraterie abbildet (ausgenommen Typ 5: Lösegeldpiraterie, die „Spezialität" Somalias). Die Bandbreite der regionalen Unterschiede macht aber auch deutlich, dass für gefährdete Schiffsbesatzungen eine gezielte Vorbereitung auf die jeweilige Region unerlässlich ist.[17] Die politischen Handlungsansätze sollten sich dabei nicht nur an der Ausprägung der Piraterie – des Symptoms – orientieren, sondern sie müssen wesentlich von den regionalen Ursachen und Hintergründen der Krise bestimmt sein.

16 Hofbauer 2013, S. 3.
17 Hier sei auf den Beitrag von Nils Retkowski in diesem Buch verwiesen.

Tab. 1: Typologie moderner Piraterie nach Martin Murphy[18]

Typ	Kategorie	Beschreibung	Beispiele
1	Angriffe in inneren Gewässern	Kleine Gruppen z.B. in Häfen, vergleichbar mit geringfügigem Diebstahl; selten gewalttätig	Chittagong, Santos, Indonesische Häfen; Lagos
2	Angriffe auf lokale Schifffahrt	Kann gewalttätig werden; Differenzen über Fischerei häufige Streitursache; oft lang anhaltend	Ganges-Delta; Straße von Malakka, Nigeria
3	Angriffe auf Küstenschifffahrt und -installationen	Täter nutzen Gewalt oder drohen sie an; Primärziel ist der Diebstahl der Habseligkeiten der Besatzung und Schiffsausrüstung; an einigen Orten auch Lösegeldentführungen	Straßen von Malakka und Singapur ; Südchinesisches Meer; Nigeria und Teile des Golfs von Guinea
4	Schwerpunktangriffe auf Schiffe	Diebstahl von Schiff und Ladung; ausgewählte Geiselnahmen; hochgradig organisiert	Südost-Asien, Nigeria und Teile des Golfs von Guinea
5	Schwerpunktangriffe zur Geiselnahme	Geiselnahme als ausschlaggebende Zielsetzung; hochgradig organisiert	Somalia
6	Überfälle auf Küstengebiete	Gegenwärtig selten; historisch üblich	Philippinen; Sabah; Golf von Guinea

Zentral für die rechtliche Einordnung ist der Begriff des „Gewaltaktes … ausgeübt zu privaten Zwecken, gegen Schiffe, Flugzeuge, [deren] Passagiere oder andere [private] Besitztümer“ auf Hoher See[19] oder in den Territorialgewässern eines souveränen Staates.[20] Zu Schwierigkeiten führt in der heutigen Zeit allerdings die *ausschließliche Festlegung auf private Ziele und Zwecke* der Piraterie.[21] Auch wenn allen Anzeichen nach die überwiegende

18 Murphy 2013, S. 79.

19 Art. 101 UNCLOS, Definition „Piraterie“.

20 Definition: „bewaffneter Raubüberfall auf Seeschiffe“, IMO Res. A1025.

21 Zum weiteren Problem des „Zwei-Schiffe-Prinzips“, des Ausschlusses des „Innentäters“ oder „Meuterers“ von Pirateriedefinitionen, sei auf den Beitrag von Uwe Jenisch in diesem Band verwiesen.

Mehrzahl von Piraterieüberfällen aus reiner privater Habgier verübt wird, kann auch die sehr detaillierte aktuelle Studie zu somalischer Piraterie von Patricia Schneider und Matthias Winkler nicht vollkommen ausschließen, dass zumindest ein kleiner Teil der Überfälle vor Somalia *politischen Motivationen und Überzeugungen* folgen könnte.[22] Martin Murphy zweifelt sogar grundsätzlich an, dass eine klare Trennung zwischen privaten und „öffentlichen" oder „politischen" Motiven bei den meisten Fällen gegenwärtiger Piraterie verlässlich möglich ist.[23] Dass diese Feststellung auch praktische Konsequenzen mit sich bringt, zeigen potentielle Auswirkungen auf die Handlungsmöglichkeiten betroffener Drittstaaten, bzw. der internationalen Gemeinschaft, sowie auf die oft befürchtete Verbindung zwischen Piraterie und maritimem Terrorismus.[24]

1.1.5 Ursachen moderner Piraterie

Im Gegensatz zur historischen Praxis hoheitlich sanktionierter privater Überfälle auf feindliche Handelsschiffe durch sog. Kaperfahrer,[25] haben heutige Küsten, von denen die Gefahr von Piratenangriffen ausgeht, eines gemeinsam: schwache, dysfunktionale oder nicht vorhandene Staatsgewalt an Land. Dabei führt nicht automatisch jeder schwache oder gescheiterte Staat zu Pirateriеproblemen. Dort aber, wo Piraterie auftritt, lassen sich einige grundlegende Vorbedingungen und Gemeinsamkeiten in unterschiedlicher Stärke feststellen: Lücken in Rechtsordnung und Strafverfolgung; günstige Geographie; Konflikte und Unruhen; unzulängliche Sicherheitsverhältnisse; förderliche politische Verhältnisse; kulturelle Akzeptanz; Aussicht auf lohnende Beute.[26]

Diese Voraussetzungen sind an allen Schwerpunkten moderner Piraterie zu beobachten. Somalia, wo inzwischen die Anzahl von registrierten Vorfällen bereits wieder deutlich zurückgegangen ist, hat vor allem als „failed state" einen idealen Nährboden für Piraterie geboten. Mittlerweile hat

22 Schneider und Winkler 2013, S. 195.
23 Murphy 2013, S. 75.
24 siehe Abs. **1.1.7** und **1.1.8.**
25 Seit der Pariser Seerechtsdeklaration von 1856 völkerrechtlich geächtet. Vgl. von Arnauld 2012, S. 219.
26 Murphy 2011, S. 2.

eine schrittweise Veränderung der Verhältnisse an Land möglicherweise auch zur Verbesserung der Sicherheitslage auf See beigetragen. Nigeria, auf der Westseite des afrikanischen Kontinents, lässt sich bei allen gravierenden Problemen dieses Staates (noch) nicht als „failed state" beschreiben. Dennoch geht eine massive Pirateriegefahr von dessen Küstengebieten aus. Hier ist es vor allem die intensive Verflechtung der *bestehenden staatlichen Ordnung* mit Piraterie und anderer organisierter Kriminalität, die das Problem im Kern kennzeichnet. Ähnlich korrupte Verflechtungen und eine enge Vernetzung mit organisierter Kriminalität an Land sind bei Piratériephänomenen vor der Küste Indonesiens und Malaysias zu beobachten. Insbesondere, wenn es um internationale Lösungsansätze für Pirateriegefahren geht, sind korrupte Übergänge zwischen Piraterie und problematischen Staatswesen eine besondere Herausforderung. Sowohl Nigeria als auch Indonesien und Malaysia lassen sich bis zum heutigen Zeitpunkt nicht auf internationale Anti-Piraterie-Initiativen im Einflussbereich ihrer Souveränitätsrechte ein.[27]

1.1.6 Kein Phänomen vereinzelter Krimineller oder „maritimer Freiheitskämpfer"

Für den einzelnen betroffenen Seemann – oder für den bewaffneten Begleiter eines Handelsschiffes – kann dieser von umfassender Korruption geprägte, oft fließende Übergang zwischen Staatsgewalt und Piraterie höchst unangenehme Konsequenzen haben. Nicht nur aus dem Bereich Südostasien wird von kriminellen Übergriffen durch Vertreter der Staatsgewalt berichtet, d.h. die Täter haben im schlimmsten Fall Polizeimarken und Dienstausweise in der Tasche.[28] Piraten kommen auch mit regelrechten „Einkaufslisten" an Bord – ihnen von Behörden zugespielte detaillierte Auszüge aus den offiziellen Zoll-Erklärungen der betroffenen Schiffe. In vielen Fällen kann das Hilfe-Ersuchen eines bedrohten Schiffes an einen

27 Allerdings muss hier eingeräumt werden, dass die Angst vor externer Einmischung nicht zwangsläufig auf einen korrupten Hintergrund der Entscheidungsträger hindeuten muss: Oft genießt die Bekämpfung von Piraterie in einem ohnehin gebeutelten Staatswesen schlichtweg nicht höchste Priorität, wenn es um den Einsatz knapper hoheitlicher Ressourcen geht.

28 Murphy 2009, S. 68.

dieser Staaten weitere nachteilige Konsequenzen für Besatzung und Schiff mit sich bringen. Nachdem ein Schiff bereits Opfer eines Überfalls geworden ist, blühen ihm und seiner Besatzung in den Händen lokaler Ermittlungsbehörden nicht selten Schmiergeldforderungen. Ohne entsprechende Zuwendungen kann einem solchen Schiff ein Festsetzen auf unbestimmte Zeit „zur Beweisaufnahme“ drohen.

Ein erfolgreiches Notwehrhandeln gegen Piraten, im Extremfall mit Todesfolgen bei den Angreifern – schlimmstenfalls gegen solche, die im Alltag Uniform tragen – kann für die beteiligten Seeleute und Sicherheitskräfte ebenfalls drastische Folgen haben: Weder die Besatzungen von Handelsschiffen noch private Sicherheitsdienstleister genießen Immunität gegenüber der Strafverfolgung durch Staaten, deren Hoheitsgewässer sie passieren oder deren Staatsbürger von ihren Handlungen betroffen sind.[29] In Konsequenz heißt das: Im Klagefall – und mit sehr langen Verjährungsfristen ist hier ebenfalls zu rechnen – könnten die Betreffenden auch Jahre später noch vor nationalen Gerichten in Somalia, Nigeria oder anderen Piraterieschwerpunkten nach dortigem Recht angeklagt und verurteilt werden.

Aus der engen Verflechtung von Staat und Piraterie ergibt sich in den betroffenen Regionen noch ein weiteres Problem: Die mit zunehmendem Erfolg der Piraterie ausgreifende Korruption der politischen Eliten greift das Gemeinwesen an Land nachhaltig an. Die Gewinne eines solchen kriminellen Gewalteinsatzes auf See können zu regelrechten Warlord-Strukturen an Land führen. Merkmal solcher Strukturen ist dabei nicht, politische Ziele zu verfolgen, sondern im Gegenteil, politische Macht rücksichtslos in den Dienst des eigenen Profits zu stellen.[30] Wer an Piraterie massiv mitverdienen kann, kann auch an Land maßgeblich die Geschicke mitbestimmen – und vice versa. Eine umfassende Weltbank-Studie von

---

29 Sogar staatliche Ordnungskräfte können davon betroffen sein: Der Fall – mit nach wie vor offenem Ausgang – der beiden italienischen Marines Massimiliano Latorre und Salvatore Girone, angeklagt wegen mutmaßlichen Mordes an zwei indischen Fischern – mittlerweile in Verhandlung vor dem indischen Supreme Court – ist hier beispielhaft für die Gefahren und diplomatischen Konsequenzen eines solchen Vorfalles. Vgl. Dölling 2013, und „SC allows ailing Italian marine Massimiliano Latorre to go home for 4 months“, *The Times of India*, 12.09.2014.

30 Reno 1998, S. 1–2.

2013 beobachtete diese gefährliche Entwicklung über Jahre in Somalia und befürchtet dadurch auch nach Rückgang der Angriffszahlen auf Handelsschiffe einen bleibenden Schaden für das Land durch Piraterie: Das Lösegeld wurde mehrheitlich in politische Macht und den Aufbau von bewaffneten Milizengruppen investiert.[31]

Dabei spielt eine möglicherweise erhoffte „wohltätige" Verteilung der Lösegeldeinnahmen auf die weitgehend arme Bevölkerung Somalias leider keine signifikante Rolle – ein Umstand der umso schwerer wiegt, angesichts der verbreiteten (Selbst-) Rechtfertigung von Piraterie als „Selbsthilfe gegen Armut" an Land. Zwar kann eine instruktive Studie des „Chatham House" regionalen Wohlstandsanstieg in Somalia auf Piraterie zurückführen, muss aber dennoch einräumen, dass dieser Wohlstand die Küstengemeinden kaum erreicht.[32] Die Daten lassen ebenfalls den Schluss zu, dass dieser Wohlstand sich auf eine kriminelle „Elite" beschränkt und – in den Worten der Autorin, Anja Shortland – „die Ärmsten nicht erreicht".[33] Dieser relative Wohlstand der mit Piraterie vernetzten Elite nimmt großen Einfluss auf sämtliche lokalen Machtstrukturen.

Piraterie ist daher kein „Aufbegehren von Globalisierungsverlieren", sondern ein bewusster krimineller Akt unternommen ohne Rücksicht auf die Opfer. Dabei ist moderne Piraterie nicht nur Symptom staatlichen Zerfalls, sie treibt diesen Niedergang auch selbst voran. Der Grundsatz: Keine Piraterie ohne dysfunktionale Staatlichkeit, ohne ein Klima aus schwacher oder abwesender Staatsgewalt und weitverbreiteter Korruption;[34] funktioniert auch in der Gegenrichtung: Dort wo Piraterie Fuß fassen kann, untergräbt sie staatliche und gesellschaftliche Strukturen an Land. Darüber hinaus ist eines der Phänomene, das sich in Piraterie-Risikogebieten jüngerer Zeit beobachten ließ, dass überall dort, wo Einzelne in krimineller Absicht die Seeschifffahrt beeinträchtigen, der jeweils angerichtete volkswirtschaftliche und gesamtgesellschaftliche Schaden besonders schwer in unmittelbarer Nachbarschaft festzustellen ist. Kenia litt zum Beispiel in der Hochphase somalischer Piraterie wesentlich stärker

31 World Bank 2013, S. 60–61.
32 Shortland 2012, S. 3.
33 Ebd., S. 20.
34 Murphy 2009, S. 30–31.

unter den Auswirkungen der somalischen Krise als die europäischen Handelsnationen. Dies lässt sich bis auf die einzelnen Regionen hinunter deklinieren. Wo Piraterie, wie in Teilen Somalias oder Nigerias, zum millionenschweren Geschäft wird, befeuert sie nicht nur Korruption und kriminelle Machtstrukturen *an Land* – unter denen auch die Bevölkerung der Küstenorte in diesen Regionen leiden muss, sondern sie erschwert oder verhindert auch jegliche nachhaltigere Form des Wirtschaftens vor Ort.

Somit ist neben den direkten negativen Auswirkungen auf die wirtschaftlichen Entfaltungsmöglichkeiten der Region, vor allem durch den fehlenden Zugang zum Weltmarkt, und der Verdrängung legaler kommerzieller Aktivitäten durch kurzfristig profitablere illegale Betätigungen, auch eine gesellschaftliche Verrohung an Land zu beobachten. Piraten verhalten sich auch in den sie beherbergenden Gemeinwesen in den seltensten Fällen friedlich. Und dieser Virus überträgt sich auch auf Nachbarländer.

1.1.7 Verbindung zwischen Piraterie und maritimem Terrorismus

Das gesamtgesellschaftliche Gefahrenpotential von Piraterie zeigt sich auch in der möglichen Verbindung von Piraterie mit (maritimem) Terrorismus. In der Vergangenheit gab es wiederholt Fälle, in denen durch Piraterie politische Gewalt und Aufstandsbewegungen an Land finanziert wurden, so z.B. der Unabhängigkeitskampf der „Tamil Tigers“ in Sri Lanka. Auch ist insbesondere im gegenwärtigen Fall Nigerias ein fließender Übergang zwischen „Profit-Piraterie“ und politisch motivierter Aktion zu beobachten. In den Worten von Chibuike Rotimi Amaechi, Gouverneur des Rivers State, Nigeria:

> *Ein Angreifer mag an einem Tag einen Ölarbeiter entführen, um sich ein schickes Auto zu kaufen; anderntags schließt er sich einem Überfall einer militanten Widerstandsgruppe an, und am dritten Tag besetzt er eine Förderplattform, um Geld für sein Sippenoberhaupt, Arbeitsplätze, ein Krankenhaus oder einen neuen Stromgenerator für sein Dorf zu erzwingen.*[35]

Gleichwohl lässt sich eine unmittelbare Verbindung von Piraterie und politisch motiviertem Terrorismus zumindest für Somalia bislang nicht nachweisen. Diese wäre zwar möglich, aber doch immerhin so lange unwahrscheinlich, wie das Profitstreben der Piraten der ideologischen Zielsetzung

---

35 C.R. Amaechi, zitiert nach Murphy 2013, S. 75.

von Terroristen zuwiderläuft.[36] Allerdings: Überall dort, wo politische Motive für Piraterie in ernsthafte Erwägung gezogen werden müssen, ist die Verbindung zum Terrorismus wahrscheinlicher.

Viel naheliegender – und das zeigt auch das Beispiel Somalia – ist die Gefahr, dass die zweifelhaften Charaktere, die Profit aus kriminellen Akten auf See schlagen, diesen in politische Macht und Gewaltpotential an Land übersetzen.

1.1.8 Handlungsmöglichkeiten von Drittstaaten und der internationalen Gemeinschaft

Der in der internationalen Staatenpraxis gewachsene Umgang mit Piraterie räumt betroffenen Drittstaaten weitreichende Handlungsspielräume ein. So konnten Piraten schon früh als *hostis humani generis* – „Feind der Menschheit" – im Selbstverständnis von Staaten umfassend bekämpft, verfolgt und bestraft werden. Dabei spielte es keine Rolle, welcher Nationalität die Piraten angehörten. Bestimmend war die Frage, ob sie in *staatlichem Auftrag* handelten oder zum *privaten Profit* ihre Angriffe auf die Handelsschifffahrt ausübten. Staatlich sanktionierte „Piraterie" – mit sogenannten Kaperbriefen – wurde dabei anders gewertet und geahndet. Ein Kaperfahrer konnte i.d.R. darauf bauen, nicht wesentlich anders behandelt zu werden als die in Gefangenschaft geratene Besatzung eines regulären Kriegschiffes. Wohingegen Piraten oft sogar „im kurzen Prozess" vor Ort hingerichtet wurden.

Die historische Unterscheidung zwischen Piraten und „legitimen" Kaperfahrern spiegelt sich auch gewissermaßen im heute gültigen Seerecht wieder.[37] Zusätzlich wird den weitreichenden Verfolgungsrechten von Piraten durch Drittstaaten – aus Sorge vor Eingriffen in die Souveränitätsrechte von Küstenstaaten – nicht nur in der Unterscheidung der Zielsetzung, sondern auch räumlich eine Grenze gesetzt: Innerhalb der Territorialgewässer eines souveränen Staates (bis zu einem Abstand von 12 Seemeilen von der Küste) wird ein anderweitig der Piraterie vergleichbares Vergehen rechtlich als „bewaffneter Raubüberfall auf See" gewertet.

---

36 Murphy 2011, S. 139.
37 Siehe hierzu auch den Beitrag von Uwe Jenisch in diesem Band.

Seerechtlich definierte Piraterie kann – bzw. *muss* durch verfügbare Mittel jedes souveränen Staates verfolgt und geahndet werden,[38] „bewaffnete Raubüberfälle“ obliegen ausschließlich der Verantwortung des jeweiligen Küstenstaates.

Die mögliche rechtliche Unsicherheit im Handlungsspielraum von Drittstaaten, die sich aus der zweifelhaften Bestimmbarkeit in der Motivlage ergibt, ist in der Praxis weniger relevant als diejenige aus der territorialen Begrenzung.[39] Beiden Problemfeldern wird im Fall somalischer Piraterie durch die Staatengemeinschaft entsprechend unterschiedlich Rechnung getragen. Während es bereits Ziel der ersten Resolution des Sicherheitsrates der Vereinten Nationen zu diesem Thema war, eine (Straf-)Verfolgung somalischer Piraten durch Drittstaaten auch in somalischen Hoheitsgewässern möglich zu machen,[40] dauerte es weitere zwei Jahre, bis die Resolution 1950 explizit die „zugrundeliegenden Ursachen“ der Piraterie als Ziel eines „umfassenden Lösungsansatzes“ auf die Agenda hob.[41] Hinsichtlich der Motivlage somalischer Piraten wurde hier auch erstmals implizit die populäre Selbstrechtfertigung somalischer Piraten – der Schutz somalischer Gewässer vor illegaler (internationaler) Fischerei und Giftmüllverklappung – im Resolutionstext aufgegriffen.

---

38 UNCLOS, Art. 100, „Duty to cooperate in the repression of piracy“; speziell zur Verpflichtung von Staatsschiffen, gegen Piraterie vorzugehen, vgl. von Arnauld 2012, S. 221; zu der Frage inwieweit „duty to cooperate“ tatsächlich eine Handlungspflicht darstellt, gehen die Meinungen auseinander. Zumindest aber gibt es auf Hoher See kein see- bzw. völkerrechtliches Hindernis für eine robuste Hilfeleistung durch ein Kriegsschiff gegenüber einem von Piraten angegriffenen Schiff. Außerdem gilt auch für Kriegsschiffe grundsätzlich die Pflicht zur Nothilfe. „Unzweifelhaft ist, dass weder die betroffenen Küstenstaaten noch andere Staaten, die Marineeinheiten in einem von Piraten heimgesuchten Seegebiet stationiert haben, untätig bleiben dürfen.“, König und Salomon 2013, S. 173.

39 Wenn hier im weiteren Verlauf von „aktueller Staatenpraxis“ die Rede ist, so teilt dies die Auffassung von Tullio Treves, dass es vor allem die Reaktionen auf das Problem jüngerer somalischer Piraterie waren, die den gegenwärtigen Umgang mit dem Phänomen prägt. Treves 2013, S. 118.

40 UN RES 1816 (2008).

41 UN RES 1950 (2010).

1.1.8.1 Motivation als Definitionsgrundlage: Das Problem der Selbstrechtfertigungslegende

An Somalia zeigt sich auch, dass eine *begründbare* Unterscheidung in der Motivation von Piraten als rechtliches Kriterium ein äußerst schwieriges praktisches Problem für den Handlungsspielraum von Drittstaaten darstellen würde. Es gibt z.B. bislang trotz einzelner Indizien für Giftmüllverklappung vor Somalia – die allerdings Jahre zurückliegen und sich in wenigen nicht weiter bestätigten Aussagen und Beobachtungen konzentrieren[42] – und nach wie vor unbelegten (und in Abwesenheit objektiver Daten mindestens seit den 1980er Jahren: *unbelegbaren*) Schätzungen zu illegaler Fischerei,[43] keine eindeutige ursächliche Verknüpfung dieser Vorwürfe mit somalischer Piraterie. Oder wie Clive Schofield in seiner alarmistischen Anklage gegen vermeintliche fremde Überfischung von Somalias Gewässern einräumen muss: „Jegliche Diskussion über den Zustand von Somalias Fischgründen wird behindert ... durch das Fehlen aktueller und verlässlicher Statistiken."[44]

Ungeachtet eines sicherlich moralisch kleidsameren Etiketts als „gerechtem Widerstand", brauchte Somalias Piraterie weder Armut noch fremde Ausplünderung um sich zu entwickeln: Die Abwesenheit staatlicher Ordnung reichte als Initialzündung vollkommen aus. Denkbar wäre somit beispielsweise, dass fremde Fischereifahrzeuge – aufgrund ihrer relativ geringen Geschwindigkeit und ihrer Präsenz in Küstennähe – als leichte frühe Ziele von Schutz- oder Lösegelderpressung eine Art Vorgeschmack oder Blaupause für das später auf wesentlich lukrativere Handelsschiffe fokussierte „Geschäftsmodell" der Lösegeldpiraterie Somalias waren.[45] Die anfangs benannten Grundvoraussetzungen für moderne Piraterie in Somalia waren spätestens seit Beginn des Bürgerkrieges 1991 gegeben. Es bedurfte nicht zwangsläufig eines „gerechten Motivs", damit das Problem eines Tages akut werden würde.

---

42 Vgl. Moreira 2010, sowie Murphy 2011, S. 21 und Guilfoyle 2013, S. 37: „UN missions ... found no evidence of the widely reported barrels of toxic waste allegedly dumped at sea and subsequently washed up along the Somali shore."

43 „...‚rough estimates' – ‚*grobe Schätzungen*' auf Basis von Erhebungen aus den 1970er und 80er Jahren". Schofield 2008, S. 106.

44 Ebd., S. 105.

45 Für eine umfassende Diskussion der Frage, siehe Murphy 2011, S. 17–27.

Vor allem die somalischen Piraten selbst nutzen allerdings nach wie vor die „Selbstverteidigung vor fremder Ausbeutung“ als Rechtfertigung für ihre Handlungen – und erreichen damit eine gewisse Popularität nicht nur innerhalb der Bevölkerung Somalias,[46] sondern auch bei Gegnern internationaler Militäreinsätze u.A. auch in Deutschland. Dass dabei die an beiden vermeintlichen maritimen Bedrohungen Somalias – Giftmüllverklappung und fremder Überfischung – in *jedem Fall unbeteiligten Handelsschiffe*, und für das Elend Somalias *keinesfalls verantwortlich zu machende Seeleute* das überwältigende Gros der Opfer stellen, macht jede entsprechende Selbstrechtfertigung somalischer Piraten ohnehin unhaltbar. Entsprechend eindeutig war das Urteil des Hamburger Landgerichts im TAIPAN-Fall 2012: Es sprach von einer „unzutreffenden Rechtfertigungslegende“.[47] Selbst wenn man den aufrichtigen Glauben an diese Selbstrechtfertigung den Piraterieverdächtigen immerhin zugestehen würde – obwohl in der Realität wie oben genannt kaum Fakten dafür sprechen – ändert dies nichts an der individuellen Schuld an den vorgeworfenen kriminellen Handlungen: Den Tätern muss klar sein, dass ihre Übergriffe gegen Leib und Leben, sowie Hab und Gut unbeteiligter Dritter, auch durch die Narrative einer somalischen „Selbstverteidigung gegen fremde Ausbeutung“ nicht zu rechtfertigen sind.

1.1.8.2 Vereinfachungen schaffen (kurzfristig) Handlungsfähigkeit

Für den Handlungsspielraum von Drittstaaten spielt die Unterscheidung in der Motivlage in gängiger Interpretation der aktuellen Staatenpraxis bislang keine Rolle: Der Bezug auf „private Zwecke“ im Seerecht wird dabei als Unterscheidung zwischen *staatlichen* und *nicht-staatlichen* Akteuren eingeordnet,[48] nicht als Unterscheidung zwischen *kriminellen/privaten*

---

46 Ein Umstand, mit dem sie in gut belegter historischer Kontinuität stehen. Vgl. Modler 2013, S. 11.

47 Pressemitteilung des Landgerichts Hamburg; Darüber hinaus Näheres zum Fall der TAIPAN und Strafverfolgung Somalischer Piraten vor deutschen Gerichten im Beitrag von Dr. Patricia Schneider in diesem Band.

48 Piraterie und maritimer Terrorismus als „… unterschiedliche Formen privater Gewalt“: von Arnauld 2012, S. 224; Außerdem: Guilfoyle 2009, S. 32–42.

und *politischen/öffentlichen* Motiven.[49] Außerdem wird die Komplexität der rechtlichen Definition von „Piraterie“ und „bewaffneten Raubüberfällen auf See“ in den Resolutionen der Vereinten Nationen zu Somalia in der Praxis konsequent vereinfacht.[50] So wird – verknüpft mit dem Einverständnis der Somalischen (Übergangs-)Bundesregierung – der weite internationale rechtliche Rahmen für Maßnahmen gegen Piraterie auch auf die Territorialgewässer Somalias ausgedehnt (und überdeckt damit – zeitlich und räumlich begrenzt – die künstliche Abgrenzung zum „bewaffneten Raubüberfall auf See“). So findet in diesem Einzelfall umfassend der weitreichende Handlungsspielraum von Drittstaaten Anwendung – gemäß Seerecht auch die Handlungs- und Kooperationspflicht: Eine (verhältnismäßige) Bekämpfung durch eigene Ordnungskräfte ist ebenso möglich wie eine Strafverfolgung der Täter – ohne Rücksicht auf deren Nationalität oder die Nationalität der Opfer.

Jenseits der Sondersituation Somalia bleibt die strikte Trennung zwischen Hoheitsgewässern und Hoher See in Kraft. Die Resolutionen zu Somalia betonen explizit, dass der Lösungsansatz zu somalischer Piraterie kein neues Gewohnheitsrecht schaffen soll. Auch die jüngsten Resolutionen zur Piraterie im Golf von Guinea verzichten auf eine vergleichbare Aufhebung der Begrenzung internationalen Handelns. Die Souveränität der Küstenstaaten hat weiterhin Priorität vor der Eindämmung von Piraterie.

1.1.9 Mögliche Gegenmaßnahmen gegen Piraterie am Fallbeispiel Somalias

Grundsätzlich gilt: Ein hohes Maß an Risikobewältigung kann bereits in Eigenverantwortung des Reeders und vor Allem auch durch die Schiffsbesatzungen erreicht werden. Aufklärungsarbeit auf allen betroffenen Ebenen erleichtert jegliche Gegenmaßnahmen gegen kriminellen Zugriff auf Schiffe, ihre Besatzungen und ihre Ladung. Dennoch erlauben die Erfahrungen im Seegebiet am Horn von Afrika den Schluss, dass bewaffneter oder unbewaffneter Selbstschutz von Handelsschiffen wesentlich von der

49 Murphy 2009, S. 29; Hierzu eine ausführlichere Diskussion in König und Salomon 2013, S. 171.

50 Eine umfassende Diskussion der Resolutionen zu moderner Piraterie findet sich im Beitrag von Uwe Jenisch in diesem Band.

Anwesenheit der dort patrouillierenden internationalen Marineverbände profitiert. Die Größe des Risikogebietes bringt es zwar mit sich, dass in Extremfällen Tage verstreichen können, bis auf einen Hilferuf hoheitliche Unterstützung folgt, dennoch engt der Umstand, dass Kriegsschiffe im Seegebiet eingreifen können, den Handlungsspielraum von Angreifern wesentlich ein. Und dieses Risiko für den Täter steigt mit jeder Stunde, um die eine Übernahme des Schiffes durch dessen bewaffneten oder unbewaffneten Selbstschutz verzögert werden kann. Außerdem könnte die Anwesenheit weit überlegener hoheitlicher Gewalt im Seegebiet eine Erklärung dafür sein, warum bislang eine Eskalation der für Angriffe eingesetzten Waffengewalt seitens der Piraten ausgeblieben ist: Selbst wenn es gelänge, die meist nur leicht bewaffneten privaten Sicherheitsteams in einem „Rüstungswettlauf" – zumindest zeitweilig – zu überbieten, wäre es somalischen Piraten nicht möglich, modernen Kriegsschiffen Wesentliches entgegenzusetzen. Deshalb trägt die Ungewissheit, wann hoheitliche Unterstützung eintreffen könnte, immer wieder zum Abbruch schleppend verlaufender Angriffe bei. Die Zeit arbeitet gegen die Piraten – bis zu dem Zeitpunkt, wo sie Geiseln in ihre Gewalt bringen können.

Allerdings führt diese Zeitnot der potentiellen Geiselnehmer auch zu drastischem Vorgehen, wenn ein Aufgeben der Handelsschiffbesatzungen nicht oder nicht sofort erfolgt. Bevor die Flucht vor anrückender Staatsgewalt angetreten wird, nutzen einige Piraten auf den Schiffen ihrer potentiellen Opfer vorhandene Brennstoffe, um die Handelsschiffe in Brand zu setzen. In solchen Situationen kann der Schutzraum, der vorher vor dem Zugriff durch Piraten bewahren sollte, schnell zur tödlichen Falle werden. So handeln Piraten vor Somalias Küsten in der Tradition vieler ihrer historischen Vorläufer: Wer sich nicht widerstandslos ergibt, muss im Zweifelsfall mit seinem Leben dafür bezahlen.

Dass die Piraterie vor Somalia seit 2012 drastisch abgenommen und in diesem Jahr ihren Tiefststand seit dem Beginn der EU-Mission ATALANTA im Jahre 2008 erreicht hat,[51] liegt nicht nur am Einsatz internationaler Marinekontingente. Einerseits ist der Selbstschutz von Handelsschiffen deutlich besser geworden. Schiffe halten sich verstärkt an die Routen- und Eigenschutzempfehlungen vor Ort. Auch werden die internen Abläufe und

51 Siehe auch Fig. 2.

geringfügigen baulichen Änderungen (Stacheldraht, Sperrgitter, Schutzräume), die die „Best Management Practices“ des „Maritime Security Centre – Horn of Africa“ (MSCHOA) empfehlen,[52] verstärkt umgesetzt. Zusätzlich beschäftigen viele Reeder bewaffnete private Sicherheitsdienste auf ihren Schiffen im Risikogebiet.[53]

Andererseits ist mit verschiedenen Aufbau- und Unterstützungsmaßnahmen das grundlegende Problem der Region, der zerfallene Staat Somalia, in wichtigen Schritten angegangen worden. Neben verschiedenen Ausbildungsmissionen, wie etwa EUCAP-Nestor (Aufbau, Ausbildung und Unterstützung von Küstenwachkapazitäten in Somalia und den Anrainerstaaten)[54] und EUTM-Somalia (Ausbildung von Soldaten für die Streitkräfte der Bundesregierung Somalias),[55] spielen hier auch die u.a. durch die EU-Mission ATALANTA gewährleisteten Nahrungsmittellieferungen des Welt-Ernährungsprogramms (WFP) eine wichtige Rolle.

Hilfslieferungen werden erfolgreich vor dem Zugriff von Piraten geschützt und mit dem Hungerproblem in Somalia wird ein wesentliches Hindernis für die dortige staatliche Entwicklung in den Fokus genommen. Dass dennoch weite Teile des Landes bisher oft von dringend benötigten Hilfen abgeschlossen blieben, lag wesentlich an den Machtverhältnissen vor Ort. So hat die islamistische Al-Shabaab den von ihr kontrollierten Gebieten den Zugang zu Nahrungsmittellieferungen verwehrt.[56] Die schätzungsweise ca. 258.000 Hungertoten in Somalia,[57] die von 2010 bis 2012 zu beklagen waren, legen zwar einerseits offen, dass das Engagement der internationalen Gemeinschaft noch viel größer hätte ausfallen müssen, andererseits sind sie ein drastischer Beleg für die Notwendigkeit der beinahe 900.000 Tonnen an Nahrungsmittellieferungen des WFP, die seit 2009 durch die EU-Mission sicher nach Somalia geleitet wurden.[58]

---

52 BMP4.

53 Zu diesem Thema sei auf die Beiträge von Nils Retkowski, Claudia Topp und Werner von Unruh in diesem Band verwiesen.

54 Internetauftritt EUCAP-Nestor.

55 Internetauftritt EUTM-Somalia.

56 „Report of the independent expert on the situation of human rights in Somalia, Shamsul Bari“.

57 Vgl. z.B. FAZ „Hunger tötete eine Viertelmillion Menschen“.

58 EU-Navfor, „Key Facts and Figures“.

Darüber hinaus ist durch das direkte militärische Eingreifen Kenias und Äthiopiens im Herbst 2011 die Grundvoraussetzung für eine schrittweise Ausweitung des Einflussbereiches der Übergangsregierung Somalias geschaffen worden. Seit März 2012 sind die Truppen Kenias und seit Januar 2014 diejenigen Äthiopiens unter dem Dach der Afrikanischen Union organisiert und unterstützen Kontingente aus insgesamt acht afrikanischen Ländern (darunter auch Nigeria) in einer von den Vereinten Nationen mandatierten Friedensmission (African Union Mission in Somalia, AMISOM), um Somalias Bürgerkrieg zu beenden.[59] Die rasche Abnahme der Piraterie vor der Küste könnte ebenfalls ein Indiz für den Erfolg dieser Maßnahmen sein.

Die „Übergangsphase" der Bundesregierung Somalias endete 2012. Durch die Zurückdrängung der Al-Shabaab-Milizen konnte die allgemeine Sicherheitslage soweit stabilisiert werden, dass z.B. seit dem Frühjahr 2013 wieder ein deutscher Botschafter für Somalia akkreditiert ist (der allerdings nach wie vor in Nairobi residiert).[60] Darüber hinaus ist nach Einschätzung des Deutschen Bundestages die Sicherheitslage so stabil, dass Soldaten der Bundeswehr seit 2014 auch direkt in Mogadischu zur Ausbildung somalischer Soldaten eingesetzt werden können.[61] Diese – trotz aller bestehenden Risiken – beachtlichen Verbesserungen in Somalia haben auch dazu beigetragen, die kriminellen Strukturen der Piraterie an Land in Bedrängnis zu bringen.

Der erstaunlich schnelle Erfolg bei der Eindämmung von Piraterie am Horn von Afrika ist allem Anschein nach auf drei Faktoren zurückzuführen:

1. Erhöhung des „Geschäftsrisikos" für Piraten auf See durch besseren Eigenschutz der Handelschiffe, sowie
2. durch ein großangelegtes internationales Marineaufgebot, das im Zweifel mit überlegener hoheitlicher Gewalt Piratenangriffe vereiteln und in einigen Fällen bis zur Befreiung von Geiseln gehen kann.

---

59 Internetauftritt AMISOM.

60 „Deutschland hat nach über 20 Jahren wieder eine Botschafterin in Somalia", www.deutschland.de; sowie Internetauftritt Deutsche Botschaft Nairobi.

61 „Beschlossen: Bundeswehr geht (wieder) nach Somalia", Blog „Augen Geradeaus" von Thomas Wiegold.

3. Ein umfassender, vernetzter Ansatz zum Aufbau staatlicher Strukturen an Land, der – neben humanitärer Hilfe und Ausbildung lokaler Sicherheitskräfte – mit AMISOM über eine robuste militärische Komponente verfügt.

1.1.10 Ausblick für Somalia und die Frage der Übertragbarkeit der Lösungsansätze

Der bisherige Erfolg am Horn von Afrika bedeutet leider nicht, dass deshalb das Problem der Piraterie vor Somalia vollständig bewältigt oder gar ideale Lösungsansatze für andere, signifikante Risikogebiete gefunden worden wären. Immer müssen die konkreten Verhältnisse vor Ort berücksichtigt werden. Dies gilt etwa für den Golf von Guinea, wo seit 2012 die Piraterie, ausgehend von der Küste Nigerias (Angegriffene 2012: 966 Seeleute, 5 getötet), quantitativ in der Zahl der Betroffenen das Problem vor Somalia (Angegriffene 2012: 851 Seeleute, 5 getötet) übertroffen hat.[62] Ein Trend, der sich 2013 noch verstärkt hat (Angegriffene Seeleute: Somalia: 486, Golf von Guinea: 1871).[63] Der regionale Vergleich (Fig. 2) zeigt allerdings, dass das Problem im Golf von Guinea seit Jahren auf einem steigend hohen Niveau liegt und lediglich durch die sprunghafte Entwicklung der Vorfälle im westlichen Indischen Ozean in den Hintergrund der Wahrnehmung rückte.

Qualitativ, gemessen an der individuellen Gefahr durch Gewalt gegen Seeleute, haben sich die Piraten aus Somalia, getrieben durch rückläufige Erfolge und geringere Ausbeute, in eine Richtung bewegt, die für die Geiseln äußerst gefährlich geworden ist. Galt früher noch eine Art stillschweigender Übereinkunft, wonach die Geiseln relativ zuvorkommend behandelt wurden, solange man große Geldsummen für ihre wohlbehaltene Rückkehr erwarten konnte, so hat sich dies mittlerweile zu Ungunsten der Geiseln verändert.

---

62 Zum Vergleich: Somalia 2011: 3.863 Seeleute, 35 getötet. Zahlen aus: Oceans Beyond Piracy, „The Human Cost of Piracy 2012“, 2013.

63 Oceans Beyond Piracy 2014, S. 2–4.

Gewalt gegen die Seeleute, sei es als unbequeme Zeugen, wie vor Nigeria oder in Südostasien oft der Fall,[64] oder weil man über Drohungen und Folter schneller an mehr Geld kommen möchte, ist auch in Somalia immer weiter verbreitet. Die letzten Studien von „Oceans Beyond Piracy" über die humanitären Auswirkungen von Piraterie zeigen einen bedenklichen Trend in Somalia: Während körperliche Gewalt, Zufügung von Verbrennungen z.B. mit Zigaretten in der Vergangenheit nur etwa die Hälfte der Geiseln betraf, ist dies seit 2012 eine allgemeine Erscheinung, die von sämtlichen Befragten berichtet wurde. Darüber hinaus sind mittlerweile auch drastischere Gewaltanwendungen wie Scheinhinrichtungen, das Herausreißen von Fingernägeln und das gefesselte Aussetzen in der prallen Sonne eine regelmäßige Erfahrung (15 % der Befragten).[65]

Im Ausblick auf die Situation im Golf von Guinea zeigt sich sehr schnell, dass die „Lektion", die wir aus Somalia lernen können, uns nur bedingt anderenorts weiterhilft.[66] Trotz aller Probleme, die der zerfallene Staat Somalia mit sich brachte, war gerade hinsichtlich einer internationalen Pirateriebekämpfung die Abwesenheit staatlicher Strukturen anfänglich sogar ein Vorteil. Die Übergangs- bzw. Exilregierung Somalias stimmte einem internationalen Vorgehen zu und die Abwesenheit jeglicher staatlichen Struktur brachte auch keine Kooperationsnotwendigkeiten mit korrupten staatlichen Akteuren mit sich.

Im Golf von Guinea beispielsweise wäre eine Kooperation mit der Marine Nigerias immer mit der Gefahr verbunden, dass über korrupte Verflechtungen geteilte Informationen und Lagebilder unmittelbar Kriminellen zur Verfügung stünden. Auch dürfen bewaffnete private Sicherheitsdienstleister nicht in Nigerias Hoheitsgewässern eingesetzt werden – ausgenommen Sicherheitsunternehmen aus Nigeria mit einheimischem Personal. Schon deshalb also, weil Nigeria bislang keine Bereitschaft zu einem internationalen Vorgehen gegen Piraterie in seinen Gewässern signalisiert, wäre also

---

64 Wobei auch hier je nach Region und „Professionalisierungsgrad" der Angreifer auch große Unterschiede im Gewaltmaß festzustellen sind. Zu Nigeria: Siehe auch den Beitrag von Dirk Steffen in diesem Band.

65 Oceans Beyond Piracy, „The Human Cost of Piracy 2012", 2013; Sowie Oceans Beyond Piracy 2014.

66 Für eine ausführlichere Diskussion: Brake 2013.

eine Übertragung des „Modells Somalia“ auf den Golf von Guinea nicht einfach machbar. Realistisch betrachtet kann man nur, um – in Dirk Steffens Worten – „das Beste aus einer Grundsätzlich schwierigen Situation zu machen“, mit freiwilligen sicherheits- und militärpolitischen Ausbildungs- und Kooperationsprogrammen die „willigen Partner der Region mitnehmen und die unwilligen zumindest durch Präsenz und ‚Peer Pressure‘ ihrer Nachbarn zu einem Minimum an Wohlverhalten zwingen.“[67] Der Öl- und Gas-Reichtum Nigerias ist dabei, so paradox dies auf den ersten Blick wirken mag, Teil des Problems fortdauernder politischer Instabilität. Zum einen entkoppelt der dadurch direkt in die Staatskasse fließende Reichtum den Staatshaushalt von Steuereinnahmen und somit die Regierung von einem Rechenschaftszwang gegenüber der Bevölkerung. Zum anderen beeinflussen Öl und Gas die Grenzen internationaler Sanktionsinstrumente gegenüber Nigeria. In den Worten von Martin Murphy: „Externer Druck für Veränderungen wird ... nie den Punkt überschreiten, an dem [unsere Energie-] Versorgung gefährdet wird.“[68]

Diese Gefahr wird mit der Ausweitung der intensiven Rohstoffförderung auf weitere schwache und krisenbehaftete afrikanische Staatswesen eher zu als abnehmen.[69] Immerhin: Staaten wie Ghana und Äquatorial-Guinea investieren stark in maritime Patrouillenkapazitäten um nicht in ähnliche Probleme bei der Ausbeutung ihrer Bodenschätze zu geraten wie der große Nachbar am Golf von Guinea.[70] Und selbst für Nigeria gelingen unterhalb des „großen Wurfs“ einzelne vielversprechende Initiativen, so z.B. die in einem Joint-Venture aus privatem Kapital und Marinepersonal bewachte „Secure Anchorage Area“ (SAA) vor Lagos.[71] Dennoch braucht die Ressourcenförderung nicht nur selbst eine sichere Umgebung um überhaupt unternommen zu werden. Die Auswirkungen von Rohstoffeinnahmen auf fragile Staatswesen sind in bisheriger Erfahrung eher abträglich für die Entwicklung der allgemeinen Sicherheitslage.

---

67 Steffen 2014, S.

68 Murphy 2013, S. 89.

69 Vor allem Angola und Ghana im Westen exportieren bereits, aber auch Mozambique und Kenia im Osten Afrikas könnten bald substantielle Offshore-Förderplätze für Öl und Gas sein. Siebel 2014, S. 42.

70 Ebd. S. 44.

71 Ebd. S. 45.

Wendet man abschließend kurz den Blick auf Regionen jenseits von Afrika, so zum Beispiel auf Südostasien, vor allem die Straße von Malakka, so sieht die Lage wieder anders aus. Hier zeigt sich zumindest verhalten wirksame Kooperationsbereitschaft der Anrainerstaaten gegenüber multinationalen Initiativen zur Bekämpfung von Piraterie. Deren zeitweiliger Erfolg in den Jahren 2005–2009 wird allerdings mittlerweile seit Jahren auch wieder durch stärkere und steigende Überfallzahlen abgelöst.[72] Als Herausforderungen zeigt sich auch hier, dass nicht alle Staaten bewaffneten Selbstschutz der Handelsschiffe akzeptieren. Insbesondere wird ein internationales Marine- oder Polizeikontingent nach wie vor abgelehnt. Auch hat von den Schlüsselstaaten der Region lediglich Singapur die SUA-Convention unterzeichnet. Eine Rechtsverfolgung von Piraterie ist auch deshalb oft im jeweiligen nationalen Recht nicht möglich – oder nur unter Zuhilfenahme von juristischen Kunstgriffen.[73] Letztlich, da die Gefahr für Schiffe innerhalb der Hoheitsgewässer Indonesiens, Malaysias und Singapurs am größten ist, sind deren nationale Lösungsansätze, Kapazitätsgrenzen und Korruptionsprobleme in diesem Risikogebiet ausschlaggebend.

1.1.11 Fazit

Die Auswirkungen von Piraterie auf den freien Seehandel sind immens. Inklusive der Kosten für Lösegelder und unmittelbare Verdienstausfälle lagen 2013 allein für Somalia die geschätzten direkten Kosten – trotz der Erfolge bei der Bekämpfung des Phänomens – immer noch bei 3-3,2 Mrd.$ im Jahr (dies beinhaltet Kosten für gestiegene Versicherungsprämien, Umwege des Schiffsverkehrs, höhere Geschwindigkeiten, die Kosten für eine internationale Marinepräsenz und – als mittlerweile einem der größten Posten – für die durch private Sicherheitsunternehmen organisierte

72 Vgl. Fig. 2; allerdings ist zumindest ein möglicher Grund für die seit 2009 gestiegenen Fallzahlen, dass die durch die globale Finanzkrise dort in hoher Zahl „auf Reede“ still- bzw. aufgelegten Schiffe nur dürftig bemannt sind und leichte Beute darstellen. Es war daher vielleicht eher die „leichtere Beute“ und nicht ein Nachlassen in den Anti-Piraterie-Initiativen vor Ort, die den Anstieg zu verantworten haben.

73 Beckmann 2013, p. 32.

bewaffnete Begleitung von Schiffen).[74] Darüber hinaus ist das menschliche Elend unter den unmittelbaren Opfern der Piraten beträchtlich.[75] Die oben zitierten Zahlen für 2013 weisen für Somalia und Nigeria zusammen 2357 betroffene Seeleute aus, die von Piraten attackiert worden sind. Dass ferner Störungen des freien Seehandels über die globale Vernetzung Auswirkungen nicht nur vor Ort, sondern auch in sämtlichen am globalen Handel beteiligten Staaten haben, liegt auf der Hand. Preisanstiege durch Umleitungen von Lieferungen vom Golf von Aden auf die Kap-Route erreichen rasch auch den transatlantischen und transpazifischen Schiffsverkehr. Allerdings wirkt sich eine mit Piraterie verbundene mögliche Kostensteigerung weniger stark auf die Weltwirtschaft aus, als es beispielsweise Fluktuationen im Ölpreis tun.[76]

Dennoch ist es für die internationale Gemeinschaft aus vielerlei Gründen geboten, weiterhin gegen Piraterie vorzugehen. Einerseits schädigt jede Behinderung des freien Seehandels alle am globalen Warenaustausch beteiligten Staaten, andererseits ist es neben der Verteidigung eigener Staatsbürger und Interessen vor kriminellem Zugriff auch nachhaltige Vorsorge gegen ein weiteres Ausgreifen von Staatszerfallskrisen, die ein Handeln auch aus humanitären Gründen zwingend erscheinen lassen.[77] Hätte man 2008 Kenia beispielsweise mit dem Problem der somalischen Piraterie alleine gelassen, hätten die Auswirkungen auf diesen vielversprechenden, aber immer wieder krisengeschüttelten Staat katastrophal sein können.

Darüber hinaus zeigt die Situation vor Somalia, dass ein Abbruch der Marinepräsenz oder der Schutzvorkehrungen der Handelsschiffe verfrüht wäre. Nach wie vor werden Angriffsversuche durch Piraten unternommen. Lediglich die mittlerweile spärliche Erfolgsquoten der Piraten (und die aus verschiedenen Gründen möglicherweise zurückhaltende Meldedisziplin

---

74 2012 noch bei ca. 5,7 bis 6,1 Mrd. $: Oceans Beyond Piracy, „The Economic Cost of Somali Piracy 2012", 2013; Sowie die Zahlen für 2013 aus: Oceans Beyond Piracy 2014, S. 7.

75 Hierzu sei auf den Beitrag von Dirk Max Johns in diesem Band verwiesen.

76 Siehe zu Piraterie in wirtschaftlicher Relation ebenfalls den Beitrag von Dirk Max Johns in diesem Band.

77 Zu den Gründen, warum verschiedene Staaten gegen Piraterie vorgehen, siehe auch den Beitrag von Stefan Hansen und Tore Wethling in diesem Band.

mancher privater Sicherheitsteams) bestärken den Eindruck von Sicherheit. Da vor allem die soziale und politische Krise an Land noch längst nicht beseitigt ist, würde ein Nachlassen der Sicherungsmaßnahmen auf See mit höchster Wahrscheinlichkeit einen erneuten Anstieg der Piraterievorfälle nach sich ziehen.

Letztlich ist für die Bevölkerung an Somalias Küsten potentiell sowohl *illegale Fischerei* als auch *Piraterie* eine existentielle Bedrohung. Dabei ist aufgrund des Umstandes, dass fremde Fischerei in den dortigen Gewässern – wie weiter oben erwähnt – kaum in jüngerer Zeit nachgewiesen ist, die Piraterie das wesentlich größere und dringlichere Problem. Um Somalias staatliche Entwicklung nachhaltig zu unterstützen, muss allerdings *beiden* Bedrohungen durch die somalische Bundesregierung wirksam entgegen getreten werden. Solange diese nicht dazu in der Lage ist, muss es selbstverständlicher Teil des internationalen Engagements für Somalia sein, die Fischereiüberwachung in den dortigen Gewässern sicher zu stellen. Um den in der Realität grundlosen, aber für den staatlichen Aufbau gefährlichen Verdächtigungen seitens der somalischen Bevölkerung entgegenzuwirken,[78] wäre es in diesem Zusammenhang sinnvoll, schnellstmöglich zumindest eine somalische Beteiligung an der internationalen Meeresüberwachung des Seegebiets zu ermöglichen.

Außerdem gibt es aber neben Somalia noch weitere Hoch-Risikogebiete für Piraterie. Vor allem der Golf von Guinea und die Straße von Malakka erfordern ebenfalls die Aufmerksamkeit der internationalen Gemeinschaft und speziell der betroffenen Seeleute. Wie aber die Übersichtskarte (Fig. 3) zeigt, besteht ein erhöhtes Risiko auch an Orten, die selten diesbezüglich in die Nachrichten geraten. Insbesondere die Karibik oder die Häfen und Reeden Südamerikas werden in ihrem Gefahrenpotential oft unterschätzt.

Die jüngeren Erfahrungen mit Piraterie zeigen, dass weit unterhalb der Schwelle von bewaffnetem Selbstschutz und Sicherheitsteams schon sehr viel an Sicherheit dadurch erreicht wird, dass Besatzungen von Handelsschiffen sich mit Bordmitteln und erhöhter Wachsamkeit, geringen Umbauten am Schiff (z.B. Gittersperren und Schutzräumen) und der Beachtung der „Best Management Practices“ auf Gefahren vorbereiten. Oft

78 In Somalia halten sich Gerüchte, wonach das internationale Engagement nur dazu diene, die illegale Fischerei vor Somalia zu schützen.

reicht auch ganz grundlegend ein Vermeiden besonders risikoreicher Verhaltensweisen. Ein der jeweiligen Situation angepasstes Wissen und eine entsprechende Vorbereitung sind also entscheidend.[79] Anstrengungen allerdings, die ohne einen umfassenden, internationalen Ansatz zur nachhaltigen Lösung maritimer Sicherheitsrisiken ohne dauerhafte Aussicht auf Erfolg sind. Nur so kann es gelingen, denjenigen lokalen staatlichen und nicht-staatlichen Akteuren,[80] die bislang mehr Teil des Problems als Teil der Lösung sind, mal mehr und mal weniger sanft deutlich zu machen, dass Piraterie – als kriminelle Profitmöglichkeit Weniger auf Kosten der überwältigenden regionalen und internationalen Mehrheit – nicht auf Dauer toleriert wird.

Literaturverzeichnis

Bücher

Bruns, Sebastian, Petretto, Kerstin, Petrovic, David (Hrsg.), „Maritime Sicherheit", Springer Fachmedien, Wiesbaden 2013

Doyle, Timothy und Risley, Melissa (Hrsg.), „Crucible for Survival" Rutgers University Press, New Brunswick und London 2008

Erhart, Hans-Georg/Petretto, Kerstin/Schneider, Patricia et.al. (Hrsg.), „Piraterie und maritimer Terrorismus als Herausforderungen für die Seehandelssicherheit Deutschlands", Nomos Verlagsgesellschaft, Baden Baden 2013

Grieb, Volker und Todt, Sabine (Hrsg.), „Piraterie von der Antike bis zur Gegenwart", Franz Steiner Verlag, Stuttgart 2012

Guilfoyle, Douglas ed., „Modern Piracy – Legal Challenges and Responses", Edward Elgar Publishing, Cheltenham & Northampton 2013

---

79 Dirk Steffen geht in seinem Beitrag speziell auf diese Aspekte für den Golf von Guinea ein.

80 Inwieweit internationale Akteure bei moderner Piraterie eine Rolle spielen (z.B. organisiertes Verbrechen oder transnational agierende Konzerne) ist rein spekulativ. Für Somalia und Nigeria sind derartige Vermutungen nicht belegt, für Südostasien erscheinen allerdings zumindest regionale Netzwerke wahrscheinlich.

Guilfoyle, Douglas, „Shipping Interdiction and the Law of the Sea“, Cambridge University Press 2009

Hofbauer, Martin, „Piraterie in der Geschichte“, Zentrum für Militärgeschichte und Sozialwissenschaften der Bundeswehr, Potsdam 2013

Murphy, Martin, „Small Boats, Weak States, Dirty Money: Piracy and Maritime Terrorism in the Modern World“, Columbia University Press, New York and London 2009

Murphy, Martin, „Somalia: The New Barbary? – Piracy and Islam in the Horn of Africa“, Columbia University Press, New York 2011

Palmer, Andrew, „The New Pirates: Modern Global Piracy from Somalia to the South China Seas“, I.B. Tauris & Co. Ltd., London 2014

Reno, William, „Warlord Politics and African States“, Lynne Rienner Publishers, London 1998

Artikel und Studien

von Arnauld, Andreas, „Piraterie und Völkerrecht heute“, in Grieb und Todt (Hrsg.), „Piraterie von der Antike bis zur Gegenwart“, Franz Steiner Verlag, Stuttgart 2012

Beckman, Robert, „Piracy and armed robbery against ships in Southeast Asia“ in Guilfoyle, Douglas, „Modern Piracy – Legal Challenges and Responses“, Edgar Elgar Publishing, Cheltenham 2013

Brake, Moritz, „Die falsche Lektion“, *ADLAS-Online-Magazin für Sicherheitspolitik* 03/2013, zuletzt eingesehen am 20.10.2014 unter: http://adlasmagazin.files.wordpress.com/2013/09/adlas-03_2013.pdf

Buerger, Christian, „Theorien der Maritimen Sicherheit: Versicherheitlichungstheorie und sicherheitspolitische Praxeographie“, in Bruns, Petretto Petrovic (Hrsg.), „Maritime Sicherheit“, Springer Fachmedien, Wiesbaden 2013

Dölling, Stefan, „Tödlicher Irrtum“, *ADLAS-Online-Magazin für Sicherheitspolitik* 03/2013, zuletzt eingesehen am 20.10.2014 unter: http://adlasmagazin.files.wordpress.com/2013/09/adlas-03_2013.pdf

Guilfoyle, Douglas, „Piracy off Somalia and counter-piracy efforts“, in Guilfoyle, Douglas, „Modern Piracy – Legal Challenges and Responses“, Edgar Elgar Publishing, Cheltenham 2013

Hausmann, Ricardo, „Prisoners of Geography“, *Foreign Policy*, 01.01.2001

Jenisch, Uwe, „Aktuelle Sicherheitsrisiken auf See“, HANSA 04/2014, hier: Ausgabe als Fachartikel, nur online einsehbar unter (zuletzt eingesehen am 01.11.2014): http://www.hansa-online.de/fileadmin/pdf/fachartikel/Jenisch.pdf

König, Doris und Salomon, Tim René, „Rechtliche Rahmenbedingungen: Bestehende Regelungen und Unsicherheiten“, in Erhart, Hans-Georg/Petretto, Kerstin/Schneider, Patricia et.al. (Hrsg.), „Piraterie und maritimer Terrorismus als Herausforderungen für die Seehandelssicherheit Deutschlands“, Nomos Verlagsgesellschaft, Baden Baden 2013

Modler, Theresa, „‚Feinde aller‘ – Wie Staaten gegen Piraten vorgehen“, in Hofbauer, Martin, „Piraterie in der Geschichte“, Zentrum für Militärgeschichte und Sozialwissenschaften der Bundeswehr 2013

Murphy, Martin, „Petro-piracy: predation and counter-predation in Nigerian waters“ in Guilfoyle, Douglas, „Modern Piracy – Legal Challenges and Responses“, Edgar Elgar Publishing, Cheltenham 2013

Oceans Beyond Piracy, „The State of Maritime Piracy 2013“, 2014, zuletzt eingesehen am 20.10.2014 unter: http://oneearthfuture.org/research/publications/state-maritime-piracy-2013

Oceans Beyond Piracy, „The Human Cost of Piracy 2012“, 2013, zuletzt eingesehen am 20.10.2014 unter: http://oceansbeyondpiracy.org/sites/default/files/attachments/View%20Full%20Report.pdf

Oceans Beyond Piracy, „The Economic Cost of Somali Piracy 2012“, 2013, zuletzt eingesehen am 20.10.2014 unter: http://oceansbeyondpiracy.org/sites/default/files/attachments/View%20Full%20Report_1.pdf

Schneider, Patrica und Winkler, Matthias, „The Robin Hood Narrative: A Discussion of Empirical and Ethical Legitimizations of Somali Pirates“, *Ocean Development & International Law*, 44:185–201, 2013

Schofield, Clive, „Plundered Waters: Somalia's Maritime Resource Insecurity“, in Doyle und Risley (Hrsg.), „Crucible for Survival“ (Rutgers University Press, New Brunswick und London 2008

Shortland, Anja, „Treasure Mapped: Using Satellite Imagery to Track the Developmental Effects of Somalia Piracy“, *Chatham House*, 2012, zuletzt eingesehen am 20.10.2014 unter: http://www.chathamhouse.org/sites/default/files/public/Research/Africa/0112pp_shortland.pdf

Siebel, Dirk, „Unlocking potential requires a safe environment“, Ship & Offshore, No. 6/Nov.-Dez. 2014, S. 42–45

Steffen, Dirk, „Obangame Express 2014 – Manöver der kleinen Schritte im Golf von Guinea“, *MarineForum* 7/8, 2014, S. 8–11

Treves, Tullio, „Piracy and the international law of the sea“, in Guilfoyle, Douglas, „Modern Piracy – Legal Challenges and Responses“, Edgar Elgar Publishing, Cheltenham 2013

UNITAR, „UNOSAT Global Report on Maritime Piracy – a geospatial analysis 1995-2013”, 2014, zuletzt eingesehen am 20.10.2014 unter: https://unosat.web.cern.ch/unosat/unitar/publications/UNITAR_UNOSAT_Piracy_1995-2013.pdf

World Bank, „Pirate Trails: Tracking the Illicit Financial Flows from Pirate Activities off the Horn of Africa“, 2013, zuletzt eingesehen am 02.11.2014 unter: https://openknowledge.worldbank.org/handle/10986/16196

Offizielle Dokumente

Best Management Practices 4, zuletzt eingesehen am 20.10.2014 unter: http://www.mschoa.org/docs/public-documents/bmp4-low-res_sept_5_2011.pdf

International Maritime Organisation (IMO) Res. A1025: zuletzt eingesehen am 20.10.2014 unter: http://www.imo.org/OurWork/Security/PiracyArmedRobbery/Guidance/Documents/A.1025.pdf

Pressemitteilung des Landgerichts Hamburg, „Urteil im sog. ‚Piratenprozess' vor dem Landgericht Hamburg – Angeklagte zu mehrjähriger Freiheits- und Jugendstrafen verurteilt“, 19.10.2012, zuletzt eingesehen am 20.10.2014 unter: http://justiz.hamburg.de/oberlandesgericht/3672002/pressemeldung-2012-10-19-olg-01/

„Report of the independent expert on the situation of human rights in Somalia, Shamsul Bari“, General Assembly, 29.08.2011, zuletzt eingesehen am 20.10.2014 unter: http://www2.ohchr.org/english/bodies/hrcouncil/docs/18session/A.HRC.18.48_en.pdf

UNCLOS, zuletzt eingesehen am 20.10.2014 unter: http://www.un.org/depts/los/convention_agreements/texts/unclos_e.pdf

UN Resolutionen Nummer/(Jahr): 1816 (2008), 1838 (2008), 1846 (2008), 1950 (2010)

Homepages

AMISOM, zuletzt eingesehen am 20.10.2014 unter: http://amisom-au.org

Deutsche Botschaft Nairobi, zuletzt eingesehen am 20.10.2014 unter: http://www.nairobi.diplo.de/Vertretung/nairobi/de/004__Politik/004__3__D_20und_20Somalia/s__Deutschland__Somalia.html

EU-Navfor, „Key Facts and Figures", zuletzt eingesehen am 16.10.2014 unter: http://eunavfor.eu/key-facts-and-figures

EUCAP-Nestor, zuletzt eingesehen am 16.10.2014 unter: http://www.eeas.europa.eu/csdp/missions-and-operations/eucap-nestor/index_en.htm

EUTM-Somalia, zuletzt eingesehen am 16.10.2014 unter: http://www.eeas.europe.eu/csdp/missions-and-operations/eutm-somalia/index_en.htm

Blogs und Online-Nachrichten

„Beschlossen: Bundeswehr geht (wieder) nach Somalia", Blog „Augen Geradeaus" von Thomas Wiegold, 03.04.2014, zuletzt eingesehen am 20.10.2014 unter: http://augengeradeaus.net/2014/04/beschlossen-bundeswehr-geht-wieder-nach-somalia/

„Deutschland hat nach über 20 Jahren wieder eine Botschafterin in Somalia", *www.deutschland.de*, 27.02.2013, zuletzt eingesehen am 20.10.2014 unter: https://www.deutschland.de/fr/node/2346

„SC allows ailing Italian marine Massimiliano Latorre to go home for 4 months", *The Times of India*, 12.09.2014, zuletzt eingesehen am 20.10.2014 unter: http://timesofindia.indiatimes.com/india/SC-allows-ailing-Italian-marine-Massimiliano-Latorre-to-go-home-for-4-months/articleshow/42344266.cms

Scheen, Thomas „Hunger tötete eine Viertelmillion Menschen", *Frankfurter Allgemeine Zeitung*, 02.05.2013, zuletzt eingesehen am 20.10.2014 unter: http://www.faz.net/aktuell/gesellschaft/ungluecke/somalia-hunger-toetete-eine-viertelmillion-menschen-12169522.html

„Somalia-Piracy-Under-Reporting-Incidents“, maritime-security-seamar shal-blogspot, zuletzt eingesehen am 20.10.2014 unter: http://maritime-security-seamarshal.blogspot.de/2012/02/somalia-piracy-under-reporting.html

Andere Quellen

Moreira, Paul, Dokumentar-Film „Toxic Somalia: l'autre piraterie“, *ARTE*, 2010

Grafiken

Fig. 1: „Jährliche Entwicklung der Anzahl gemeldeter Vorfälle 1995–2013”, Daten aus Fig. 1 aus UNITAR, „UNOSAT Global Report on Maritime Piracy – a geospatial analysis 1995-2013”, 2014, S. 7

Fig. 2: „Vorfälle von Piraterie und bewaffneten Raubüberfällen auf Seeschiffe, 1995-2013“, als Fig. 1 „Acts of piracy and armed robbery, 1995-2013“ in UNITAR, „UNOSAT Global Report on Maritime Piracy – a geospatial analysis 1995-2013”, 2014, S. 6–7

Fig. 3: UNITAR (2014), „Main maritime circulation and acts of piracy and armed robbery, 2006-2013”, als Fig. 2 in UNITAR, „UNOSAT Global Report on Maritime Piracy – a geospatial analysis 1995-2013”, 2014, S. 8–9

Philipp Tüngler

Kapitel 1.2: Maritimer Terrorismus – eine unterschätzte Gefahr?

Editorial abstract: Maritime terrorism is often underestimated as a potential threat to our economies and societies. While news-headlines are drawn to the far more frequent occurrence of maritime piracy, the comparatively much greater extent of damage to be expected from terrorist intent requires serious attention – especially with respect to analysing, monitoring and guarding against this threat. The apparent neglect of maritime terrorism in political, professional and public attention is at least somewhat mitigated by the circumstance that measures taken against piracy are quite likely to increase resilience against terrorist activities as well. Nevertheless, as improbable as maritime terrorism scenarios may still appear to be, their impact is potentially vast.

1.2.1 Einleitung

> *„In Aden, the young man stood up for holy war and destroyed a destroyer feared by the powerful."*[1]

Mit dem Anschlag auf den Zerstörer USS COLE[2] im Oktober 2000 begann ein Jahrzehnt, das maßgeblich durch den islamistischen Terrorismus geprägt wurde.[3] Es war der erste Anschlag des Terrornetzwerks *al-Qaida*,

---

1 Osama bin Laden bekannte sich am 1. März 2001 auf dem Sender *Al Jazeera* indirekt zu den Anschlägen auf den Zerstörer USS COLE, http://edition.cnn.com/2013/09/18/world/meast/uss-Cole-bombing-fast-facts/, abgerufen am 13. Juni 2014.

2 Die USS COLE ist ein Zerstörer der Arleigh-Burke-Klasse. Am 12. Oktober 2000 verübten zwei Selbstmordattentäter mit einem kleinen Speedboot einen Sprengstoffanschlag auf das Schiff im Hafen von Aden, Jemen. Dabei kamen, neben den zwei Attentätern, 17 Angehörige der US Navy ums Leben, 39 weitere wurden verletzt.

3 Bereits am 3. Januar 2000 beluden *al-Qaida*-Terroristen ein Schlauchboot mit Sprengstoff, mit dem Ziel, es gegen den Zerstörer USS THE SULLIVANS zu

der von einer breiten Öffentlichkeit wahrgenommen wurde.[4] Dieser Auftakt zu einer langen Reihe von Anschlägen war ein Akt des maritimen Terrorismus. Nach den Anschlägen vom 11. September 2001 auf das World Trade Center in New York und das Pentagon in Washington begann für die Vereinigten Staaten von Amerika der *Global War on Terror*. Mit den Anschlägen und den Folgen änderte sich die weltpolitische Lage nachhaltig.[5]

Der Anschlag auf den Supertanker LIMBURG[6] vor der Küste des Jemen am 6. Oktober 2002 verdeutlichte die Verwundbarkeit des zivilen Seehandels erneut schmerzlich. In der Folge wurde von den westlichen Sicherheitsbehörden immer wieder auf das Gefahrenpotential eines maritimen Anschlages hingewiesen.[7] In der öffentlichen Wahrnehmung spielte diese Form des Terrorismus jedoch kaum eine Rolle. Selbst Experten aus dem maritimen Bereich widmeten sich schnell wieder der Bedrohung der Handelsschifffahrt durch Piraterie.[8]

---

steuern und zur Explosion zu bringen. Das Schlauchboot war jedoch so überladen, dass es sank, bevor es den Zerstörer erreichte. Vgl. Chalk, Peter: The Maritime Dimension of International Security. Terrorism, Piracy and Challenges for the United States, Santa Monica 2008, S. 21.

4 Eine Reihe anderer Anschläge zuvor wurde bereits mit dem Terrornetzwerk in Verbindung gebracht. Hier sind vor allem die Anschläge auf das World Trade Center in New York 1994 und auf die amerikanischen Botschaften in Nairobi und Daressalam 1998 zu nennen.

5 Manfred Berg, Der 11. September 2001 – eine historische Zäsur?, in: Zeithistorische Forschungen/Studies in Contemporary History, Online-Ausgabe, 8 (2011), H. 3.

6 Die LIMBURG ist ein 2000 gebauter Rohöltanker mit einer Tragfähigkeit von ca. 300.000 tdw. Bei dem Anschlag kam ein Besatzungsangehöriger ums Leben. 90.000 Liter Öl flossen in den Golf von Aden.

7 Siehe hier beispielsweise die fiktiven Darstellungen in dem Film *Syriana* aus dem Jahr 2005 oder dem Roman *The Afghan* von Frederick Forsyth aus dem Jahr 2006. Diverse Presseberichte: z.B. Schmitt, Jörg: Maritimer Terrorismus, in DER SPIEGEL 18/2007, S. 100–102 sowie vor allem die Diskussion um ein mögliches Seesicherheitsgesetz: Carstens, Peter: Baustelle Sicherheit, in: Frankfurter Allgemeine Zeitung vom 5. September 2006, S. 1.

8 Engerer, Hella; Gössler, Max: Piraterie und maritimer Terrorismus aus Sicht deutscher Reeder – Ergebnisse einer Befragung. PiraT Arbeitspapier zur Maritimen Sicherheit Nr. 11, Hamburg 2011, S. 14 und Engerer, Hella; Gössler, Max: Maritimer Terrorismus und Piraterie aus Sicht der deutschen

Im Folgenden soll untersucht werden, ob maritimer Terrorismus eine reale Gefahr darstellt. Im Rahmen einer historischen Herleitung soll vor allem die Gefahr durch islamistische Terrororganisationen geprüft werden. Anschließend werden die Maßnahmen, die gegen diese Form des Terrorismus ergriffen wurden, aufgezeigt und bewertet. Es folgt ein kurzer Ausblick über das Bedrohungspotenzial in der Zukunft.

1.2.2 Gefahren durch maritimen Terrorismus

Fast 95 Prozent des Welthandels werden auf Seewegen abgewickelt.[9] Damit bieten die Weltmeere ein Ziel für Terroristen. Sind Szenarien wie Anschläge auf die Engstellen des Seeverkehrs, die Entführung oder Sprengung eines Gastankers in einer westlichen Hafenstadt realistisch? In der Öffentlichkeit ist maritimer Terrorismus kaum ein Thema – abgesehen von den zwei bereits genannten Anschlägen auf die USS COLE und den Supertanker LIMBURG.

Fest steht: Maritimer Terrorismus ist, kleinere lokale Attentate eingeschlossen, stärker verbreitet als allgemein bekannt. Patricia Schneider vom Institut für Friedensforschung und Sicherheitspolitik der Universität Hamburg hat in einer Untersuchung aus dem Jahr 2012 verschiedene Datenbanken[10] zu Terrorismus auf maritime Anschläge hin analysiert. Zwar wurden im Untersuchungszeitraum von 1968 bis 2010 nur einige spektakuläre Anschläge verübt, über die weltweit berichtet wurde;[11] doch

Versicherungswirtschaft – Ergebnisse einer Befragung deutscher Transportversicherer. PiraT Arbeitspapier zur Maritimen Sicherheit Nr. 12, Hamburg 2011, S. 11.

9 Flottenkommando: Jahresbericht 2013. Fakten und Zahlen zur maritimen Abhängigkeit der Bundesrepublik Deutschland. Glücksburg 2013, S. 1.

10 Schneider, Patricia: Maritimer Terrorismus: Tätergruppen und Anschlagstypen 1968–2010, Hamburger Beiträge zur Friedensforschung und Sicherheitspolitik Heft 157, Hamburg; zu den Datenbanken siehe, S. 16.

11 Neben den Anschlägen auf die USS COLE und Tanker LIMBURG sind hier vor allem die Entführung des italienischen Kreuzfahrtschiffes ACHILLE LAURO durch palästinensische Rebellen 1985 und eine Bombenexplosion auf der philippinischen SUPERFERRY 14 2004 durch *Abu Sayyaf*-Rebellen zu nennen.

die Anzahl von insgesamt mehreren hundert kleineren Attacken[12] unterstreicht die Notwendigkeit zur Abwehr dieser Gefahr. Statistisch sind diese Zahlen schwer auszuwerten: Es gab zwar auf fast allen Kontinenten und von unterschiedlichen Angreifern kontinuierlich maritime Attacken.[13] Besonders viele Anschläge gab es Mitte der 1980er Jahre sowie zum Ende der 2000er Jahre.[14] Aufgrund der vielen zeitlich begrenzten und zudem regionalen Konflikte lässt sich statistisch daraus jedoch kein Trend ableiten. Diese untersuchten Anschläge geben kaum Aufschluss über die aktuelle Bedrohung für die weltweite Schifffahrt.[15] Besorgniserregender könnten jedoch die 18 Anschläge von islamistischen Terrorgruppen in den letzten zehn Jahren sein.[16] Nach den Anschlägen auf die USS COLE und den Supertanker LIMBURG ging man lange davon aus, dass *al-Qaida* ähnliche, eventuell noch spektakulärere Anschläge verüben würde. Osama bin Laden deutete selbst mehrfach auf die Verwundbarkeit des Seehandels hin.[17] So sagte er nach dem Angriff auf den Supertanker LIMBURG:

> *"By exploding the oil tanker in Yemen, the holy warriors hit the umbilical cord and lifeline of the crusader community, reminding the enemy of the heavy cost of blood and the gravity of losses they will pay as a price for their continued aggression on our community and looting of our wealth."*[18]

2002 fand man bei dem gefangengenommenen *al-Qaida*-Spezialisten für maritime Operationen, Abd al-Nasheri, umfangreiche Pläne für mögliche

12 Insgesamt 334 dokumentierte Fälle. Vgl. Schneider: Maritimer Terrorismus, S. 17.
13 Vor allen islamistische, nationale, separatistische, anarchistische und linke Gruppierungen. Gemeint sind hier alle möglichen Formen: Entführung, Verminung, Angriff von See auf Land und von Land auf See, etc.
14 2008: 22 Anschläge, 2009: 23 Anschläge, 2010: 14 Anschläge. Vgl.: Schneider: Maritimer Terrorismus, S. 29.
15 Greenberg, Michael (Hrsg.): Maritime Terrorism. Risk and Liability, Santa Monica 2006, S. 9.
16 Schneider: Maritimer Terrorismus, S. 37.
17 Tophoven, Rolf: Maritimer Terrorismus – Gefahr auch durch al-Qaida?, in: Maritime Sicherheit Nr. 2, 2008, S. 23.
18 Zitiert nach: Herbert-Burns, Rupert: Terrorism in the Early 21st Century Maritime Domain, in: Ho, Joshua; Reimond, Catherine Zara (Hrsg.): The Best of Times, The Worst of Times Maritime Security in the Asia-Pacific, Singapur 2005, S. 155–177, hier S. 165.

Anschlagsszenarien.[19] Unter anderem schien *al-Qaida* folgende Möglichkeiten in Betracht gezogen zu haben:[20]

- das Sprengen eines mittelgroßen Schiffes in der Nähe von anderen Schiffen oder im Hafen
- Angriffe auf Supertanker mit Flugzeugen
- Unterwasserangriffe auf Schiffe mit Tauchern
- Entführung und Geiselnahme von Kreuzfahrtschiffen

Ihr besonderes Augenmerk scheinen Terroristen auf die großen Häfen und die Engstellen des Seeverkehrs gelegt zu haben.[21] Eine Blockade einer der großen Verkehrsadern würde die Weltwirtschaft Milliarden kosten.

Im März 2003 haben Piraten den Chemietanker DEWI MADRIM in der Straße von Malakka geentert und für einige Stunden unter ihre Kontrolle gebracht. Sie machten nur geringe Beute und verließen das Schiff wieder. Experten vermuten aber, dass hier die Entführung eines Schiffes getestet wurde.[22]

Mit der Invasion des Irak durch alliierte Truppen im Jahr 2003 und der anschließenden massiven westlichen Militärpräsenz in der Region gelangte besonders der Handel mit Rohöl in den Fokus von Terroristen.[23] So konnte im April 2004 ein Anschlag auf eine Öl-Verladestation in Basra mit drei Speedbooten knapp verhindert werden.[24] Bei der Tötung Osama bin Ladens

---

19 Eschenfelder, Jörg: Ein Anschlag genügt und alles steht still – Der bedrohte Welthandel. Piraten und Terroristen in der Straße von Malakka, in: Maritime Sicherheit Nr. 2, 2008, S. 22.

20 Roell, Peter: Maritime Terrorism a Threat to World Trade, in: The European – Security and Defence Union Nr. 4, 2010, S. 14.

21 Kümmeler, Fabian: Maritimer Terrorismus im Golf von Aden und im Roten Meer – Fallstudie Jemen, PiraT Arbeitspapier zur Maritimen Sicherheit Nr. 14, Hamburg 2011, S. 6.

22 Terrorism and Business. Peril on the sea, in: The Economist, 4. Oktober 2003. http://www.economist.com/node/2102424, abgerufen am 12.06.2014.

23 Rawley, Chris: Al Qaeda's Seapower Strategy, in: Small Wars Journal, 2011. http://smallwarsjournal.com/jrnl/art/al-qaedas-seapower-strategy: abgerufen am 12.06.2014.

24 Irak: Soldaten vereiteln Anschläge auf wichtiges Ölterminal, in: DER SPIEGEL, 25.04.2004: http://www.spiegel.de/politik/ausland/irak-soldaten-vereiteln-anschlaege-auf-wichtiges-oelterminal-a-296937.html, abgerufen am 12.06.2014.

2011 gefundene Dokumente offenbaren die Pläne des Terrornetzwerkes, weitere Anschläge auf diesen Handelszweig zu verüben.[25] Vermutlich spielt hier die Symbolik eine zusätzliche Rolle: Hohe *al-Qaida*-Vertreter monierten mehrfach, dass westliche Akteure das arabische Öl stehlen würden:

> *"You steal our wealth and oil at paltry prices because of your international influence and military threats. This theft is indeed the biggest theft ever witnessed by mankind in the history of the world. God, the Almighty, legislates the permission and option to avenge this oppression. Thus, if we are attacked, then we have the right to strike back. If people steal our oil and wealth, then we have the right to destroy their economy."*[26]

Auch die Vertreter der Seeschifffahrt sehen für küstennahe Offshore-Anlagen das größte Gefahrenpotential im Bereich des maritimen Terrorismus.[27] Ein Angriff im August 2013 auf das einzige Flüssiggasterminal im Jemen mit einer Reihe von Toten verdeutlicht dies.[28]

1.2.3 Maßnahmen gegen Terrorattacken

Während in der Luftfahrt schon länger großer Wert auf Sicherheit gelegt wird, sind derlei Bestrebungen in der Seefahrt noch relativ neu. Erst 2002 hat die Internationale Seeschifffahrtsorganisation (IMO) den *International Ship and Port Facility Security Code* (ISPS-Code) eingeführt. Auf europäischer Ebene erlangte dieses Abkommen 2004 Gültigkeit.[29] Der

---

25 Dilanian, Ken: Al Qaeda wanted to attack tankers, Bin Laden files show, in: Los Angeles Times, 21.05.2011: http://articles.latimes.com/2011/may/21/nation/la-na-obama-cia-20110521, abgerufen am 12.06.2014, siehe für neuere Pläne auch: Greaber, Daniel: Al-Qaida threat – is energy a target?: http://www.csmonitor.com/Environment/Energy-Voices/2013/0806/Al-Qaeda-threat-Is-energy-a-target, abgerufen am 19.06.2014.

26 Bin Laden, Osama: Letter to the American People, in: Observer, 24.11.2002, http://www.theguardian.com/world/2002/nov/24/theobserver, abgerufen am 19.06.2014.

27 Engerer; Gössler: Maritimer Terrorismus aus Sicht der deutschen Versicherungswirtschaft, S. 21.

28 Jenisch, Uwe: Maritime Risiken im 21. Jahrhundert, in: Europäische Sicherheit und Technik 6/ 2014, S. 101.

29 Verordnung (EG) Nr. 725/2004 des Europäischen Parlaments und Rates vom 31. März 2004 zur Erhöhung der Gefahrenabwehr auf Schiffen und in Hafenanlagen.

ISPS-Code soll vor allem den Schutz von Hafenanlagen, die Anmeldepflicht aller an Bord befindlichen Waren und Personen sowie umfangreiche Kontroll- und Zugriffsrechte der Hafenbehörden sicherstellen. Er gilt jedoch nur für kommerzielle Schiffe ab 500 BRT auf internationaler Fahrt. Durch diese Bestimmung wird allerdings nur ein relativ geringes Maß an zusätzlicher Sicherheit erreicht.[30] Daneben haben die Vereinigten Staaten mit der *Container Security Initiative*[31] bilaterale Abkommen mit vielen Staaten geschlossen, um die Gefahr durch Massenvernichtungswaffen und Sprengsätze in Containern zu reduzieren. Durch höhere Sicherheitsstandards, einen verbesserten Informationsaustausch und das Stationieren von amerikanischen Zollbeamten im Aufgabehafen der Container soll gefährliche Fracht schon vor dem Erreichen von US-Häfen[32] identifiziert werden.

Auch auf polizeilicher Ebene wurden die Bemühungen zur maritimen Terrorabwehr massiv ausgeweitet: So wurde beispielsweise für die deutschen Behörden mit dem Maritimen Sicherheitszentrum des Bundes in Cuxhaven 2007 erstmals eine Koordinierungsstelle aller staatlichen Akteure zur See geschaffen.[33] Das Maritime Sicherheitszentrum ist jedoch nur ein Kommunikations- und Kooperationsnetzwerk der operativen Kräfte des Bundes und der Küstenländer für maritime Sicherheit. Ähnlich wie in der Luftfahrt wurde eine materielle und rechtliche Kompetenzerweiterung der Polizeikräfte nicht durchgesetzt. Mit der anhaltenden verfassungsrechtlichen Diskussion des Luftsicherheitsgesetzes seit dem Jahr 2005

---

30 Bateman, Sam: Assessing the Threat of Maritime Terrorism: Issues for the Asia-Pacific Region, in: Security Challenges, Vol. 2, No. 3, 2006, S. 88.

31 Ergänzt wird diese durch die *Proliferation Security Initiative* aus dem Jahr 2003.

32 Daneben hat das Department of Homeland Security weitere Programme gestartet, um die Sicherheit im Seehandel zu erhöhen. Hier sind vor allem das *Customs Trade Partnership against Terrorism* und das *Authorised Economic Operator Program* erwähnenswert.

33 Wasser- und Schifffahrtsverwaltung des Bundes, Bundespolizei, Behörden der Zollverwaltung, Fischereischutz der Bundesanstalt für Landwirtschaft und Ernährung, Leitstelle der Wasserschutzpolizeien der fünf Küstenländer, Havariekommando und Deutsche Marine.

wurde drei Jahre später der Entwurf zu einem Seesicherheitsgesetz fallen gelassen. Eine Neuauflage ist derzeit nicht geplant.[34]

Daneben laufen seit dem 11. September 2011 diverse maritime Anti-Terror-Operationen westlicher Militärs, an denen sich auch die Deutsche Marine zeitweise beteiligt.[35] Sie sollen vor allem die Seewege im Mittelmeerraum sowie vor der afrikanischen Ostküste überwachen und die Bewegungsfreiheit von Terroristen auf See einschränken. Teilweise überlappen sich diese Missionen mit der Pirateriebekämpfung am Horn von Afrika. Ihr Erfolg bleibt umstritten.[36]

Vor allem der Maßnahmenkatalog zur Abwehr von Piraten, angefangen von baulichen Veränderungen[37] über Fahrprofile[38] bis hin zu bewaffneten Sicherheitskräften an Bord, hat dazu beigetragen, dass der Schutz gegenüber terroristischen Angriffen im Vergleich zum Anfang des 21. Jahrhunderts größer geworden ist.[39] Eine hundertprozentige Sicherheit vor Terroranschlägen kann es aber auch im maritimen Bereich nicht geben.[40]

---

34 Urban, Johannes: Die Bekämpfung des Internationalen Islamistischen Terrorismus, Wiesbaden 2006, S. 258.

35 Hier vor allem Operation ENDURING FREEDOM und die NATO-Operation ACTIVE ENDEAVOUR sowie die *Global Maritime Partnership Initiative*, *Combines Maritime Forces* und die *Combined Task Forces*. Die Teilnahme Deutschlands an maritimen Anti-Terror Operationen, die sich dreizehn Jahre nach den Anschlägen vom 11. September immer noch auf das Recht zur Selbstverteidigung berufen ist umstritten.

36 Thiels, Christian: Das Ende des Bündnisfalls, http://www.tagesschau.de/ausland/active-endeavour100.html, abgerufen am 14.06.2014.

37 Beispielsweise das Ausbringen von Stacheldraht an der Reling. Zur Effektivität möglicher Abwehrmaßnahmen siehe: Blecker, Thorsten; Will, Thomas; Jepsen, Niclas; Kretschmann, Lutz; Resch, Andrea: Analyse von schiffsbezogenen Sicherheitstechnologien zur Verzögerung von Angriffen im Kontext von Piraterie und maritimem Terrorismus. PiraT Arbeitspapier zur Maritimen Sicherheit Nr. 10, Hamburg 2011.

38 Im Gegensatz zum sonst oft üblichen kraftstoffsparenden *slow-steaming* soll durch bestimmte Gebiete mit größtmöglicher Geschwindigkeit gefahren werden.

39 Hier vor allem die *Best Management Practices* der IMO. Maritime Security Center: Best Management Practices. Suggested Planning and Operational Practices for Ship Operators and Masters of Ships Transiting the High Risk Area Version 4, London 2011.

40 Ein gefürchtetes Szenario ist beispielsweise eine große Bombe, die, in einem LKW versteckt, auf einer Fähre zur Explosion gebracht wird.

1.2.4 Zusammenfassung und Ausblick

"And the need for a new strategy reflects the fact that today's principal threat no longer comes from a centralized al-Qaeda leadership. Instead, it comes from decentralized al-Qaeda affiliates and extremists, many with agendas focused in countries where they operate. And this lessens the possibility of large-scale 9/11-style attacks against the homeland, but it heightens the danger of U.S. personnel overseas being attacked, as we saw in Benghazi. It heightens the danger to less defensible targets, as we saw in a shopping mall in Nairobi."[41]

Durch die veränderte politische Weltlage hat sich der Fokus der global agierenden Terrororganisationen verschoben.[42] Durch die gezielte Ausschaltung eines Großteils der Führung von *al-Qaida*, vor allem die Tötung von Osama bin Laden im Jahr 2011, wurden große strategische Anschläge unwahrscheinlicher. *Al-Qaida* agiert seither vermehrt auf regionaler Ebene.[43] Vor allem im Nahen Osten[44] und Afrika[45] verfolgen *al-Qaida*-Ableger mehr und mehr eigene Interessen und Machtansprüche. Dabei richtet sich der Kampf oftmals gegen andere lokale Ethnien und Religionsgruppen. Besonders in Syrien wird dies deutlich. Kurzfristig rechnen Sicherheitsexperten daher eher nicht mit großen strategisch geplanten Anschlägen im Westen. Die amerikanischen Geheimdienste glauben jedoch, dass das Chaos im Nahen Osten als Brutstätte für eine neue Generation von Terroristen dient, welche langfristig wieder Anschläge im Westen planen könnten.[46]

---

41 Präsident Obama in einer Rede vor Kadetten an der Militärakademie Westpoint am 28. Mai 2014. http://www.whitehouse.gov/the-press-office/2014/05/28/remarks-president-west-point-academy-commencement-ceremony, abgerufen am 14.06.2014.

42 Ehrhart, Hans-Georg; Petretto, Kerstin; Schneider, Patricia; u.w.: Piraterie und maritimer Terrorismus als Herausforderungen für die Seehandelssicherheit Deutschlands, Baden-Baden 2013, S. 277.

43 http://www.sueddeutsche.de/politik/al-qaida-nach-dem-tod-bin-ladens-die-neue-nummer-eins-1.1092284-2, abgerufen am 14.06.2014.

44 Inwieweit der Krieg in Syrien und die Aufstände im Irak mit al-Qaida in Verbundung stehen ist umstritten: http://www.welt.de/politik/ausland/article129094554/Der-neue-Boom-der-Weltmarke-al-Qaida.html, abgerufen am 14.06.2014.

45 Hier vor allem Organisation *al-Qaida des Islamischen Maghreb*.

46 Siehe *Islamischer Staat*; http://www.faz.net/aktuell/politik/ausland/amerikanischer-geheimdienst-syrien-wird-al-qaida-basis-12864934.html, abgerufen am 14.06.2014.

Auch wenn von verschiedenen Seiten immer wieder vor neuen maritimen Terrorakten gewarnt wurde, sind folgenreiche Anschläge auf See bislang ausgeblieben. Inwiefern die bereits ergriffenen Gegenmaßnahmen hierzu beigetragen haben, lässt sich schwerlich bemessen. Die Mehrdimensionalität der Motivlage der unterschiedlichen Terrorgruppen erschwert eine Einschätzung der Gefahr maritimer Anschläge.[47] Vor allem Handelsschiffe bleiben langsame und verwundbare Ziele. Ein erfolgreicher Anschlag könnte große und langfristige Auswirkungen auf die Weltwirtschaft haben. Medienwirksam – und damit für Terroristen besonders verlockend[48] – wären jedoch nur sehr große Anschläge in unmittelbarer Küstennähe beziehungsweise in Häfen.[49] Obwohl große Anschläge in westlichen Häfen unwahrscheinlicher geworden sind, bleiben maritime Anschläge beispielsweise im Nahen Osten selbst natürlich weiter möglich. Da die derzeitigen Akteure bislang nicht auf See oder in Küstennähe gekämpft haben, ist das Risiko für die globale Handelsschifffahrt im Augenblick aber vermutlich eher gering. Daher bleiben zumindest größere Anschläge wohl eher ein *high impact but low probability*-Szenario.

Literaturverzeichnis

Al-Qaida nach Bin Laden: http://www.sueddeutsche.de/politik/al-qaida-nach-dem-tod-bin-ladens-die-neue-nummer-eins-1.1092284-2, abgerufen am 14.06.2014.

Bateman, Sam: Assessing the Threat of Maritime Terrorism: Issues for the Asia-Pacific Region, in: Security Challenges, Vol. 2, No. 3, 2006, S. 77–91.

Blecker, Thorsten; Will, Thomas; Jepsen, Niclas; Kretschmann, Lutz; Resch, Andrea: Analyse von schiffsbezogenen Sicherheitstechnologien zur Verzögerung von Angriffen im Kontext von Piraterie und maritimem Terrorismus. PiraT Arbeitspapier zur Maritimen Sicherheit Nr. 10, Hamburg 2011.

---

47 Kümmeler, Fabian: Maritimer Terrorismus im Golf von Aden und im Roten Meer – Fallstudie Jemen, Hamburg 2011, S. 40.

48 Chalk; Peter: Maritime Terrorism in the Contemporary Era: Threat and Potential Future Contingencies, in: The MIPT Terrorism Annual, Oklahoma 2006, S. 19–42, hier: S. 21.

49 Guy, Philipp: Maritime Terrorism, S. 2, http://www2.hull.ac.uk/fass/pdf/Ocassional%20Paper%202.pdf, abgerufen am 14.06.2014.

Carstens, Peter: Baustelle Sicherheit, in: Frankfurter Allgemeine Zeitung Nr. 206, vom 5. September 2006.

Chalk, Peter: The Maritime Dimension of International Security. Terrorism, Piracy and Challenges for the United States, Santa Monica 2008.

Chalk; Peter: Maritime Terrorism in the Contemporary Era: Threat and Potential Future Contingencies, in: The MIPT Terrorism Annual, Oklahoma 2006, S. 19–42.

Der neue Boom der Weltmarke al-Qaida: http://www.welt.de/politik/ausland/article129094554/Der-neue-Boom-der-Weltmarke-al-Qaida.html, abgerufen am 14.06.2014.

Dilanian, Ken: Al Qaeda wanted to attack tankers, Bin Laden files show, in: Los Angeles Times, 21.05.2011: http://articles.latimes.com/2011/may/21/nation/la-na-obama-cia-20110521, abgerufen am 12.06.2014.

Ehrhart, Hans-Georg; Petretto, Kerstin; Schneider, Patricia; u.w.: Piraterie und maritimer Terrorismus als Herausforderungen für die Seehandelssicherheit Deutschlands, Baden-Baden 2013.

Engerer, Hella; Gössler, Max: Maritimer Terrorismus und Piraterie aus Sicht der deutschen Versicherungswirtschaft – Ergebnisse einer Befragung deutscher Transportversicherer. PiraT Arbeitspapier zur Maritimen Sicherheit Nr. 12, Hamburg 2011.

Engerer, Hella; Gössler, Max: Piraterie und maritimer Terrorismus aus Sicht deutscher Reeder – Ergebnisse einer Befragung. PiraT Arbeitspapier zur Maritimen Sicherheit Nr. 11, Hamburg 2011.

Eschenfelder, Jörg: Ein Anschlag genügt und alles steht still -Der bedrohte Welthandel. Piraten und Terroristen in der Straße von Malakka, in: Maritime Sicherheit Nr. 2, 2008.

Flottenkommando: Jahresbericht 2013. Fakten und Zahlen zur maritimen Abhängigkeit der Bundesrepublik Deutschland, Glücksburg 2013.

Forsyth, Frederick: The Afghan, London 2006.

Greenberg, Michael (Hrsg.): Maritime Terrorism. Risk and Liability, Santa Monica 2006.

Guy, Philipp: Maritime Terrorism: http://www2.hull.ac.uk/fass/pdf/Ocassional%20Paper%202.pdf, abgerufen am 14.06.2014.

Herbert-Burns, Rupert: Terrorism in the Early 21st Century Maritime Domain, in: Ho, Joshua; Reimond, Catherine Zara (Hrsg.): The Best of Times, The Worst of Times Maritime Security in the Asia-Pacific, Singapur 2005, S. 155–177.

Irak: Soldaten vereiteln Anschläge auf wichtiges Ölterminal: http://www.spiegel.de/politik/ausland/irak-soldaten-vereiteln-anschlaege-auf-wichtiges-oelterminal-a-296937.html, abgerufen am 12.06.2014.

Jenisch, Uwe: Maritime Risiken im 21. Jahrhundert, in: Europäische Sicherheit und Technik 6, 2014, S. 100–104.

Kümmeler, Fabian: Maritimer Terrorismus im Golf von Aden und im Roten Meer – Fallstudie Jemen, PiraT Arbeitspapier zur Maritimen Sicherheit Nr. 14, Hamburg 2011.

Manfred Berg, Der 11. September 2001 – eine historische Zäsur?, in: Zeithistorische Forschungen/ Studies in Contemporary History, Online-Ausgabe, 8/2011, H. 3.

Maritime Security Center: Best Management Practices. Suggested Planning and Operational Practices for Ship Operators and Masters of Ships Transiting the High Risk Area, Version 4, London 2011.

Rawley, Chris: Al Qaeda's Seapower Strategy, in: Small Wars Journal 2011. http://smallwarsjournal.com/jrnl/art/al-qaedas-seapower-strategy, abgerufen am 12.06.2014.

Roell, Peter: Maritime Terrorism – a Threat to World Trade, in: The European – Security and Defence Union Nr. 4, 2010.

Schmitt, Jörg: Maritimer Terrorismus, in DER SPIEGEL 30. April 2007.

Schneider, Patricia: Maritimer Terrorismus: Tätergruppen und Anschlagstypen 1968–2010, Hamburger Beiträge zur Friedensforschung und Sicherheitspolitik, Heft 157, Hamburg 2012.

Syrien wird al-Qaida-Basis: http://www.faz.net/aktuell/politik/ausland/amerikanischer-geheimdienst-syrien-wird-al-qaida-basis-12864934.html, abgerufen am 14.06.2014.

Terrorism and Business. Peril on the Sea, in: The Economist, 4. Oktober 2003, http://www.economist.com/node/2102424, abgerufen am 12.06.2014.

Tophoven, Rolf: Ein Anschlag genügt und alles steht still – Maritimer Terrorismus – Gefahr auch durch al-Qaida?, in: Maritime Sicherheit Nr. 2, 2008.

Urban, Johannes: Die Bekämpfung des Internationalen Islamistischen Terrorismus, Wiesbaden 2006.

Verordnung (EG) Nr. 725/2004 des Europäischen Parlaments und Rates vom 31. März 2004 zur Erhöhung der Gefahrenabwehr auf Schiffen und in Hafenanlagen.

Robert Frau und Tassilo Singer

Kapitel 1.3: Schiffe versenken – Seeblockaden, neutrale Schifffahrt und das Völkerrecht

Editorial abstract: Russia's behaviour in the ongoing Ukraine crisis reminds us bitterly that military force is still being ruthlessly employed in power-politics. Still, in times when „humanitarian interventions“ and „international police actions“ are often perceived in the West as the few remaining occasions of rational employment of military force, the threat-potential of sovereign state actors against international shipping is often neglected. It may be that much more surprising to find that the legal framework within which such threats to international shipping can be imposed and enforced is indeed substantial. Neglecting or trespassing against *lawful* unilateral third-party-government limitations on neutral shipping may have grave consequences for merchant mariners – even today. Simultaneously, blockades still remain an effective tool to enforce sanctions and prohibit the transfer of banned goods into regions of conflict. Therefore, the range of lawful limitations on neutral shipping that can be exerted by sovereign states still belong to the catalogue of knowledge required of captains and nautical officers, as well as shipping-managers and policy-makers.

1.3.1 Einleitung

Blockaden wirken wie aus einer vergangenen Zeit: Ein Staat, der seine Schlachtschiffe vor der Küste eines fremden Staates ankern lässt, hunderte Matrosen dort bereithält und den Zugang zu fremden Häfen abriegelt. Selten werden heutzutage bewaffnete Konflikte zur See geführt. In Zeiten, in denen Wirtschaftssanktionen als effektiveres Mittel der Konfliktführung gelten und bewaffnete Konflikte aus immer größerer Distanz geführt werden, mutet es anachronistisch an, ein solches ressourcenintensives Mittel wie die Blockade zu nutzen, um den Gegner zu schwächen.

Dieser Eindruck täuscht: Eine Blockade kann ein äußerst effektives Mittel sein, um die gegnerische Versorgung mit Waffen und Kriegswichtigen Gütern zu unterbinden, wie es die israelische Blockade der Küste des Libanon 2006 gezeigt hat. Ebenso gilt die israelische Blockade des Gazastreifens seit 2009 als wichtiges Mittel, um die Sicherheit Israels sicherzustellen.

Abgesehen von diesem Konflikt scheinen Blockaden auch in anderen Konfliktregionen möglich zu sein. So ist durchaus möglich, dass in den Konflikten um das nordkoreanische oder iranische Atomprogramm eine Blockade von bestimmten Häfen eingerichtet wird, um die Versorgung mit Bauteilen für Nuklearwaffen zu verhindern. Ob dies aufgrund der damit verbundenen (politischen) Implikationen – immerhin bis zu einem Waffeneinsatz gegen blockadebrechende Schiffe – realistisch ist, sei einmal dahingestellt. Ähnliche Fragen stellen sich in Bezug auf eine Blockade der Krim wegen der völkerrechtswidrigen Angliederung der Halbinsel an Russland. Realistischer ist hingegen eine Blockade vor der Küste Somalias, die der Sicherheitsrat der Vereinten Nationen einrichtet, um die dortige Piraterie zu bekämpfen. Im Bereich des Möglichen ist auch eine Blockade vor der irakischen Küste (sollte sich der Konflikt aus dem Jahr 2014 weiter zu Gunsten der bewaffneten Gruppe „Islamischer Staat" entwickeln) oder im Rahmen des chinesisch-japanischen Konflikts um die Senkaku/Diaoyutai-Inseln. Wie die Konflikte um die Falklandinseln 1982 und 2012-2013 deutlich gemacht haben, könnte sich auch die alte Seemacht Großbritannien auf der einen oder anderen Seite einer Blockade wiederfinden.[1]

Wenig realistisch sind Blockaden in nicht-internationalen bewaffneten Konflikten. Solche Bürgerkriege werden nur in den seltensten Fällen zur See ausgetragen. Dass darüber hinaus die völkerrechtliche Rechtmäßigkeit von Blockaden in nicht-internationalen bewaffneten Konflikten umstritten ist, sei bereits an dieser Stelle erwähnt.

Hydro- und geographisch geeignete Gebiete gibt es also genug, die politischen Spannungen tragen ihren Teil zu der Wahrscheinlichkeit einer Blockade bei. Auch militärisch ergibt eine Blockade durchaus Sinn, denn

---

1 Keine Blockaden im Rechtssinne wären eine Sperrung des Suez- oder des Panamakanals. Hierfür existieren vertragliche Sonderregelungen, die in diesem Beitrag ausgespart werden sollen.

heutige Waffentechnologie macht es möglich, eine Blockade ressourcenschonend durchzusetzen. Zu denken ist dabei nur an unbemannte Luftfahrzeuge, so genannte Drohnen,[2] die eingesetzt werden können, um sich auftuende Lücken in der Durchsetzbarkeit und Durchlässigkeit der Blockade schließen. Werden weitere technische Fortschritte erzielt, ist auch an den Einsatz von unbemannten Wasserfahrzeugen zu denken – ein neuer Typus scheint in Form einer unbemannten Blockade greifbar.

Abgesehen von der Einhaltung der rechtlichen Voraussetzungen bei der Einrichtung einer Blockade stellen sich auch Herausforderungen bei der Durchsetzung der Blockade, nicht nur gegenüber Schiffen, die dem blockierten Staat zuzurechnen sind, sondern gerade auch gegenüber Schiffen neutraler Staaten. Neutrale Schiffe erfüllen oft kritische Funktionen für den blockierten Staat, wie etwa die Versorgung mit Nachschub oder Konterbande. Um eine völkerrechtmäßige Blockade aufrechtzuerhalten, ist es in notwendig, Schiffe neutraler Staaten am Bruch einer Blockade zu hindern. Wie dies stattfinden kann, ob beispielsweise neutrale Schiffe aufgebracht, konfisziert oder gar versenkt werden dürfen, ist Gegenstand der folgenden Darstellung.

Der Beitrag widmet sich zunächst den völkerrechtlichen Rahmenbedingungen einer See-Blockade bevor die einzelnen möglichen Maßnahmen in Bezug auf neutrale Schifffahrt dargestellt werden.

1.3.2 Völkerrechtlicher Rahmen

Eine Seeblockade soll jegliche Handelsschifffahrt von dem Gebiet innerhalb des Blockadebereichs fernhalten. Dadurch greift sie zwangsweise in die Freiheiten der Hohen See nach Art. 87 UNCLOS[3] und die Rechte anderer Staaten ein.[4]

Das Völkerrecht sieht für diese Situation Rechte und Pflichten der beteiligten Staaten vor, leider nicht vereinheitlicht in einem völkerrechtlichen Vertrag, sondern verstreut im Völkergewohnheitsrecht und dessen

---

2 Zu Rechtsfragen bei unbemannten Systemen vgl. Frau (Hrsg.) Drohnen und das Recht, 2014.

3 United Nations Convention on the Law of the Seas of 10 December 1982, 1833 UNTS 3.

4 San Remo Manual, Rn. 98, 100.

Kodifizierungen, wie insbesondere dem San Remo Manual,[5] sowie in Erklärungen und Deklarationen zu Konventionen und Konferenzen.

1.3.2.1 Rechtsquellen und Rechtsgrundlage

Seit dem 18. Jahrhundert gab es Versuche, das Blockaderecht vertraglich festzuschreiben. So hielt die Pariser Seerechtsdeklaration von 1856,[6] die im Rahmen der Beendigung des Krim-Kriegs geschlossen wurde, in einem Punkt fest, dass eine Blockade effektiv sein muss, um verbindlich zu sein, daher müsse sie von Streitkräften aufrechterhalten werden, die dazu in der Lage sind, den Zugang zur Küste des Feindes zu verhindern.[7]

Die Londoner Konferenz von 1908/09 kodifizierte das anwendbare Recht zu Seeblockaden in der London Deklaration von 1909.[8] Obwohl diese rechtlich unverbindlich geblieben ist,[9] ist sie bis heute der einzige staatliche Kodifizierungsversuch des Blockaderechts geblieben.[10] Ihr Inhalt ist weitestgehend als Völkergewohnheitsrecht anerkannt.[11] Dies ist umso bedeutender, als dass in der Rechtsentwicklung seit dem Ende des Zweiten Weltkriegs keine explizite, rechtlich bindende völkervertragliche Normierung der Seeblockade zu finden ist.[12]

Dies ist umso erstaunlicher, bedenkt man, dass es seit 1945 durchaus Staatenpraxis gibt, die das Recht der Blockade bestätigt – und teilweise zu erweitern versucht.[13] So musste neuen Waffentechnologien wie Flugzeugen mit hoher Geschwindigkeit und Reichweite und Langstrecken-Raketen Rechnung getragen werden, da damit die Anforderungen an die Effektivität einer Blockade größer geworden sind, um die Undurchlässigkeit einer Blockade zu garantieren. Demgegenüber wachsen dadurch aber auch die

---

5 Ibid.
6 Paris Declaration.
7 Ibid., 4. Regel.
8 London Declaration.
9 ICRC.
10 Heintschel von Heinegg 2009, Rn. 8.
11 Heintschel von Heinegg 2013 (a), Rn. 1051.1.
12 Wolff Heintschel von Heinegg 2013 (b), S. 265.
13 Vgl. Heintschel von Heinegg 2009, Rn. 15; Heintschel von Heinegg 2013 (a), Rn. 1051.1.

Durchsetzungsmöglichkeiten, v.a. weil eine Blockade aus größerer Entfernung aufrechterhalten werden kann.

Auch aus den verschiedenen einzelstaatlichen Kodifizierungen, wie dem U.S. Commander's Handbuch,[14] dem französischem Handbuch,[15] dem Handbuch Großbritanniens,[16] und der aktuellen ZDv 15/2 von 2013[17] können die Rechtsauffassungen der jeweiligen Staaten entnommen werden. Überdies kodifizierte eine internationale Expertengruppe das geltende Völkergewohnheitsrecht im San Remo Manual von 1994.[18]

Die Staaten erkennen die Blockade übereinstimmend als Methode im Rahmen eines bewaffneten Konflikts an.[19] Ob dies nur für einen *internationalen* bewaffneten Konflikt gilt, sei zunächst dahingestellt.[20] Jedenfalls ist eine Blockade in einem internationalen bewaffneten Konflikt als rechtmäßiges staatliches Handeln i.R.d. *ius in bello* anzusehen.[21]

Abgesehen von staatlichem Handeln im bewaffneten Konflikt kann eine Blockade auch anders begründet werden, namentlich durch zwei mögliche Grundlagen im Maßnahmenkatalog von Kapitel VII der UN-Charta.

Hält der Sicherheitsrat der Vereinten Nationen eine Situation für eine Bedrohung des Weltfriedens gem. Art. 39 UN-Charta, so kann er darauf mit militärischen Sanktionen nach Art. 42 S. 1 UN-Charta reagieren. Diese Maßnahmen umfassen nach dem Wortlaut des Art. 42 S. 2 UN-Charta ausdrücklich auch die Blockade.

Des Weiteren kommt auch das staatliche Selbstverteidigungsrecht nach Art. 51 UN-Charta als Rechtsgrundlage in Frage. Liegt ein bewaffneter Angriff gegen ein UN-Mitglied vor, besteht ein Recht zur individuellen oder/und kollektiven Selbstverteidigung. Als Maßnahme i.S.v. Kapitel VII

---

14 US Commander's Handbook.

15 Manuel de Droit des Conflits Armés.

16 UK Manual.

17 ZDv 15/2.

18 San Remo Manual, Rn. 93 ff. Vgl. auch Tallinn Manual, S. 195 ff. Zur Luftblockade, die auf der Seeblockade basiert: HPCR Manual, Rn. 147 ff.

19 Heintschel von Heinegg 2009, Rn. 22; San Remo Manual, Rn. 93; HPCR-Manual, Rn. 147; ZDv 15/2, Rn. 1060.

20 Siehe dazu 1.3.2.4.

21 Heintschel von Heinegg 2009, Rn. 22.

der UN-Charta umfasst das Recht zur Selbstverteidigung unter anderem auch alle möglichen Maßnahmen aus Art. 42 UN-Charta.

1.3.2.2 Definition und Abgrenzung

Ausgehend vom Völkergewohnheitsrecht und den Rechtsauffassungen der Staaten[22] kann eine Blockade wie folgt definiert werden:

Eine Blockade ist eine Methode der Kriegführung (und ein kriegerischer Akt), mit der See- und Luftfahrzeuge aller Staaten, unabhängig davon, ob sie feindlich oder neutral sind, daran gehindert werden, Küstengebiete oder Häfen anzusteuern oder zu verlassen, die der gegnerischen Konfliktpartei gehören[23] oder von dieser besetzt oder kontrolliert werden. Durch diesen eingerichteten Kordon soll der Gegner von internationalen Gewässern und/oder dem internationalen Luftraum abgeschirmt werden und dessen Zufuhren unterbunden werden, um dessen militärische Fähigkeiten und oder Wirtschaft zu schwächen.

Aus dieser Definition folgt, dass die generellen Grundsätze der Kriegführung,[24] insb. des internationalen bewaffneten Konflikts in Teil III des ZP I[25] Anwendung finden, worin Methoden und Mittel der Kriegführung rechtliche Regelungen unterworfen und beschränkt werden. Dazu gehören vor allem das Verbot der Verursachung überflüssiger Leiden und unnötiger Verletzungen sowie der Unterscheidungsgrundsatz.

Abzugrenzen ist eine Blockade von einer „Zone", wie auch immer diese bezeichnet wird. Eine Zone besteht aus einem dreidimensionalen Raum, während eine Blockade eine Linie auf der Wasseroberfläche bzw. ein zweidimensionaler „Vorhang" ist.[26] Entscheidend ist bei der Zone mithin der Raum innerhalb der Koordinaten, nicht der Vorgang des „Grenzbruchs" wie bei der Blockade. In solchen „exclusion zones", „no-fly zones" oder

---

22 US Commander's Handbook, Rn. 7.7.1; ZDv 15/2, Rn. 1060; HPCR-Manual, Rn. 47; Tallinn Manual, S. 195, Rn. 1.

23 Vertritt man die Meinung, dass eine Blockade nur im Rahmen eines internationalen bewaffneten Konflikts möglich ist, muss die Definition hier wie folgt abgeändert werden: „(...) die zum Staatsgebiet des gegnerischen Staats gehören oder (...)".

24 Heintschel von Heinegg 2013 (a), Rn. 1051.1.

25 ZP I.

26 Heintschel von Heinegg 2009, Rn. 3.

„war zones“ nimmt der einrichtende Staat für sich in Anspruch, bestimmte Rechte und Pflichten des internationalen Rechts außer Kraft zu setzen. So ist in der Vergangenheit der Versuch gemacht worden, neutrale Schiffe allein aufgrund ihrer Präsenz in einer Zone bzw. ihrer Fahrtroute durch eine Zone als rechtmäßiges Ziel zu deklarieren.[27] Dies ist jedoch völkerrechtswidrig, da sich eine Konfliktpartei nicht aufgrund einer unilateralen Erklärung von seinen völkerrechtlichen Verpflichtungen lösen kann. Die Freiheiten der Hohen See durch die neutrale Schifffahrt oder das Verbot des Angriffs auf nicht-militärische Objekte bleiben bestehen.[28] Das Konzept der Zone ist weiterhin operationeller Natur und findet keine Grundlage im internationalen Recht – im Gegensatz zur Blockade.[29]

1.3.2.3 Voraussetzungen

Nachdem nunmehr festgestellt wurde, was unter einer Blockade zu verstehen ist, werden im Folgenden deren rechtliche Rahmenbedingungen erläutert. Wie bereits angedeutet müssen die technologischen Fortschritte heutiger Waffen und Waffensysteme dabei berücksichtigt werden.[30] Drei Voraussetzungen haben sich als Gewohnheitsrecht etabliert: Effektivität,[31] Nichtdiskriminierung[32] und Publizität.[33]

a. Effektivität

Zunächst muss eine Blockade effektiv sein.[34] Dies bedeutet, dass eine „Blockade“ nicht nur abstrakt dazu geeignet sein muss, das bezweckte Ziel

---

27 US Commander's Handbook, Rn. 7.9.

28 San Remo Manual, Rn. 105; US Commander's Handbook, Rn. 7.9.

29 Tallinn Manual, S. 199, Rn. 1.

30 Heintschel von Heinegg 2013 (a), Rn. 1051.2.

31 US Commander's Handbook, Rn. 7.7.2.3; UK Manual, Rn. 13.67; ZDv 15/2, Rn. 1062; San Remo Manual, Rn. 95; Tallinn Manual, S. 196, Rn. 3.

32 US Commander's Handbook, Rn. 7.7.2.4; UK Manual, Rn. 13.72; San Remo Manual, Rn. 100; Manuel de Droit des Conflits Armés, S. 28.

33 US Commander's Handbook, Rn. 7.7.2.2; ZDv 15/2, Rn. 1061; San Remo Manual, Rn. 93, 94, 101; Tallinn Manual, S. 196, Rn. 3; Manuel de Droit des Conflits Armés, S. 28.

34 Paris Declaration, 4. Regel; Art. 2 London Declaration; San Remo Manual, Rn. 95.

zu erreichen. Sie muss vielmehr dieses Ziel nahezu vollständig erreichen. Was in einer konkreten Situation als effektiv anzusehen ist, richtet sich nach den jeweiligen Besonderheiten des Einzelfalls. Dies ist vor allem eine tatsächliche Frage.[35] Im Ergebnis ist nach heutiger Auffassung eine Blockade effektiv, wenn die der Blockade unterworfenen Gebiete von jeglichen Im- und Exporten abgeschnitten werden,[36] oder wenn eine hohe Wahrscheinlichkeit besteht, dass Ein- oder Ausfahrten entdeckt und verhindert werden. Dementsprechend müssen die Streitkräfte des blockierenden Staates in ausreichender Stärke und Ausstattung das Blockadegebiet kontrollieren.[37] Eine Blockade kann dabei sowohl gegenüber Schiffen als auch gegenüber Luftfahrzeugen aufrechterhalten werden.[38]

Aufgrund der Abstraktheit des Begriffs ist eine Vielzahl von Mitteln denkbar, um dieses Ziel zu erreichen. So ist beispielsweise nicht erforderlich, dass eine Seeblockade nur von Seestreitkräften ausgeführt wird, auch Flugzeuge und andere legale Mittel der Kriegführung können zur Effektivität einer Blockade beitragen.[39] Unter Berücksichtigung der technologischen Weiterentwicklungen bedeutet dies, dass auch unbemannte Luftfahrzeuge und unbemannte maritime Systeme benutzt werden dürfen.

Grundsätzlich bedeutet das Kriterium der Effektivität auch, dass die blockierenden Streitkräfte vor Ort sein müssen. Nur in wenigen Ausnahmesituationen, etwa wenn die Schiffe wegen schlechtem Wetter nicht auf See bleiben können, kann davon abgesehen werden.[40] Hat die Abwesenheit von blockadewahrenden Streitkräften allerdings größere Auswirkungen auf die Aufrechterhaltung der Blockade und kann der Verkehr nicht mehr effektiv kontrolliert werden, werden alle Maßnahmen, die im Zusammenhang mit der Blockade durch die Blockademacht verhängt werden, rechtswidrig.[41]

---

35 San Remo Manual, Rn. 95. Siehe auch Art. 3 London Declaration.
36 Heintschel von Heinegg 2013 (a), Rn. 1053.2.
37 Heintschel von Heinegg 2009, Rn. 33.
38 Heintschel von Heinegg 2013 (a), Rn. 1051.2.
39 San Remo Manual, Rn. 97; UK Manual, Rn. 13.69; Heintschel von Heinegg 2013 (a), Rn. 1051.1.
40 Art. 4 London Declaration.
41 ZDv 15/2, Rn. 1063; Heintschel von Heinegg 2013 (a), Rn. S. 1053.2.

b. Nichtdiskriminierung

Darüber hinaus muss eine Blockade gegenüber allen Staaten gleichermaßen gelten. Ausnahmen oder eine selektive Durchsetzung der Blockade nur gegenüber Schiffen bestimmter Staaten sind nicht zulässig.[42]

Vom Verbot der Diskriminierung kann allerdings gegenüber einem Kriegsschiff oder einem neutralen Schiff unter bestimmten Voraussetzungen abgewichen werden.[43] Neben der Zustimmung des blockierenden Staates im Einzelfall kann von der Blockademacht eine Ausnahme gemacht werden für medizinische Hilfslieferungen für die zivile Bevölkerungen und verwundete Kombattanten sowie für den Transport anderer Güter, die essentiell für das Überleben der Bevölkerung sind.[44] Gegenüber Schiffen in Seenot ist die Ausnahme zu machen, sie dürfen sich aus der Seenot befreien, selbst wenn dies einen Blockadebruch erfordert.[45]

c. Publizität

Eine Blockade muss der gegnerischen Konfliktpartei und allen neutralen Staaten bekanntgegeben werden.[46] Diese Bekanntmachung bzw. Notifizierung muss Angaben enthalten über den Blockadezeitraum, die hydro- und geografischen Koordinaten und den Zeitraum, der neutralen Schiffen zum Verlassen des Blockadegebiets zu Verfügung gestellt wird.[47] Die Angaben müssen so spezifisch wie möglich sein. Eine direkte Notifikation an die Staaten ist aber nicht notwendig, vielmehr reicht eine Notifikation über

---

42 Art. 5 London Declaration, San Remo Manual, Rn. 100; US Commander's Handbook, Rn. 7.7.2.4; Manuel de Droit des Conflits Armés, S. 28.

43 London Declaration, Art. 6, Art. 7; Heintschel von Heinegg 2013 (a), Rn. 1051.5.

44 San Remo Manual, Rn. 104; UK Manual, Rn. 13.75, 13.76; Heintschel von Heinegg 2013 (a), Rn. 1051.5.

45 London Declaration, Art. 7; Heintschel von Heinegg 2013 (a), Rn. 1051.3.

46 London Declaration, Art. 8, Art. 11; US Commander's Handbook, Rn. 7.7.2.2; ZDv 15/2, Rn. 1061; San Remo Manual, Rn. 93, 94, 101; Tallinn Manual, S. 196, Rn. 3.
Heintschel von Heinegg 2013 (a), Rn. 1052; Manuel de Droit des Conflits Armés, S. 28.

47 London Declaration, Art. 9; Heintschel von Heinegg 2013 (a), Rn. 1052; Heintschel von Heinegg 2009, Rn. 28 ff.

die im internationalen Schiffs- und Luftverkehr üblichen Kommunikationsmittel aus, wie über „Notice to Airmen" (NOTAM) und „Notice to Mariners" (NOTMAR).[48] Wird die Blockade verlängert oder aufgehoben, muss dies ebenfalls in der gleichen Art und Weise bekanntgegeben werden.[49] Die Kenntnis des Kapitäns von der Blockade ist dabei ein entscheidendes Element für Maßnahmen gegen einen Blockadebruch.[50]

1.3.2.4 Besonderheiten

Aus der Staatenpraxis haben sich die folgenden Besonderheiten entwickelt.

a. Blockaden im Bürgerkrieg?

Ob eine Blockade im völkerrechtlichen Sinne nur in einem internationalen bewaffneten Konflikt möglich ist, oder ob auch das Recht des nicht-internationalen bewaffneten Konflikts, also des Bürgerkriegs in einem Staat, diese Methode vorsieht, ist von der Völkerrechtspraxis und -wissenschaft nicht abschließend geklärt.

Die Staatenpraxis ist widersprüchlich. So finden sich Staaten, die in den entsprechenden Militärhandbüchern klar von „Staaten" bzw. „Nationen" als Adressaten einer Blockade sprechen und mithin nicht-staatliche Akteure davon ausnehmen.[51] Das Manual on the Law of Non-international Armed Conflict,[52] das das geltende Völkergewohnheitsrecht im nicht-internationalen bewaffneten Konflikt kodifizieren soll, erwähnt die Blockade ebenfalls mit keinem Wort. Auf der anderen Seite wählen bestimmte Handbücher einen hinsichtlich dieser Frage neutralen Begriff wie „Konfliktpartei" oder „Gegner",[53] was durchaus in dem Sinne einer Anwendbarkeit auf einen nicht-internationalen bewaffneten Konflikt verstanden werden kann.

48 Heintschel von Heinegg 2009, Rn. 30 f.
49 London Declaration, Art. 12; ZDv 15/2, Rn. 1061; UK Manual, Rn. 13.73.
50 US Commander's Handbook, Rn. 7.7.2.2.
51 US Commander's Handbook, Rn. 7.7.1, 7.7.2.4; UK Manual, Rn. 13.65; San Remo Manual, Rn. 93, 100; Tallinn Manual, S. 195, Rn. 1.
52 Schmitt 2006.
53 ZDv 15/2, Rn. 1060, 1061.

Gegen die Möglichkeit einer „Bürgerkriegsblockade" spricht, dass ein solcher Konflikt in der Regel auf dem Hoheitsgebiet eines Staates stattfindet. Auf der anderen Seite ist es durchaus möglich, dass ein nicht-staatlicher Akteur die Herrschaftsgewalt über ein Territorium am Küstenmeer des Staates gewinnt und der Staat diesen Akteur durch eine Blockade in eben diesem Gebiet schwächen will. Die Frage – so interessant sie sein mag – muss aber für das Ziel dieses Beitrags nicht geklärt werden. Anerkannt ist jedenfalls, dass eine Blockade einen internationalen bewaffneten Konflikt auslösen kann.[54]

b. Blockaden zu Wasser und in der Luft

Schließlich sind Reichweite und Umfang einer Blockade festzulegen. Wie bereits angedeutet, kann eine Blockade auch aus großer Distanz durchgeführt werden, solange sie effektiv ist.[55] Die Blockade gilt dabei nicht nur gegenüber gegnerischen Schiffen, sondern muss auch gegenüber Schiffen und ggf. Luftfahrzeugen aller Nationen, also ebenfalls gegenüber Schiffen aus neutralen Staaten, durchgesetzt werden. Dies folgt aus dem Prinzip der Nichtdiskriminierung. Jedoch dürfen neutrale Häfen und Küstenstriche nicht von der Blockade umfasst werden, da zu diesen ein Recht auf freien Zugang besteht und sonst die Neutralität der betroffenen (blockierten) Staaten verletzt würde.[56] Gerade im Zusammenhang mit der Reichweite und dem Umfang einer Blockade wird sehr stark deutlich, dass eine Blockade in durchaus erheblichem Maße auch in die Rechte anderer, neutraler Staaten eingreifen kann und doch als legitime Maßnahme angesehen wird, sofern alle Voraussetzungen und Grenzen eingehalten werden.

1.3.3 Maßnahmen gegen die neutrale Schifffahrt

Neutrale Schiffe sind solche, die die Flagge eines neutralen Staates führen (Art. 91 Abs. 1 UNCLOS). Neutrale Staaten sind solche, die nicht an einem bewaffneten Konflikt beteiligt sind bzw. weder der blockierende noch der

---

54 Tallinn Manual, Regel 22, S. 84, Rn. 17.

55 UK Manual, Rn. 13.68; ZDv 15/2, Rn. 1062; San Remo Manual, Rn. 96; Heintschel von Heinegg 2013 (a), Rn. 1053.

56 Heintschel von Heinegg 2013 (a), Rn. 1051.4; US Commander's Handbook, Rn. 7.7.2.5; UK Manual, Rn. 13.71.

blockierte Staat sind. Neutrale Schiffe sind damit solche Schiffe, die keine Staatszugehörigkeit einer der an der Blockade beteiligten Staaten besitzen. Anders formuliert sind neutrale Schiffe solche, die nicht die Flagge eines dieser Staaten führen. Diese neutralen Schiffe genießen grundsätzlich die Freiheiten der Hohen See,[57] wozu nicht nur die Schifffahrtsfreiheit, sondern auch die Handelsfreiheit gehört. Eine Blockade steht diesen Freiheiten per definitionem entgegen. Wie bereits deutlich wurde, ist die Effektivität einer Blockade nicht nur deren Ziel, sondern deren Voraussetzung. Eine Blockade, die ständig durchbrochen wird und damit nicht effektiv ist, wird rechtswidrig.[58] Daher ergeben sich aus dem Völkerrecht verschiedene Rechte, die dieses Spannungsverhältnis betreffen und die der blockierende Staat ergreifen darf.

1.3.3.1 Kontaktieren

Voraussetzung für die rechtmäßige Errichtung einer Blockade ist die Bekanntmachung und Notifikation.[59] Dementsprechend kann der blockierende Staat bzw. dessen Streitkräfte ein Schiff, das sich der Blockade nähert, jederzeit kontaktieren. Dabei wird der Staat den Kapitän des betreffenden Schiffs noch einmal über die Blockade informieren und ihn vor den Konsequenzen warnen.

1.3.3.2 Abdrängen und Anhalten

Die Einrichtung einer Blockade hat zur Folge, dass jedes Schiff seinen Kurs ändern muss und die Blockade nicht durchbrechen darf. Die Blockade zwingt damit rechtmäßig zu einer „generellen" Kursänderung aller betroffenen Schiffe. Das Abdrängen eines einzelnen Schiffes ist selbstverständlich nur ein Teil der gesamten Blockade. Diese betrifft die gesamte Schifffahrt der Region, dementsprechend ist auch ein einzelnes Schiff davon betroffen und kann abgedrängt werden. Folge ist, dass auch ein einzelnes Schiff zu bestimmten Handlungen gezwungen werden kann. Unter der Voraussetzung, dass ein Schiff eine Blockade bricht oder versucht, die Blockade zu brechen, kann dieses Schiff namentlich abgedrängt oder angehalten werden.[60]

---

57 Vergleiche hierzu: Art. 87 UNCLOS.
58 S.o. 1.3.2.3 a); Fn. 40.
59 S.o. 1.3.2.3 c).
60 London Declaration. Art. 17, Art. 20.

Als milderes Mittel kommt in Frage, ein Schiff, das einen Blockadebruch versucht, vorher anzuhalten.[61] Schwierig ist dabei nicht, dass der Staat das Schiff anhalten darf, sondern nur, wann der Versuch des Blockadebruchs beginnt.[62] Die früher vertretene Theorie der „einheitlichen Reise auf die Blockade“[63], wonach der Blockadebruch bereits mit dem Auslaufen aus dem Hafen beginnt, sei er noch so weit von der Blockade entfernt, hat sich nicht halten können. Daher ist davon auszugehen, dass der Blockadebruch erst dann beginnt, wenn sich ein Schiff im Operationsgebiet der blockierenden Streitkräfte befindet und einen Kurs beibehält, der zum Blockadebruch führen wird.

1.3.3.3 Angriff und Versenkung

Weigert sich ein Schiff, der Anweisung Folge zu leisten oder bricht es die Blockade, ist der blockierende Staat berechtigt, den Blockadebruch mit gewaltsamen Mitteln zu verhindern, immer unter der Voraussetzung, dass die Blockade rechtmäßig errichtet wurde, also vor allem korrekt notifiziert wurde.[64]

Dies ergibt sich auch aus der Voraussetzung, dass der blockierende Staat die Blockade effektiv durchsetzen muss. Dies beinhaltet, dass der Versuch, die Blockade zu durchbrechen, ein gefährliches Unterfangen sein muss.

Zur Durchsetzung der Blockade darf der rechtmäßig blockierende Staat alle nicht verbotenen Mittel der Seekriegführung einsetzen.[65] Verboten sind etwa biologische oder chemische Waffen, die aber wenig sinnvoll zur Durchsetzung von Blockaden sind, oder bestimmte Clustermunition. Erlaubt sind hingegen verschiedene Arten von Minen, etwa fest verankerte Minen auf der „Blockadelinie“, ein ferngelenktes Minenfeld oder auch Torpedos. Dabei gilt es zu bedenken, dass Schiffe in Seenot dennoch die Küste erreichen können müssen. Hinzu kommen bewaffnete Drohnen in der Luft oder zu Wasser.

---

61 San Remo Manual, Rn. 98 Satz 1.
62 Heintschel von Heinegg 1995, S. 430 ff.
63 Ibid.
64 San Remo Manual, Rn. 98 Satz 2.
65 Heintschel von Heinegg 2010, Rn. 19.17.5.

Es ist grundsätzlich zulässig, ein Schiff zu versenken. Dazu dürfte allerdings Voraussetzung sein, dass das entsprechende Schiff vorher gewarnt wurde. Allerdings ließe sich auch behaupten, dass eine solche Warnung nicht erforderlich sei. Denn wenn denn die Blockade rechtmäßig errichtet wurde, ist den Schiffen durch die Notifizierung die Existenz der Blockade die Gefahr bewusst gemacht worden – eine Warnung. Aus praktischen Erwägungen dürfte jedoch jeder Staat, der eine Blockade einrichtet, jedes verdächtige Schiff vorher noch einmal warnen. Dies erklärt sich sowohl durch die doppelte Absicherung, die ein Staat vor einem Angriff auf ein neutrales Schiff herbeiführen möchte, als auch durch die schlichten Kosten eines Angriffs sowie die Verantwortlichkeit des befehlshabenden Offiziers vor seinen Disziplinarvorgesetzten und den nationalen Straf- und Disziplinargerichten.

Zulässig ist ein Angriff auf ein blockadebrechendes Schiff ohne Warnung in Fällen von Selbstverteidigung oder wenn Widerstand gegen die blockierenden Streitkräfte ausgeübt wird.[66]

1.3.3.4 Humanitäre Hilfe

Ziel einer Blockade ist es, den Zugang zu fremden Häfen in Gänze abzuschneiden und jedes Schiff am Durchbrechen der Blockade zu hindern. Dazu gehören auch (neutrale) Schiffe, die eine Blockade aus humanitären Gründen durchbrechen möchten. Zu denken ist hierbei insbesondere an das Beispiel der Gaza-Hilfsflottille, die 2010 Hilfsgüter in den Gazastreifen bringen wollte.

Abgesehen davon, ob die Gaza-Hilfsflottille tatsächlich diesem Zweck diente und ob die Blockade rechtmäßig war oder nicht[67], illustriert das

66 San Remo Manual, Rn. 67 (a).

67 Vgl. dazu nur UN Human Rights Council, Report of the international fact-finding mission to investigate violations of international law, including international humanitarian and human rights law, resulting from the Israeli attacks on the flotilla of ships carrying humanitarian assistance, A/HRC/15/21 v. 27.9.2010; The Public Commission to Examine the Maritime Incident of 31 May 2010 (The Turkel Commission), Report Part One, Januar 2011; Turkish National Commission of Inquiry, Report in the Israeli Attack on the Humanitarian Aid Convoy to Gaza on 31 May 2010, Februar 2011; United Nations:

Beispiel jedoch die Grenzen, die vorgebliche und tatsächliche Hilfslieferungen zu beachten haben.

Die Voraussetzungen von Effektivität und Unparteilichkeit schaffen die Spannungslage, in der auch die Zivilbevölkerung der fraglichen Region von einer Blockade betroffen ist. Das heutige Völkerrecht schreibt daher vor, dass eine Blockade verboten ist, die den alleinigen Zweck hat, die Zivilbevölkerung auszuhungern oder andere, für deren Überleben wichtige Güter zu verweigern.[68] Ebenso ist eine Blockade dann verboten, wenn der Schaden für die Zivilbevölkerung in einem krassen Missverhältnis zum erwarteten konkreten und unmittelbaren militärischen Vorteil steht.[69] Zu den Vorkehrungen, die ein blockierenden Staat treffen kann, um die Rechtmäßigkeit einer Blockade auch im Angesicht ziviler Not sicherzustellen, gehören Hilfslieferungen durch den blockierenden Staat selbst, die Einrichtung eines humanitären Korridors durch die Blockade oder auch das (begleitete) Durchlassen durch die Blockade im Einzelfall. Dabei kann die blockierende Konfliktpartei auch die Dienste eines neutralen Staates bzw. einer Schutzmacht in Anspruch nehmen oder eine internationale Organisation wie das Internationale Komitee vom Roten Kreuz zur Hilfe heranziehen.[70] Der blockierende Staat kann weiterhin die Einzelheiten für den Durchlass festlegen, wozu insb. auch gehören kann, dass ein Schiff vor dem Durchlass durchsucht wird.[71]

Während die Frage, auf welche Weise der blockierende Staat die Völkerrechtmäßigkeit sicherstellt, eine Frage des Einzelfalls sind, macht die Aufzählung eines deutlich: Gegen den Willen des blockierenden Staates dürfen keine Hilfslieferungen geleistet werden. Entscheidend für die Rechtmäßigkeit eines Blockade-„bruchs“, also für die ungefährliche Durchreise, ist die Gestattung durch den blockierenden Staat. Selbst wenn der blockierende Staat eine nach obigen Maßstäben rechtswidrige Blockade einrichtet, so obliegt es in keinem Fall dem Kapitän eines neutralen Schiffs,

---

Report of the Secretary-General's Panel of Inquiry on the 31 May 2010 Flotilla Incident, September 2011.

68 ZP 1, Art. 54, Art. 70; San Remo Manual, Rn. 102 a.

69 San Remo Manual, Rn. 102 b.

70 San Remo Manual, Rn. 103.

71 Heintschel von Heinegg 2013 (a), Rn. 1051.5.

die Versorgung der Zivilbevölkerung sicherzustellen. Im Falle einer Hilfeleistung gegen den Willen des blockierenden Staates ist der blockierende Staat daher im Regelfall berechtigt, Gewalt gegen den Blockadebrecher einzusetzen. Darüber hinaus kann die Ladung des Schiffes beschlagnahmt werden, insbesondere wenn es sich um Konterbande handelt, also Ladung, die letztlich für unter feindlicher Kontrolle stehendes Gebiet bestimmt ist und die möglicherweise in einem bewaffneten Konflikt zu Einsatz kommen kann.

1.3.3.5 Zusammenfassung

Die Rechte des blockierenden Staates sind damit relativ weitreichend. Kurz gefasst ist jeder Versuch, die Blockade zu durchbrechen, ein gefährliches Unterfangen, das im Zweifel zum Versenken des Schiffes führen kann. Einzig der blockierende Staat entscheidet darüber, ob im Einzelfall ein Schiff durchgelassen wird, weil es etwa Hilfsgüter für die Zivilbevölkerung liefert. Insoweit greift eine rechtmäßig errichtete Blockade weit in die Rechte neutraler Schifffahrt ein.

1.3.4 Zusammenfassung und Ausblick

Auch im Zeitalter moderner Kriegführung hat die Blockade als Mittel der Kriegführung nicht ausgedient. Drohnen, unbemannte Schiffe und zunehmend autonome Systeme können in hergebrachte Methoden der Kriegführung integriert werden. Aufgrund der Bedeutung des Seehandels ist davon auszugehen, dass auch in Zukunft Blockaden eingerichtet werden. Die Durchsetzung einer solchen Blockade geht mit Maßnahmen gegen neutrale Schifffahrt einher. Diese reichen vom bloßen Kontaktieren über Anhalten und Abdrängen bis zum Versenken eines Schiffs. Es wäre damit falsch, Blockaden als Mittel des 19. Jahrhunderts zu wegzulächeln – Blockaden greifen auch im 21. Jahrhundert völkerrechtsmäßig in neutrale Schifffahrt ein.

Literaturverzeichnis

Frau, Robert (Hrsg.) „Drohnen und das Recht“, 2014

Heintschel von Heinegg, Wolff: „The Law of Armed Conflict at Sea“ in: Fleck, Dieter (Hrsg.), „The Handbook of International Law“, 2013 [Im Text als 2013 (a)]

Heintschel von Heinegg, Wolff: „Aerial Blockades and Zones“, Israel Yearbook on Human Rights, 43 2013 [Im Text als 2013 (b)]

Heintschel von Heinegg, Wolff: „Methods and Means of Naval Warfare“, in: Gill, Terry/Fleck, Dieter: „The Handbook of the International Law of Military Operations“, 2010

Heintschel von Heinegg, Wolf: „Blockade“, in: Bernhardt, Rudolf (Hrsg.), „Max Planck Encyclopedia of International Law“, Online-edition, 2009

Heintschel von Heinegg, Wolff: „Seekriegsrecht und Neutralität im Seekrieg“, 1995

„HPCR Manual“, Program on Humanitarian Policy and Conflict Research (HPCR), Manual on International Law Applicable to Air and Missile Warfare, 2009

ICRC, „Treaties and States Parties to such Treaties“, aufgerufen am 5.8.2014: http://www.icrc.org/applic/ihl/ihl.nsf/INTRO/255.

„London Declaration“ concerning the Laws of Naval War v. 26.2.1909

„Manuel de Droit des Conflits Armés“, Ministere de la Défense Secrétariat Général Pour L’Administration, 2010

„Paris Declaration“ Respecting Maritime Law v. 16.4.1856

„San Remo Manual“: Doswald-Beck, Louise (Hrsg.): „San Remo Manual on International Law applicable to Armed Conflicts at Sea“, 1994

Schmitt, Michael N. (Hrsg.), „The Manual on the Law of Non-International Armed Conflict“, 2006

„Tallinn Manual“, Schmitt, Michael N. (Hrsg.): „Tallinn Manual on the International Law Applicable to Cyberwarfare“, 2013

The Public Commission to Examine the Maritime Incident of 31 May 2010 (The Turkel Commission), Report Part One, Januar 2011

Turkish National Commission of Inquiry, Report in the Israeli Attack on the Humanitarian Aid Convoy to Gaza on 31 May 2010, Februar 2011

„UK Manual“, Great Britain Ministry of Defence, „The Joint Service Manual of the Law of Armed Conflict“, JSP 383, 2004 Edition

United Nations Convention on the Law of the Seas of 10 December 1982

United Nations: Report of the Secretary-General's Panel of Inquiry on the 31 May 2010 Flotilla Incident, September 2011

UN Human Rights Council: „Report of the international fact-finding mission to investigate violations of international law, including international humanitarian and human rights law, resulting from the Israeli attacks on the flotilla of ships carrying humanitarian assistance", A/HRC/15/21 v. 27.9.2010

„US Commander's Handbook",U.S. Navy, U.S. Marine Corps, U.S. Coast Guard, „The Commander's Handbook on the Law of Naval Operations", NWP 1-14M, July 2007

„ZDv 15/2", Bundesministerium der Verteidigung, Zentrale Dienstvorschrift 15/2, Humanitäres Völkerrecht in bewaffneten Konflikten, Handbuch, 2013

„ZP I", I. Zusatzprotokoll zu den Genfer Abkommen vom 12.8.1949

Kapitel 2
Maritime Sicherheit in nautischer Praxis und Ausbildung

Hans-Jörg Nafzger

Kapitel 2: Die Relevanz des Themas Gefahrenabwehr in der nautischen Ausbildung und Praxis

Editorial abstract: Among the manifold responsibilities of nautical officers and captains on ships, security is an essential one. However, as security threats to shipping today are diverse and differ widely in their regional salience, they frequently have to compete with other challenges to ship-routine for the attention of those carrying responsibility at sea and in training nautical personnel. In order to stay abreast of current affairs, risks and responsibilities, those in charge of ships and crews must be able to draw on specifically focussed training during their education and professional career.

2.1 Einleitung

Ziel dieses Beitrags ist es, das Thema Gefahrenabwehr in das Kompetenzprofil der Nautikerin bzw. des Nautikers einzuordnen und aufzuzeigen, welch wichtige Rolle die Aktualität der Lehrinhalte in diesem Bereich spielen. Schließlich war dieser Anspruch einer der Hauptgründe für die Organisation des Seminars, das diesem Band zugrunde liegt.

Der Beitrag beginnt mit einer Übersicht über die grundsätzlichen Anforderungen, die an eine moderne nautische Ausbildung gestellt werden. Eine kurze Übersicht über die einschlägigen, internationalen Rechtsgrundlagen führt uns zu einer Betrachtung der Prinzipien der Gefahrenabwehr in der Seeschifffahrt und der daraus resultierenden, wesentlichen Ausbildungsinhalte.

2.2 Das Kompetenzprofil von Nautikerinnen und Nautikern

Die besonderen Bedingungen des Betriebs von Seeschiffen machen den nautischen Beruf traditionell zu einem sehr vielfältigen. Schon seit Anbeginn der Seefahrt waren Schiffe und ihre Besatzungen sehr weitgehend und über lange Zeiträume auf sich allein gestellt und mussten alle an sie gestellten Herausforderungen eigenständig bewältigen. Diese konnten von navigatorischen Schwierigkeiten über schlechtes Wetter und schwere See bis zu wirtschaftlichen und rechtlichen Streitigkeiten in fremden Häfen und Kulturen reichen.

Der technische Fortschritt erleichtert zwar einerseits den Betrieb eines Schiffes sowie die Informationsbeschaffung und Kommunikation, geht aber auch meist mit zusätzlicher Technik, die gewartet und bedient werden muss, einher. Ein gutes Beispiel hierfür ist die Einführung des Global Maritime Distress and Safety System (GMDSS) in den 1990er Jahren. Vor der Einführung des Systems war auf Schiffen in der Großen Fahrt die Position der Funkoffizierin bzw. des Funkoffiziers stets besetzt. Sie oder er übernahm nicht nur Wartung und Betrieb der Funkanlagen, sondern auch einige Verwaltungsaufgaben (z.B. Führung der Schiffskasse, Kantinenabrechnung, Ein- und Ausklarierung etc.). Das sehr weitgehend automatisierte und u.a. auf Satellitenkommunikation basierende GMDSS machte die Position der Funkoffizierin bzw. des Funkoffiziers überflüssig und alle Funktionen mussten komplett vom nautischen Personal übernommen werden. Diese und sehr viele ähnliche Entwicklungen führen dazu, dass an die Kompetenz von Nautikern sehr vielfältige Anforderungen, die einem sehr starken Wandel unterzogen sind, gestellt werden. Als Übersicht sollen an dieser Stelle nur die wichtigsten Kompetenzfelder aufgelistet werden:

- Nautische und technische Kompetenz (z.B. Schiffsführung, Ladungstechnik, Schiffssicherheit, Meteorologie, Systemüberwachung)
- Kompetenz in Organisation, Management und Führung
- Wirtschaftliche Kompetenz (z.B. Seeverkehrsökonomie, Betriebswirtschaft)
- Rechtliche Kompetenz (u.a. Arbeits- und Seehandelsrecht)

Neben diesen „Alltagskompetenzen“, die sie selbstverständlich auch jederzeit in einem fremdsprachlichen Umfeld unter Beweis stellen können sollen, müssen Nautikerinnen und Nautiker auch in der Lage sein, komplexe Notfälle, für die an Land spezialisierte Einsatzkräfte wie Polizei, Feuerwehr und Notärzte zur Verfügung stehen, zu bewältigen. Zu den hierfür erforderlichen „Notfallkompetenzen“ gehört natürlich auch das in diesem Text behandelte Thema „Gefahrenabwehr“. Dieser Aspekt ist nicht neu. Schon seit Anbeginn der Seefahrt werden Schiffe und ihre Besatzungen Opfer krimineller Handlungen wie z.B. Piraterie, Entführungen, Raubüberfällen, Einschleicherei, Waffen- und Drogenschmuggel. Dementsprechend sind diese Bedrohungen schon seit längerer Zeit Gegenstände der nautischen Praxis und Ausbildung an den meisten nautischen Ausbildungsstätten. Erst die Anschläge vom 11. September 2001 führten allerdings dazu, dass für Seeleute in Abhängigkeit ihrer Dienststellung und Funktion eine international verbindliche, formale und gestufte Ausbildung in der Gefahrenabwehr eingeführt wurde (die entsprechenden Rechtsgrundlagen werden im 3. Kapitel umrissen). In Deutschland ist die standardisierte Ausbildung zum Beauftragten für die Gefahrenabwehr auf dem Schiff (engl.: Ship Security Officer – SSO) mittlerweile fest in den Curricula der nautischen Ausbildungsstätten verankert.

Obwohl bei dieser Ausbildung die Bedrohung der internationalen Seeschifffahrt durch Terrorismus im Mittelpunkt steht, behandelt sie auch Aspekte der Kriminalität und entsprechende Maßnahmen sind meist gegen beide Bedrohungsarten effektiv.

2.3 Übersicht über die einschlägigen Rechtsgrundlagen

2.3.1 SOLAS und der ISPS Code

Das Internationale Übereinkommen zum Schutze des menschlichen Lebens auf See (engl.: International Convention for the Safety of Life at Sea – SOLAS) ist der wichtigste internationale Vertrag zur Schiffssicherheit unter der Ägide der Internationalen Seeschifffahrtsorganisation (engl.: International Maritime Organisation – IMO). Bis zum Jahr 2004 hatte das Überkommen im Wesentlichen die bauliche, ausrüstungstechnische und betriebliche Sicherheit von Seeschiffen zum Gegenstand. Aufgrund der Anschläge vom 11. September 2001 beschloss die IMO im Dezember 2002 umfassende neue Vorschriften zur Gefahrenabwehr, die bereits am 01/07/2004 als Teil von SOLAS in Kraft traten. Hauptziel der neuen Gesetzgebung war es, ähnliche terroristische Anschläge im Bereich der Schifffahrt zu verhindern. Ein Großteil der neuen Vorschriften ist in dem neu entwickelten Internationalen Code für die Gefahrenabwehr auf Schiffen und in Hafenanlagen (engl.: International Ship and Port Facility Security Code – ISPS Code), der durch SOLAS verbindlich gemacht wird, enthalten. Analog zu den „klassischen“ Anforderungen von SOLAS an die Schiffssicherheit ist es Verantwortlichkeit und Aufgabe eines jeden Flaggenstaates als SOLAS-Vertragspartei dafür zu sorgen, dass alle Seeschiffe in der internationalen Fahrt, die seine Flagge führen, auch die Anforderungen im Bereich der Gefahrenabwehr erfüllen. Nachgeprüft wird dies im Rahmen einer Verifizierung, die sowohl eine Besichtigung des Schiffes als auch eine Auditierung der Besatzung einschließt. Ist sie erfolgreich, stellt der Flaggenstaat ein Internationales Zeugnis über die Gefahrenabwehr an Bord eines Schiffes (engl.: International Ship Security Certificate – ISSC) aus. Dieses ist mit einer Zwischenbesichtigung im dritten Jahr der Gültigkeit insgesamt jeweils fünf Jahre gültig. Hafenstaaten sind als SOLAS-Vertragspartei verpflichtet Schiffe, die ihre Häfen anlaufen, im Rahmen einer Hafenstaatskontrolle auf die Einhaltung der oben genannten Vorschriften (d.h. z.B. auf ein gültiges ISSC) hin zu überprüfen. Im Gegensatz zu einer angekündigten Überprüfung durch den Flaggenstaat erfolgen die Überprüfungen durch die Hafenstaaten in der Regel ohne Ankündigung. Werden auf einem Schiff tatsächliche oder in manchen Fällen auch nur angebliche Mängel entdeckt, kann dies sehr weitreichende Folgen für die Besatzung und die Reederei haben. Sie reichen von Bußgeldern und Verzögerungen über Ausfallzeiten zu Lasten der Reederei bis zu strafrechtlichen Konsequenzen für die Schiffsführung unter der Rechtsprechung des jeweiligen Hafenstaates.

2.3.2 STCW Übereinkommen und STCW Code

Mittels des Internationalen Übereinkommens über Normen für die Ausbildung, die Erteilung von Befähigungszeugnissen und den Wachdienst von Seeleuten (engl.: International Convention on Standards of Training, Certification and Watchkeeping for Seafarers – STCW) und des dazugehörigen STCW-Codes definiert die IMO u.a. die Mindestanforderungen an die Kompetenz von Seeleuten im Allgemeinen und von Schiffsführungspersonal im Besonderen. Durch ein Qualitätssicherungssystem soll sichergestellt werden, dass Seeleuten nur dann ein international anerkannter Befähigungsnachweis oder -zeugnis ausgestellt wird, wenn sie die entsprechenden Kompetenzen nachgewiesen haben. Deshalb bildet das Kompetenzraster des STCW Codes quasi das Rückgrat der Curricula der nautischen Ausbildungsstätten. Die sich aus dem ISPS-Code ergebenden Anforderungen an die Kompetenz im Bereich Gefahrenabwehr sind mittlerweile in das STCW Überkommen und den STCW Code mit aufgenommen worden.

2.4 Prinzipien der Gefahrenabwehr in der Seeschifffahrt und wesentliche Ausbildungsinhalte

Ziel der nach 2001 eingeführten Vorschriften ist es, die Seeschifffahrt nicht als attraktives, leichtes Ziel (engl.: Soft target) erscheinen zu lassen. Dieses übergeordnete Ziel lässt sich auf jedes einzelne Seeschiff herunterbrechen: Erweckt z.B. ein Schiff bei einem Piratenangriff den Eindruck, gut auf einen Angriff vorbereitet zu sein, und steht ein weniger gut vorbereitetes Ziel als Alternative zur Auswahl, dann ist es sehr wahrscheinlich, dass sich die Angreifer dem schwächeren Ziel zuwenden werden, weil sie auf diese Weise ihren Aufwand bzw. die Gefahr, in die sich beim Angriff selbst begeben, minimieren können. Auch wenn der folgende Schluss für manche zynisch klingen mag, so ist er dennoch naheliegend: Wenn die Seeschifffahrt in ihrer Gesamtheit kein leichtes Ziel mehr bietet, dann erhöht sich die Wahrscheinlichkeit, dass potentielle Angreifer – seien es kriminelle oder terroristische Organisationen – ihre Anstrengungen auf andere Branchen konzentrieren werden.

Da auf Handelsschiffen üblicherweise keine Feuerwaffen zur Verfügung stehen und sich die IMO aus verschiedensten Gründen auch klar gegen die Bewaffnung von Schiffsbesatzungen ausspricht, müssen letztlich viele kleinere Maßnahmen der Eigensicherung getroffen und zu einem effektiven System von Verteidigungsringen kombiniert werden. Bei der Planung und Durchführung dieser Maßnahmen stützt man sich auf Verfahren der Gefährdungsbeurteilung und des Risikomanagements, wie sie auch schon in anderen Bereichen des Schiffsbetriebs (z.B. Arbeitsschutz und Schiffssicherheit) und der nautischen Ausbildung eingeführt worden sind.

Am Beispiel der Piraterie am Horn von Afrika lässt sich gut darstellen, dass sich bestimmte Schiffe unter bestimmten Bedingungen als sehr verwundbar erweisen, obwohl alle Maßnahmen der Eigensicherung nach dem Stand der Technik und guter Seemannschaft getroffen wurden (in diesem Fall langsame Schiffe mit einem niedrigen Freibord). Um auch für solche Schiffe einen akzeptablen Grad an Sicherheit zu schaffen, wurden zusätzliche Maßnahmen wie z.B. die Einführungen von überwachten Transitkorridoren oder die Einschiffung von bewaffnetem Sicherheitspersonal getroffen. Besonders Letzteres stellt die Schiffsführungen vor gravierende praktische und rechtliche Probleme, auf die sie in ihrer Ausbildung nach Möglichkeit vorbereitet werden müssen. Letztlich waren diese auch einer der Hauptgründe für die Organisation des Seminars, das diesem Band zugrunde liegt, und es wird deutlich, in welch kurzen Zeitabständen die Ausbildungsinhalte im Bereich der Gefahrenabwehr angepasst werden müssen.

2.5 Schlussbetrachtung

Dieser Beitrag hat aufgezeigt, welche Rolle die Gefahrenabwehr in der nautischen Ausbildung spielt und wie sie in das Kompetenzprofil, das im Rahmen eines Studiums der Nautik vermittelt werden muss, eingeordnet werden kann. Angehendes Schiffsführungsführungspersonal soll nicht nur die Gesamtzusammenhänge verstehen, sondern auch in die Lage versetzt werden, Sicherungsmaßnahmen in der Bordpraxis zu planen und zu organisieren. Besonders wichtig ist, dass aktuelle Entwicklungen erkannt werden und das Ausbildungsprogramm entsprechend angepasst wird. Daraus lässt sich auch die Forderung nach Weiterbildungsmaßnahmen für Seeleute in der Fahrt ableiten.

Kapitel 3
Moderne Piraterie aus Sicht der Seeleute, Handelsschifffahrt und der Reedereien

Dirk Max Johns

Kapitel 3: Piraterie aus der Sicht von Seeleuten, Handelsschifffahrt und Reedereien

Editorial abstract: In public perception, piracy far outweighs maritime terrorism in importance. Still, in policy reaction to ransom-piracy, a counter-terrorist attitude appears to prevail – with dangerous results for the afflicted hostages. Many governments refuse to negotiate with terrorists, let alone pay up to their ransom demands – for good reasons, as most might concede. However, when it comes to hostages in the hands of pirates, the case is fundamentally different: Here, criminals are concerned, not perpetrators with a political agenda threatening moral-political values and interests of an order that might justify endangering the life and wellbeing of innocent hostages. On the contrary, paying up to pirates constitutes an entirely different matter: It understandably prioritises the hostages over the financial losses to the shipping- or insurance company. Alternatives to ransom payments are not generally available: Cases of piracy-related hostage-situations successfully ended by special-forces intervention are rare. Therefore, addressing the underlying causes of contemporary piracy is a task best left to the United Nations, and not to be attempted by endangering hostages already kept in the hands of pirates.

3.1 Einführung

Piraterie ist ein jahrtausendealtes Phänomen, anekdotisch wird es auch gerne als das „zweitälteste Gewerbe der Welt“ bezeichnet. Lange Zeit haben aggressive Kapitäne auch einen Freibrief für die gezielte Piraterie bekommen. Im 17. und 18. Jahrhundert war es üblich, dass Könige Kaperbriefe vergaben, nach denen die Kapitäne dann ganz „legal“ Schiffe verfeindeter Mächte aufbringen und ausplündern durften. Dabei konnten auch die Seeleute umgebracht der versklavt werden. Es war der Seekrieg mit zivilen Mitteln, der für die Herrscher ebenso risiko- wie kostenfrei war.

In der zweiten Hälfte des 20. Jahrhunderts wurde Piraterie vor allem noch über Literatur und Filme wahrgenommen und eher folkloristisch überhöht. Die Handelsschifffahrt im 21. Jahrhundert ist von ihr mit unvermittelter Härte wieder betroffen. Seit 2007 hat sie eine neue, besonders zynische Qualität angenommen. Seitdem ist die Piraterie auch wieder in den Fokus einer breiteren Öffentlichkeit gerückt. Dabei halten sich im öffentlichen Diskurs hartnäckig euphemistische Vorurteile, die verdrängen, dass vornehmlich Seeleute der friedlichen Handelsschifffahrt die Leidtragenden sind. Vom Kinderfasching geprägt über das Playmobil-Schiff bis zum Vereinssymbol des ewigen Absteigers FC St. Pauli hält sich das Vorurteil, der Pirat sei ein von den Umständen benachteiligter edler Wilder, der sich zu holen versucht, was ihm in der Globalisierung versagt wurde. Vielmehr sind auch die modernen Piraten Raubmörder, die mit Geiselnahme Geld erpressen wollen. Die Piraten, die auch internationale Handelsschiffe ins Visier nehmen, arbeiten meist im Auftrag Dritter. Die Hintermänner sitzen im Zentrum der Syndikate in Singapur, Somalia, Kenia oder Kanada.

Piraten haben das Ziel der kriminellen Bereicherung auf Kosten der zivilen Seefahrt. Das primäre Ziel der Piraten ist es zunächst nicht, Seeleute zu verletzen oder zu töten oder Schiffe zu beschädigen. Ihr Ziel ist es vielmehr, maximalen ökonomischen Gewinn aus den Beutezügen zu erringen. Dabei werden Verletzungen, Mord und Zerstörungen billigend in Kauf genommen. Dennoch agieren die Piraten grundsätzlich rational im Sinne der Gewinnmaximierung, sie sind daher in Maßen einschätzbar. Deutlich zu unterscheiden ist die Piraterie aus diesem Grund von Terrorismus auf See – eine Unterscheidung, die bei der allgemeinen Bekämpfung der Piraterie ebenso wichtig ist wie bei der Beilegung akuter Fälle.

Die Geschichte zeigt, dass in Phasen, in denen die Piraterie ausuferte und zu einer Bedrohung von Seewegen oder gar Staaten wurde, den Piraten mit staatlicher Macht begegnet wurde. Entgegen der öffentlichen Wahrnehmung ist die Handelsschifffahrt auch in den Jahren vor 2007 stets von Piraten bedroht worden. Die gefährlichsten Weltgegenden sind dabei wohl dokumentiert und haben sich immer wieder verschoben. Die Statistiken zeigen sogar, dass in den Jahren 2008 und 2009 die Piraterie nach Anzahl der Übergriffe auf einem eher niedrigen Stand war.[1] Die mit weitem Abstand höchste Zahl der Überfälle war um die Jahrtausendwende zu verzeichnen.

1 Zu den Zahlen von 1995–2013: Siehe Beitrag von Moritz Brake in diesem Band (Fig. 1 und 2).

Die Qualität der Piraterie seit 2007 aber ist neu. Die Quantität der Überfälle sagt wenig aus über die Art der Überfälle. Die Fokussierung gerade der somalischen Piraten weg vom Raub hin zu Geiselnahmen hat die Bedrohung für die Seeleute an Bord der Handelsschiffe dramatisch verändert. Hatte man in den Jahrzehnten bis 2007 unter *Piraterie* vornehmlich schnell durchgeführte Überfälle verstanden, die es auf die Schiffskasse und kleine bewegliche Gegenstände abgesehen hatten, geht es am Horn von Afrika um das brutale und menschenverachtende Geschäft mit Geiselnahmen.

Von Deutschland aus wird die größte Containerflotte der Welt betrieben, und seit 2008 waren deutsche Schiffe vielfach mit am häufigsten von Piratenüberfällen betroffen:

2013 waren es 79 Schiffe aus Singapur und 34 aus Deutschland. Dabei kam es zu 2 Kaperungen deutscher Schiffe mit Geiselnahmen.

2012 waren es 71 Schiffe aus Singapur, 40 aus Deutschland und 31 aus Griechenland.

2011: 65 aus Singapur, 64 aus Deutschland und 58 aus Griechenland. Dabei kam es bei 4 deutschen Schiffen zu Kaperungen mit Geiselnahme.

2010 waren es 69 Schiffe aus Deutschland, 54 aus Singapur und 46 aus Griechenland. Dabei kam es zu 6 Kaperungen deutscher Schiffe mit Geiselnahmen.

2009 waren dies 64 Schiffe im deutschen Eigentum, gefolgt von 59 griechischen und 45 aus Singapur und 20 aus Hong Kong; dabei kam es zu drei Kaperungen deutscher Schiffe mit Geiselnahmen.

2008 betraf es 41 deutsche Schiffe, 31 aus Singapur, 23 aus Griechenland und 12 aus China, Norwegen und Großbritannien. Dabei kam es zu 7 Kaperungen deutscher Schiffe mit Geiselnahmen.[2]

Daran lässt sich mittlerweile ein deutlicher Erfolg der Schutzmaßnahmen ablesen. Das Verhältnis von angegriffenen zu gekaperten Schiffen hat sich

2 Quelle: Berichte des IMB aus den jeweiligen Jahren.

positiv verschoben von 1:6 (2008) zu 1:17 (2013).[3] Die letzten Kaperungen fanden vor Westafrika statt, wo Besatzungen noch nicht durch private Sicherheitsdienste geschützt werden können.

Für die Handelsschifffahrt ist es zudem wichtig festzuhalten, dass Seeleute wochen- und monatelang unter schwierigsten Bedingungen der Freiheit beraubt werden. Die psychologischen Schäden, die durch lange Geiselhaft entstehen, sind nicht präzise abzumessen.[4] Sie zu vermeiden und zu minimieren ist der vordringliche Auftrag der internationalen Staatengemeinschaft. Prioritär gilt es, Geiselnahmen zu verhindern. Wenn es dennoch zu Geiselnahmen kommt, müssen diese so schnell wie möglich beendet werden.

Für wirtschaftliche Schäden, die aufgrund von Piraterie entstehen, lassen sich konkrete Felder benennen. Bei den Zusatzkosten zirkulieren allerdings immer wieder stark unterschiedliche Schätzungen über deren Höhe, die von $ 200 Mill. bis zu $ 20. Mrd. jährlichen Zusatzkosten, die durch Piraterie verursacht werden, reichen.[5] Zunächst ist dabei zwischen jenen wirtschaftlichen Schäden zu unterscheiden, die durch zusätzliche präventive Maßnahmen und jenen, die nach und durch eine Kaperung entstehen. Bei den Kosten, die durch präventive Maßnahmen entstehen, lassen sich zunächst neun Arten unterscheiden.

- Am auffälligsten sind zum einen die Vermeidungskosten. Das sind jene Kosten, die durch veränderte Routen, Wartezeiten und veränderte Geschwindigkeiten anfallen können.
- An den Schiffen entstehen zum anderen Sicherungskosten für Hardware. Die zusätzlich denkbaren und angebotenen Möglichkeiten reichen hier von der Anbringung von Stacheldraht und Ausbringung von Schmierseife bis hin zu technischen Apparaten zur Erkennung und nicht-letalen Abwehr von Piraten.

---

3 Bis Ende September wurde im Jahr 2014 noch kein deutsches Schiff gekapert.

4 Den eindrucksvollsten Bericht dazu liefert Frederik Euskirchen in seinem Buch aus dem Jahr 2012, der auf der „Hansa Stavanger“ eine mehrwöchige Geiselhaft überlebt hat.

5 Die zumeist zitierten Schätzungen der Organisation „Oceans Beyond Piracy“ gelten als die beste Quelle.

- Neben der teilweise erhöhten Heuer, die für die Zeiten der Durchfahrt gezahlt werden kann,[6] entsteht an Bord drittens vor allem erheblich erhöhter Trainings- und Wachaufwand, da sich als eine der wichtigsten abwehrenden Maßnahmen das intensive Training herausgestellt hat.
- Ein weiterer zusätzlicher Kostenblock ist viertens mit den erhöhten Versicherungsprämien entstanden. Sowohl die Art der Versicherungszuordnung („War Risk" oder nicht) als auch die dauerhafte und partielle Erhöhung trifft die Reedereien spürbar. Für einzelne Durchfahrten durch das Risikogebiet müssen größere Schiffe eine zusätzlich erhöhte Versicherungsprämie von bis zu US$ 100.000 für eine Befahrung eines Gefahrengebietes zahlen.
- Konkret berechnen lassen sich fünftens die Zusatzkosten, die für die Umfahrung des Horns von Afrika anfallen, wenn ein Schiff auf der Asien-Europa Route statt des Suezkanal um das Kap der Guten Hoffnung fährt. Vergleicht man die Kosten für ein mittelgroßes Containerschiff, die allein auf der Suez-Route anfallen (Gebühren Suez-Kanal, Zusatzversicherung, Heueraufschlag, erhöhte Geschwindigkeit) mit jenen, die auf der Kap-Route anfallen (rund 10 zusätzliche Chartertage, zusätzlicher Treibstoff), dann fallen auf der Golfroute rund $ 750.000 solcher Einzelkosten an, während diese sich auf der Kaproute auf rund $ 1,45 Mill. belaufen.
- Zudem kann es sein, dass bei einem umgerouteten Liniendienst ein weiteres Schiff eingephast werden müsste und sechstens zusätzliche Logistikkosten für die zehn weiteren Seetage anfallen. Gleichwohl hat eine solche Berechnung in Zeiten des Niedrigzinsniveaus eher einen hypothetischen Charakter, da die gebundenen Kapitalkosten begrenzt sind.
- Der erhebliche zusätzliche administrative Aufwand sowohl auf Seiten der Besatzungen und Reedereien als auch auf Seiten der beteiligten Behörden ist bislang nicht genau errechnet. Allein die wichtigen Meldezentren[7] werden teilweise aus privaten und teilweise aus staatlichen Stellen bestritten.

---

6 Teilweise gelten in den Tarifverträgen zwischen Reederverbänden und Gewerkschaften hier Gefahrenzulagen, die geografisch definiert sind.

7 Das IMB der internationalen Handelskammer ICC in Kuala Lumpur und das MTISC GOG in Ghana.

- Achtens schlagen wesentlich die privaten, meist bewaffneten Sicherheitsdienste zu Buche, die die Besatzungen schützen.
- Neuntens schließlich ist der gesellschaftlich getragene Aufwand für den militärischen Schutz und die Überwachung der von Piraterie bedrohten Seeräume durch Marinen und Polizeikräfte zu rechnen. Alleine die Bundesrepublik Deutschland hat seit 2008 permanent mindestens ein Marineschiff im Einsatz zum Schutz der Handelsschifffahrt.

Auch wenn die Auflistung solcher zusätzlich entstehenden Kosten den Eindruck erwecken könnte, dass die Piraterie die globale Wirtschaft stark negativ beeinflusst, so täuscht dies. Die beschriebenen Zusatzkosten verteilen sich trotz der Milliardenhöhe auf so viele transportierte Güter, dass der Konsument bislang zwar einen versteckten Piratenaufschlag in Waren und Steuern zahlen muss, ihn aber nicht spürt. Ökonomisch verursachen andere Variablen wie die Treibstoffkosten erheblich höhere finanzielle Belastungen. Dennoch: die über Jahre aggregierten Vermeidungskosten mussten – wenn auch unmerklich – von jedem einzelnen Konsumenten mitbezahlt werden.

Versagt die Vermeidungsstrategie, verändert sich die Wahrnehmung. Im Fall der Kaperung ist die öffentliche Wahrnehmung zunächst auf die Zahlung des Lösegeldes fixiert. Die entstehenden Kosten für die Reederei sind jedoch in der Regel um ein Vielfaches höher. Ocean Beyond Piracy hat errechnet, dass das Verhältnis des Lösegeldes zum insgesamt angerichteten Schaden im Jahr 2013 bei 1:148 und 2012 sogar bei 1:192 stand.[8] Mehrere Reedereien berichten, dass allein die „Verhandlungskosten" mindestens ebenso hoch ausfallen wie das reine Lösegeld. Hier gilt es, über Wochen ein Team von internen und externen Beratern rund um die Uhr zur Verfügung zu haben, um schnell und fehlerfrei auf die immer wieder schwer berechenbaren Piratenforderungen reagieren zu können.[9]

Daneben ergibt sich für die Zeit der Geiselhaft der Verdienstausfall des Schiffes. Dieser kann sich umso länger hinziehen, je mehr das Schiff

---

8 Während sich die Gesamtosten somalischer Piraterie auf US $3,2 Mrd. für das Jahr 2013 beliefen, wurden dort Lösegelder in Höhe von US $21,6 Millionen gezahlt (vgl. 2012: $6,1 Mrd. / $31,75 Mio.). Oceans Beyond Piracy 2014, S. 7–10.

9 S. auch hierzu Frederik Euskirchen, 2012.

beschädigt wird. Durch wochenlanges Liegen in tropischen Gewässern wird zudem häufig die Ladung verdorben, unbrauchbar und nicht mehr auslieferbar. Neben diesen in jedem Einzelfall bezifferbaren harten Kosten sind bislang die weichen Kosten nur sehr ungenau zu bestimmen. Hier geht es um die psychologische Nachsorge der Mannschaften, die sich über Jahre hinziehen kann.

Zu intensiven Diskussionen haben auch die Versicherungsfragen geführt, denn in der Regel wird ein Teil der entstehenden Kosten im Falle einer Kaperung von unterschiedlichen Versicherungen übernommen.

3.2 Abwehr von Piratenangriffen: BMP und PSD

Bei der Abwehr der bewaffneten Angriffe von Piraten verfolgen die Reeder zwei wesentliche Wege. Im passiven Selbstschutz setzen die Reedereien konsequent auf die Empfehlungen „Best Management Practice (BMP)"[10] der internationalen Reederverbände und der IMO, nach denen die Mannschaften intensiv den Ernst- und Abwehrfall trainieren müssen, um Schaden für Leib und Leben zu vermeiden. Zudem gilt es, Ausweichmanöver zu trainieren und sich mit der Kommunikation und den Verfahrensweisen der Marinen vor Ort vertraut zu machen. Mit allen praktisch sinnvollen und möglichen Mitteln werden die Schiffe vor einer Durchquerung der gefährdeten Gebiete sicherer gemacht. Die deutlich gesenkte oben bezifferte „Erfolgsquote" der Piraten zeigt, dass diese Maßnahmen einen messbaren Erfolg zeitigen.

Die deutschen Reedereien lehnen hingegen die Bewaffnung der Mannschaften strikt ab. Es darf keinen Paradigmenwechsel geben, dass die friedliche Handelsschifffahrt mit Waffen die Selbstverteidigung versucht. Die Mannschaften sind für Feuergefechte nicht ausgebildet und sollen dies auch nicht werden. Der laienhafte Umgang mit Waffen würde die Mannschaften in noch erheblich größere Gefahr bringen.

In Kombination mit dem passiven Selbstschutz werden die meisten Schiffe, die die von Piraten gefährdeten Gewässer im Golf von Aden und im Indischen Ozean passieren, von privaten Sicherheitsdiensten (PSD)

10 Aktuell in der Version BMP 4, für Westafrika noch mit speziellen Ergänzungen, abrufbar unter www.reederverband.de.

geschützt. Seit 2009 hat sich ein großes Netzwerk an Dienstleistern aufgebaut. Die Teams, deren Größe zwischen zwei und acht Personen schwanken kann, werden meist von Versetzschiffen in internationalen Gewässern am Rande der Gefahrenzonen übernommen und abgegeben.

Der Einsatz privater bewaffneter Sicherheitsdienste war unter den meisten Flaggen relativ problemlos, namentlich der Flaggenstaat Liberia, der am häufigsten von deutschen Reedern genutzt wird, reagierte schnell und flexibel auf die Bedrohung der Seeleute. Für die Schiffe unter deutscher Flagge war die Situation ein halbes Jahrzehnt schwierig. Das Recht verbot den Einsatz privater bewaffneter Sicherheitsdienste nicht, erlaubt waren sie aber auch nicht ausdrücklich. Die Bürde einer kaum tragbaren Verantwortung lag vor allem bei den Kapitänen, die im Falle von Schusswechseln weitgehend alleine hätten zur Verantwortung für alle Konsequenzen gezogen werden können. Diese Situation ist mittlerweile grundlegend verändert. Nach gründlicher Debatte hat die Bundesregierung 2012/13 auf Druck des Verband Deutscher Reeder als erster EU-Staat konsequente gesetzgeberische Schritte unternommen, die nunmehr seit Dezember 2013 den Einsatz privater bewaffneter Sicherheitsdienste an Bord nach präzisen Regeln erlauben und den Kapitän aus der juristischen Schusslinie nehmen.[11]

Im Kern der Rechtssetzung steht die deutsche Zulassung für Sicherheitsdienste. Wer unter deutscher Flagge bewaffnete Sicherheitsteams an Bord nimmt, darf nur noch ein zugelassenes Unternehmen beschäftigen. Für diese Einsätze benötigen private Sicherheitsunternehmen seit dem 1. Dezember 2013 eine staatliche Zulassung vom Bundesamt für Wirtschaft und Ausfuhrkontrolle (BAFA).[12] Sie müssen zahlreiche Qualitätsanforderungen erfüllen, und es befinden sich dabei ausdrücklich keine Kriegswaffen im Einsatz. Mehrere Unternehmen aus dem In- und Ausland haben bereits eine Zulassung erhalten – darunter auch Sicherheitsdienste, mit denen deutsche Reeder schon seit Jahren zusammenarbeiten und gute Erfahrungen gemacht haben.[13] Das Zulassungsverfahren ist ein sinnvoller Kompromiss, der sich an den Leitlinien der IMO orientiert.

---

11 Hierzu auch der Beitrag von Werner von Unruh in diesem Band.

12 Hierzu auch der Beitrag von Claudia Topp in diesem Band.

13 Ende Oktober 2014 waren es 11 Unternehmen. Der aktuelle Stand kann der Website der BAFA entnommen werden.

Das Zulassungsverfahren privater bewaffneter Sicherheitsdienste ist von Politik und Verwaltung nach einem viel zu langen politischen Entscheidungsprozess schnell, praxisgerecht und transparent umgesetzt worden.[14] Das darf nicht darüber hinwegtäuschen, dass grundsätzlich der Schutz der zivilen Seeschifffahrt eine hoheitliche Aufgabe ist. Die Abwälzung des Schutzes auf die Reedereien und Sicherheitsdienste ist die pragmatische zweitbeste Lösung. Langfristig erscheint es weiterhin erstrebenswert, dass das Gewaltmonopol für den bewaffneten Schutz der Handelsmarine von hoheitlichen Sicherheitskräften wahrgenommen wird – sei es von der Bundespolizei oder der Marine.

Der VDR hatte daher auch im Jahr 2008 die Bundesregierung gebeten, an der internationalen Mission zum Schutz der Nahrungsmitteltransporte und der Handelsschifffahrt am Horn von Afrika teilzunehmen. Entscheidend dabei ist für den VDR, dass es sich um einen internationalen Schutz aller Handelsschiffe handelt. Ausdrücklich ist die Deutsche Marine nicht zum Schutz der Partikularinteressen der deutschen Reeder vor Ort. Alle Marinen müssen alle Handelsschiffe schützen, und als eine der größten Exportnationen der Welt hat Deutschland auch ein großes Interesse daran, dass einer der wichtigsten Handelswege der Welt, den in normalen Zeiten jährlich rund 20.000 Schiffe passieren, frei nutzbar bleibt. Da sich taktisch gezeigt hat, dass der beste Schutz der Besatzungen durch kleine Teams an Bord der Handelsschiffe gewährleistet wird, sollte weiter über eine solche Dienstleistung aus hoheitlicher Hand nachgedacht werden.[15] Immer wieder ist in der Diskussion von Reederseite betont worden, dass diese Dienstleistung auch von hoheitlicher Seite kostenpflichtig sein kann.

3.3 Befreiung und Lösegelder

Mit größter Vorsicht betrachtet der VDR die gewaltsame Befreiung von Schiffen, wenn die Mannschaften bereits als Geiseln gehalten werden. Das Beispiel der gewaltsamen Befreiung der MAERSK ALABAMA hat

14 Konkret geändert wurden auf parlamentarischem und Verwaltungsweg die Gewerbeordnung, das Waffengesetz, die Seeschiffsbewachungsverordnung und die Außenwirtschaftsverordnung.

15 Hierzu auch der Beitrag von Christian Ickert in diesem Band.

trotz des in diesem Fall guten Ausgangs für die Crew keinen Vorbildcharakter. Die mediale Aufbereitung in einem Hollywood Blockbuster[16] zeigt hier durchaus realistisch, in welche Gefahr die Besatzung bei einer Befreiung gerät.

So unerfreulich die Zahlung von Lösegeldern ist, so hat diese zumindest dafür gesorgt, dass fast alle betroffenen Seeleute, die auf deutschen Handelsschiffen in Geiselhaft gerieten, lebend befreit werden konnten. Dies hat für die Reedereien deutliche Priorität vor anderen grundsätzlichen Erwägungen. Die glückliche Befreiung der Hamburger TAIPAN oder der BELUGA FORTUNE durch internationale Marinekräfte liefert leider auch keine Blaupause für künftiges Vorgehen. Sie zeigt aber, dass die Kombination aus Marinepräsenz und eingeübtem Vorgehen an Bord – in diesem Fall mit einer Zitadelle – zu praktischen Erfolgen führen kann.

Die Zahlung von Lösegeld hat mancherorts Skepsis ausgelöst. Ohne Kenntnis der konkreten Lage wurde mehrfach suggeriert, es gäbe Alternativen. Fälschlich wurden dabei Piraten mit Terroristen gleichgesetzt.[17] In den Entführungsfällen geht es jedoch um die konkrete Notlage der Besatzungen, die keinesfalls jahrelang warten können. Seeleute dürfen nicht im Stich gelassen werden, im Zweifelsfall müssen daher Lösegelder gezahlt werden.

Obwohl es schwer erträglich ist Erpressungen nachzugeben, fehlt stets eine Antwort auf die Frage nach der konkreten Alternative. Soll dem erpressten Reeder – an dieser Stelle ist es wichtig festzuhalten, dass nicht der Staat erpresst wird – untersagt werden, Lösegeld zu zahlen? Das ist schon rechtlich fragwürdig. Oder sollen Spezialeinheiten wie GSG 9 oder KSK die Seeleute aus der Hand der Piraten befreien? Das ist eine theoretisch mögliche, aber auf See in den meisten Fällen impraktikable Option, weil die Gefahr für die Besatzung dabei inakzeptabel hoch wäre.

---

16 „Captain Philips“ aus dem Jahr 2013 mit Tom Hanks in der Hauptrolle.

17 Dieser Ansatz wurde vor allem von der US-Regierung seit 2010 immer wieder lanciert. Dabei wurden Verbindungen zwischen den Piraten und den radikal-islamischen Al-Shabaab-Milizen in Somalia unterstellt. Die Zahlung jeder Art von Geldern an Terroristen wäre dann zu ahnden. Reederverbände lehnen es strikt ab, Seeleute nicht mehr mit dem friedlichen Mittel des Lösegeldes befreien zu können.

3.4 Einsatz an Land

Die internationalen Reederverbände wünschen sich von der Staatengemeinschaft, dass die an Land liegenden Ursachen der Piraterie gerade dort konsequent beseitigt werden. Dazu gehört, dass die Menschen in Somalia wieder in einem zuverlässigen Staat leben können und die Möglichkeit haben, sich vor Ort zu ernähren. Um hier ein Zeichen zu setzen, unterstützt der Verband Deutscher Reeder ein Schulungszentrum in einem somalischen Flüchtlingslager in Dschibuti. Die Wiederherstellung der Staatlichkeit in Somalia ist jedoch eine Aufgabe der Vereinten Nationen, nicht der Privatwirtschaft.

Literaturverzeichnis

Bundesamt für Wirtschaft und Ausfuhrkontrolle, Homepage: „Zulassung von Bewachungsunternehmen auf Seeschiffen“, zuletzt eingesehen am 22.10.2014 unter: http://www.bafa.de/bafa/de/weitere_aufgaben/seeschiffbewachung/index.html

Euskirchen, Frederik, „Die Entführung der MS Hansa Stavanger 04.04.09 – 03.08.09 Erfahrungsbericht und Betrachtungen“, Winterwork, 2012

Oceans Beyond Piracy, „The State of Maritime Piracy 2013“, 2014, zuletzt eingesehen am 22.10.2014 unter: http://oceansbeyondpiracy.org/sites/default/files/attachments/SoP2013-Digital_0.pdf

Kapitel 4
Optionen zum Schutz:
Operative Aspekte und Herausforderungen

Christian Ickert

Kapitel 4.1: Einsatz eines Vessel Protection Detachment

Editorial abstract: During the discussion regarding options to protect threatened merchant vessels from piracy, the call for official armed protection was the first to be raised. The main problem with this option was and still is: Availability of sufficient resources. Looking at a regular passage of above 20.000 ships per year in the Gulf of Aden alone, it appears highly unlikely that consistent protection could be organised by placing governmental forces on each threatened vessel. However, as one component among many, improving security gradually and in focussed employment on especially vulnerable ships – such as those delivering food-aid to Somalia – Vessel Portection Detachments successfully serve a valuable purpose.

4.1.1 Allgemeines

Ein Vessel Protection Detachment (kurz VPD) stellt ein Schutzelement für seegehende Einheiten (zivil oder militärisch) in gefährdeten Gebieten dar. Eingesetzt durch ein Mandat des Bundestages unterliegt das VPD der staatlichen Kontrolle und den damit verbundenen Auflagen (Rules of Engagement). Diese Rules of Engagement stellen damit die Handlungsrichtlinien und vor allem Grenzen für den Einsatz jeglicher letaler und nicht-letaler Wirkmittel dar. Die operativ-taktische Bewertung (Gefährdungslage, materielle Ausrüstung, personelle Stärke) werden durch das Einsatzführungskommando in Verbindung mit den jeweiligen Truppenstellern (hier die Deutsche Marine, im speziellen das Seebataillon) erarbeitet. Die Führung obliegt aus deutscher Sicht dem Einsatzführungskommando, aus internationaler Sicht der jeweiligen multinationalen Einrichtung (bspw. EU, UN).

Von der Bundeswehr gestellte VDPs umfassen in der Regel mindestens eine Gruppe von infanteristisch und speziell geschulten Soldaten. Hierbei spielt neben Typ und Risikobewertung für das zu schützende Schiff auch der Selbstschutz und das mögliche Risiko für die eingesetzten Soldaten eine große Rolle. Um an dieser Stelle ein kurzes Gefühl allein für den notwendigen Personalaufwand zu geben: die entsprechend ausgebildeten und eingesetzten Soldaten des Seebataillons umfassen etwa insgesamt 149 Mann, aufgehängt in der Bordeinsatzkompanie. Verstärkt bzw. ersetzt werden können sie durch weitere Kräfte aus der Küsteneinsatzkompanie, welche noch mal 178 Soldaten umfasst, sodass eine mögliche Gesamtstärke von ca. 330 Soldaten für solche Einsätze bereitgehalten wird. Der Dienst am Horn von Afrika erfolgt im Rotationsverfahren (Stehzeit von mehreren Monaten im Einsatzgebiet) und bei aktuell sehr hoher Auslastung und Einsatzbelastung werden im Schnitt ca. jährlich 35 Schiffe begleitet.

Die Kriterien für den Einsatz einen deutschen VPD auf einem zivilen Schiff sind folgende:

- Flaggenstaatsabkommen zwischen der EU oder Deutschland und dem Flaggenstaat des jeweiligen Schiffes,
- Vertrag zwischen der Reederei des Schiffes und der Bundesrepublik Deutschland,
- Vertrag zwischen dem Master des Schiffes und der Bundesrepublik Deutschland.

4.1.2 Einsatzarten im Rahmen der EU-NAVFOR-Mission ATALANTA

Im Rahmen der EU-Mission ATALANTA können seitens der deutschen Marine zwei verschieden Arten von VPDs eingesetzt werden: das **VPD** und das **AVPD** (Autonomus VPD).

Das **VPD** wird auf einer deutschen schwimmenden Einsatzbasis (zumeist Fregatte oder EGV) eingeschifft und kann von dort aus kurzfristig und zielgerichtet bei Bedarf eingesetzt werden. Anfragen für den Einsatz können einerseits von unten nach oben (also Schiff – Einsatzführung) als auch von oben nach unten (Einsatzführung – Schiff) erfolgen. Nachdem die oben aufgeführten Kriterien für den Einsatz geklärt sind, erfolgt ein zeitlich befristeter, auf die Größe des Schiffes abgestimmter Einsatz unter Führung eines Offiziers auf dem jeweiligen Schiff. Die entsendende Einheit verbleibt dabei in Reichweite von einer Flugstunde mit dem Helikopter (sogenannte *Golden Hour* zur Versorgung von Verletzten). Dabei kann sie weitere Aufgaben wie Aufklärung oder Seeraumüberwachung wahrnehmen. Nach Abschluss des Sicherungsauftrages wird das VPD durch die entsendende Einheit wieder aufgenommen und bereitet sich für Folgeaufträge vor.

Die Führung des VPD erfolgt über die entsendende Einheit an den Kontingentführer. Auf dem zivilen Schiff bleibt der Master für die navigatorische Sicherheit jederzeit verantwortlich. Für den Schutz und allen damit verbundenen Aufgaben ist der jeweilige Offizier verantwortlich.

Im Falle eines Angriffes übernimmt der jeweilige Führer des VPD die Verantwortung und die Verteidigung des zivilen Schiffs. Einstellung der Kampfhandlungen erfolgt nur auf seinen Befehl. Das Recht auf Notwehr bzw. Nothilfe bleibt ständig bestehen. Der Master ist weiterhin für die navigatorische Sicherheit zuständig. Notfallmanöver, Vorgehensweisen sowie Belange des Schutzelementes sind aber vorher durch gemeinsame Absprachen und Training verinnerlicht worden.

Das VPD zeichnet sich dadurch aus, dass es flexibel, leicht und schnell einsetzbar ist – auch wenn es letztlich immer ein unterstützendes Kriegsschiff an sich bindet.

Das **AVPD** demgegenüber wird langfristig (mehrere Monate) auf ein zu schützendes Frachtschiff eingeschifft. Auch hier wird ein dem zeitlichen Rahmen und Art/Bauweise des Objektes angepasster Ansatz der Kräfte gewählt. Allerdings sind zusätzliche Elemente unverzichtbar: Ein Arzt, ein Sprachmittler und Führungsunterstützungssoldat. Damit sind AVPDs immer etwas größer als VPDs. Da das AVPD mehrere Monate ohne Abstützung auf eine deutsches Kriegsschiff autark operiert, sind diese Unterstützungselemente unverzichtbar, um zum Beispiel die oben erwähnte Golden Hour, also die ärztliche Versorgung weiterhin zu gewährleisten. Ein deutsches Marineschiff, welches im selben Seeraum operiert, ist daher völlig ungebunden und braucht auf die Belange des AVPD keine Rücksicht nehmen. Bedingt durch die langfristige Einbindung des AVPD an Bord des zivilen Schiffs, sind die Verteidigungsmöglichkeiten aufgrund baulicher Verbesserungen seitens des Reeders, des Masters oder des AVPDs deutlich besser als beim temporären VPD. Ebenfalls ist der Materialansatz aufgrund nur gering benötigter Mobilität deutlich anders.

Die Führung des AVPD erfolgt direkt über den Kommandeur des militärischen Einsatzverbandes (Commander Task Group, CTG), ohne weitere Zwischenebenen. Im Gegensatz zu einem VPD, untersteht also das AVPD nicht unmittelbar einem zugeordneten Kommandanten eines Kriegsschiffes. Auf dem zivilen Schiff bleibt der Master für die navigatorische Sicherheit jederzeit verantwortlich. Für den Schutz und die Verantwortung im

Gefecht, sowie allen damit verbundenen Aufgaben ist der jeweilige AVPD-Offizier verantwortlich.

Im Falle eines Angriffes übernimmt der jeweilige Führer des AVPD – analog wie beim VPD – die Verteidigung des zivilen Schiffs. Einstellung der Kampfhandlungen erfolgt nur auf seinen Befehl. Das Recht auf Notwehr bzw. Nothilfe bleibt ständig bestehen. Der Master ist weiterhin für die navigatorische Sicherheit zuständig.

Die Flexibilität und Einsetzbarkeit eines AVPD ist im Vergleich zum VPD geringer, da nur einzelne Schiffe für feste Reiseabschnitte von Hafen zu Hafen begleiten werden können. Ein punktueller Einsatz, wie beim VPD, würde allerdings wiederum Kriegsschiffe binden.

4.1.3 Herausforderungen VPD und AVPD

Der Einsatz eines VPD bzw. AVPD ist stark abhängig von den eingangs genannten Kriterien. Während 2 von 3 Kriterien in der Regel direkt vor Ort durch jeweilige Vertreter geregelt werden können, stellt das Kriterium des Flaggenstaatsabkommens oftmals das „Kill-Kriterium" dar. Ein solches Abkommen benötigt aufgrund diplomatischer Wege vor allem Zeit (bis zu 6 Wochen Vorlaufzeit). Gerade im Bereich des VPD-Einsatzes sind die Vorwarnzeiten jedoch sehr kurz (teilweise weniger als zwei Tage), sodass der Einsatz oftmals nicht zustande kommt. Es sind zwar ständige Flaggenstaatsabkommen geschlossen worden, diese betreffen aber zu circa mehr als 80 % nicht die Flaggenstaaten der zivilen Schiffe, welche sich hauptsächlich am Horn von Afrika oder im somalischen Becken bewegen. Selbst deutsche Reeder haben inzwischen größtenteils ihre Schiffe ausgeflaggt, sodass z.B. ein Einsatz eines deutschen VPD trotz deutschen Schiffs-Eigentümers aufgrund der Rechtslage nicht möglich ist.

Im Bereich es AVPD ist die Situation deutlich einfacher, da diese Schiffe größtenteils über die UN für das World Food Programm langfristig (1 Jahr und mehr) angemietet werden und somit ein generelles Interesse seitens der UN an einem solchen Vertrag besteht und damit entsprechender politischer Druck ausgeübt wird. Auch die Langfristigkeit der Einsatzzeiträume und die daraus folgende Planbarkeit trägt hierzu bei.

Dagegen stellen die lange Einsatzdauer und das autarke Operieren das AVPD vor andere Herausforderungen als ein VPD. Rückzugsräume aber auch Erholungsphasen sind nur sehr begrenzt möglich. Diesem Umstand wird durch einen wie oben beschriebenen erhöhten Personalansatz und Anspruch an weitgehende Unabhängigkeit vor allem in der ärztlichen Versorgung Rechnung getragen.

4.1.4 Zusammenfassung

Der Einsatz eines VPD/ AVPD im Rahmen der EUNAVFOR-Mission unterliegt allein dem politischen Willen und entsprechenden Vorgaben. Das riesige zu überwachende Seegebiet – mit einer größeren Fläche als der gesamte Sub-Kontinent Europa – generiert große Anforderungen an Personal und Material, welche in Zeiten knapper Budgets (zivil und militärisch) nicht immer erfüllt werden können (Stichwort: Diskussion Personelle Stärke Schutzteams Zivil ggü. Militärischer Kräfte).[1] Hierbei seitens der Bundeswehr z.B. Abstriche bei der Team-Stärke zu machen verbieten neben taktischen Gesichtspunkten (Durchhaltefähigkeit, Kampfkraft) u.A. Fürsorglichkeitserwägungen gegenüber den eingesetzten Soldaten. Ein weiterer wichtiger Aspekt ist die Kostenseite, da ein VPD nahezu kostenlos über die Regierung bereitgestellt wird, während ein ziviles Schutzteam immer dem Kostendruck des Marktes unterliegt. Dennoch ist die Einsatzgeschichte der VPD bzw. AVPD ein voller Erfolg, da seit Beginn der Übernahme des Hauptauftrags (Schutz der Schiffe des World Food Programm) 100 % dieser Schiffe sicher begleitet wurden. Daneben stellt ein VPD/ AVPD immer die kostengünstigere Variante gegenüber einem deutschen Kriegsschiff als Begleitschutz dar. Optimierungsmöglichkeiten seitens der politischen Vorgaben und Handlungsrahmen – gerade im internationalen Rahmen – sind aber weiterhin vorhanden.

1. Internationale Zusammenarbeit: bis jetzt ist ein Einsatz eines VPD durch ein deutsches Schiff und die Wiederaufnahme durch eine andere Nation nicht möglich (bspw. Transit von Bosasso – Mombasa: Einstieg

1 **Anmerkung des Herausgebers:** Die Studie „The State of Maritime Piracy 2013“ von Oceans Beyond Piracy listet die durchschnittlichen Kosten von mil. VPD/AVPD mit $144.637 pro Passage (81 Passagen in 2013 am Horn von Afrika) und für die deutlich kleineren privaten Teams (ca. 3–4 Personen im Schnitt) zwischen durchschnittlich $28.500–$38.000 pro Passage (bei zw. 23.000 – über 26.000 geschätzten Passagen am Horn von Afrika in 2013). OCB 2014, S. 14–18.

deutsches VPD in Bosasso von deutschem Kriegsschiff, Kriegsschiff verbleibt im IRTC, Aufnahme des VPD durch Schiffe alliierter Nationen in Mombasa bzw. Untersützung durch diese)

2. VPD-Basistationen: durch strategische Platzierungen (bspw. Anfang-Ende IRTC) diverser Trägerschiffe mit einer großen Anzahl an VPD und eigenen Hubschraubern sind die Einsatzoptionen schneller und flexibler zu gestalten) und sollten trotz rückläufiger Überfallzahlen im somalischen Becken und am Horn von Afrika weiter verfolgt werden, um auch für mögliche aktuelle und zukünftige Gefährdungsgebiete (Bspw. Westafrika) und -lagen gewappnet zu sein.

Nils Retkowski

Kapitel 4.2: Maritime Sicherheit – ganzheitliche Lösungen aus privater Hand?

Editorial abstract: Contrary to the labour- and cost-intensive protection offered by official Vessel Protection Detachments, private armed security guards have successfully expanded armed protection to a wide range of shipping. Government forces are limited in their employability and availability by their inherent organisational criteria geared for maximising (self-)protection, not cost-efficiency. The pressures of market-competition and security demands that focus on merely *raising the level of defence, not achieving indisputable tactical superiority*, allow private contractors to offer much smaller and more affordable teams for a wider range of customers. So far, no vessel under armed protection has been captured by Somali pirates: Still, the range of quality available in the 'industry' is vast. However, in the face of captains' and shipping-companies' potential long-term liability for damage, injury or death caused by the inappropriate use of firearms by security teams, it is a sound investment to look for certified quality before employing armed protection in high-risk areas.

4.2.1 Einordnung des Themas

Die Überschrift „Maritime Sicherheit – ganzheitliche Lösungen aus privater Hand?" lässt eine Diskussion über die eine oder mehrere verschiedene Sicherheitsstruktur(en) im internationalen maritimen Rahmen vermuten. Sodann müssten Vergleiche zwischen staatlichen und nichtstaatlichen Akteuren angestellt werden. Dies wird dieser Beitrag nicht leisten, da er sich auf die „operativen Aspekte und Herausforderungen" bezieht.

Das Problem der Lösegeldpiraterie und der verschiedenen Erscheinungsformen von Piraterie wird hier nicht weiter dargestellt. Bei der Vielzahl der Publikationen und Berichte kann der Leser sich auch aus öffentlich zugänglichen Quellen ein gutes, abgerundetes Bild verschaffen bzw. wurde er umfassend zu Beginn des Bandes eingeführt.

Ein Trend, der mit der steigenden Anzahl von Entführungen zur Lösegeldpiraterie vor allem am Horn von Afrika ab ca. 2005 einherging, war die wachsende Anzahl privater Sicherheitsdienstleister, die mit bewaffneten Schutzteams Angriffe auf Handelsschiffe, (Privat-)Jachten und Passagierschiffe abwehren sollten und dies auch aktuell immer noch aktiv tun.

Im Rahmen dieses Beitrages wird insbesondere auf die Sicherheitsdienstleistung zum Schutz vor kriminellen Angriffen gegen Schiffe in High-Risk-Areas (HRA) eingegangen. Ausgehend von einem in Deutschland zugelassenen Unternehmen werden Beispiele genannt, wie ein Team vorgeht, welche Bewaffnung und Stärke es vorzuweisen hat. Dazu soll angemerkt sein, dass in Deutschland ansässige Unternehmen, die Schiffe schützen wollen, oder ausländische Unternehmen, die sich für den Schutz deutsch-beflaggter Schiffe interessieren, vom Bundesamt für Wirtschaft und Ausfuhrkontrolle (BAFA) zugelassen sein müssen. Seit 01.12.2013 sind Reeder deutsch beflaggter Schiffe dazu verpflichtet, nur auf solche Unternehmen zurückzugreifen, die die genannte Zulassung erhalten haben.

4.2.2 Operativer Schutz vor Piraten

Während des Aufkeimens der Lösegeldpiraterie waren die Reeder unter starkem Zeitdruck, eine Lösung für das Problem zu finden und Entführungen ihrer Schiffe und Besatzungen zu vermeiden. Staatliche Hilfe erschien zunächst nicht in Aussicht, da aufgrund der Vielzahl an Staaten in einem Raum wie dem Indischen Ozean die einheitliche Koordination von Maßnahmen über die Küsten-, Hafen und Flaggenstaaten hinaus schier aussichtslos erschien. Daher wuchs die Nachfrage nach Dienstleistungen, die, anfangs unbewaffnet, einen Schutz vor Entführung für die Schiffe leisten sollten.

Nach wie vor sind präventive Maßnahmen und die Summe aller getroffenen Maßnahmen keine Garantie für die Abwehr eines Angriffes. Die Wahrscheinlichkeit eines erfolgreichen Angriffes und damit einer Schiffsentführung lässt sich jedoch stark reduzieren.

So entkommen die meisten Schiffe, die schneller als 16 Knoten fahren (sofern sie baulich dazu in der Lage sind), die über ein hohes Freibord verfügen (> 8 m), die im Fall eines Angriffes so manövrieren, dass ein Aufentern von einem kleinen Boot (Skiff) aus unmöglich wird und die durch Maßnahmen schon von außen als „uneinnehmbar“ eingestuft werden. Ein Verbund aus Reedervertretern, Versicherungen und anderen involvierten Stakeholdern der Schifffahrt haben die sog. „Best Management Practices“ aufgelegt. In diesem Leitfaden, der mittlerweile in seiner vierten Auflage erschienen ist, sind Maßnahmen beschrieben, wie eine Schiffbesatzung sich mit „Bordmitteln“ gegen Piratenangriffe vorbereiten bzw. diese abwehren kann. Viele Versicherer nehmen die Einrichtung dieser Installationen und Maßnahmen der „BMP 4“ als Grundlage für Prämienbemessung, wenn Schiffe die High-Risk-Areas kreuzen.

Als passive Schutzmaßnahmen sei zunächst nur beispielhaft die Einrüstung von Schiffen mit Stacheldraht erwähnt, welcher das Aufentern von Piraten verhindern soll. Immer mehr Systeme und Hilfsmittel wurden erdacht, die gewisse Anforderung zu erfüllen hatten bzw. diese immer noch erfüllen müssen.

Die Systeme dürfen nicht groß, schwer und sperrig sein, da sie schnell verlad- und mitnehmbar sein müssen. Darüber hinaus ist eine „Staatkompatibilität“ notwendig, welche die Ein- oder Durchfahrt in bzw, durch Staaten zu ermöglicht, ohne dabei gegen (lokale) Gesetze zu verstoßen und somit ein Einlauf- oder Durchlaufverbot zu riskieren.

Ein Forschungsverbund um mehrere Zulieferer für Schiffselektronik und Anlagen mit dem Namen „PITAS“[1] wird nachfolgend kurz vorgestellt. Bei diesem Forschungsverbund wird insbesondere Wert darauf gelegt, schon an Bord vorhandene Einrichtungen und Anlagen so zu optimieren, dass sie auf Bedrohungslagen wie Piratenangriffe besser abgestimmt werden. Solche technischen Lösungen sind meist auf die Detektion und teilweise auch die Identifikation einer Angriffssituation beschränkt. Wenn es zu einem Angriff mit mehreren Skiffs kommt, sind sie damit nur bedingt geeignet, einen dynamischen Angriff und damit ein Aufentern zu verhindern. Sie verhelfen jedoch der Schiffsbesatzung dazu, Zeit zur Alarmierung und zur eigenen Evakuierung, z.B. in eine sog. Zitadelle, zu gewinnen. Als aktive Schutzkomponente wird z.B. eine an das Feuerlöschsystem des Schiffes adaptierte Wasserkanone angeboten.

Darüber hinaus gibt es Hersteller für Schall- und Wasserkanonen, die als nicht-letale Wirkmittel einen Angriff abwehren sollen. Diese Schutzmaßnahmen sind meist wegen z.B. der Schwere des Gerätes oder des enormen

---

1 PITAS, „Piraterie und Terrorismus Abwehr System“, vgl. „Press Release PITAS“, Kiel, 05.09.2013, zuletzt eingesehen am 10.07.2014 via: http://www.elac-nautik.de/_uploads/images/pdf/PressRelease_PITAS_translated_version.pdf.

Wasserdruckes fest installiert. Nachteilig wirkt sich aus, dass sie über kurze Reichweiten verfügen (die Waffenreichweite von Piraten beträgt ca. 400/500 m) oder aber zu unflexibel sind im Ortswechsel an Bord von Schiffen. Andere Lösungen erscheinen aus Kundensicht sehr aufwendig in Installation und Wartung. Das P-Trap System[2] z.B. sieht die Installation eines Gestells vor, welches am Bug des Schiffes angebracht wird und durch die Fahrt des Schiffes seitlich der Bordwand lange Leinen hinter sich herzieht. Die Schraube eines angreifenden Skiffs soll durch die Leinen beschädigt oder darin verheddert werden, so dass die Piraten nicht an die Bordwand gelangen und somit nicht aufentern können.

Die oben aufgeführten Nachteile von bordfesten Einrichtungen bzw. der bedingten Fähigkeiten zur aktiven Abwehr von Angriffen, haben dazu geführt, dass zunehmend bewaffnete Schutzteams sog. Vessel Protections Teams, an Bord von Schiffen eingesetzt wurden und werden. Diese Teams, die im Rahmen der Notwehr und Nothilfe die Besatzung schützen, sind flexibel an Bord einsetzbar und können sich der jeweiligen Angriffslage einfach und schnell anpassen. Es ist bisher noch kein Schiff in die Hand von Piraten gelangt, welches ein solches bewaffnetes Schutzteam an Bord hatte. Der Vollständigkeit halber soll nicht unerwähnt bleiben, dass ein weiterer Grund für den vermehrten Einsatz dieser Teams die Finanzierungsmodelle für die Vessel Protections Teams sind. So sind es zu großen Teilen nicht die Reeder selbst, die diese Dienstleitungen bezahlen, sondern die Charterer, die über die Charterverträge die Kosten übernehmen oder sich zumindest daran beteiligen. Ein weiterer Grund also, der dazu führt, dass Reeder „ihre“ Schiffe nicht mit permanenten Schutzsystemen ein- oder ausrüsten wollen oder können.

Weiterhin muss im Hinterkopf behalten werden, dass „Safety“ (Arbeits- oder Betriebssicherheit) so wenig wie möglich, aber so viel wie nötig durch „Security“ (Schutz vor z.B. kriminellem Zugriff: „Gefahrenabwehr“) eingeschränkt wird/bzw. werden darf. Die Regeln nach SOLAS verlieren durch selbst installierte Maßnahmen nicht an Gültigkeit. Mit einem Vessel Protection Team können diese dennoch eingehalten und zugleich Angriffe ausgehend von weiterer Distanz abgewehrt werden.

---

2 P-Trap, vgl. Homepage des Herstellers, zuletzt eingesehen am 10.07.2014, via: http://www.ptrap.com/.

Es bleibt festzuhalten, dass die Summe aus präventiven Maßnahmen, wie z.B. Verhaltenstrainings für Crews, passive Schutzmaßnahmen wie Stacheldraht und aktiver Schutz wie Vessel Protection Teams das Entführungsrisiko erheblich reduzieren.

Ausblickend werden noch Gedankenmodelle zum Schiffbau gegeben. So könnte in Zukunft bei Neubauten schon in der Planung an den Einbau sicherer Räume, sog. Zitadellen, gedacht werden. Mit diesen besonders vor Einbruch geschützten Räumen, in denen sich die Besatzung dem unmittelbaren Zugriff von Entführern für einen Zeitraum entziehen kann, wird es staatlichen Kräften ermöglicht, rettend handeln zu können. Auch das äußere Schiffsdesign könnte „glatte“ Brückenhäuser vorsehen, bei denen es keine von außen begehbaren Auf- Niedergänge mehr gibt. Dies würde die Eindringmöglichkeiten erheblich reduzieren und ließe sichere Schließsysteme zu. Inwieweit auch hier der immerwährende Konflikt zwischen Safety & Security zu lösen ist, bleibt zunächst aber offen.

4.2.3 Einflussgrößen auf einen maritimen Sicherheitsdienstleister

Im Verlauf der Entwicklung haben sich die Anrainer im Indischen Ozean mehr und mehr auf das „System“ private Sicherheitsdienste eingestimmt und Regeln geschaffen, die auch bewaffneten Teams die Ein- und Durchfuhr an Bord von Schiffen erlauben. Durch einige schwarze Schafe bei den Anbietern solcher Dienstleistungen ist der Ruf der Branche allerdings nicht immer der Beste. Äußerungen wie „Rambos zur See“ mach(t)en die Runde.

Mittlerweile gibt es erprobte Qualitätsprüfungen und Standardisierungen für Dienstleistungsunternehmen in diesem Bereich. Nachfolgend wird eine Auswahl vorgestellt, die die vielen Einrichtungen, Organisationen und Behörden aufzeigt, der sich zumindest ein deutsches Unternehmen für maritime Sicherheitsdienstleistungen zu unterwerfen hat. Hier seien nur die Anspruchsgruppen genannt, die ihre eigenen Prüfverfahren des Unternehmens und Personals haben – sog. „Due Diligence Prozesse“.

- Kunden: Reeder/Charterer
- Versicherungen (des Kunden, eigene)
- Internationale Organisationen (IMO, ICoC)

- Deutsche Behörden (Bundesamt für Wirtschaft und Ausfuhrkontrolle, Waffenbehörden etc.)
- Hafenstaaten
- Flaggenstaaten
- Küstenstaaten
- Verbände

4.2.4 Beispiel für ein Beratungsunternehmen im Risiko- und Krisenmanagement

Die Result Group berät Unternehmen, internationale Organisationen, Regierungen und auch exponierte Privatpersonen bei der Abwehr von kriminellen Angriffen. Der maritime Bereich innerhalb des Unternehmens stellt also einen der vielen Aufgabenbereiche im Risiko- und Krisenmanagement dar. Einige Unternehmen haben sich einzig auf bewaffnete Schiffsbegleitung spezialisiert. Bei präventiven Maßnahmen unterstützt die Result Group z.B. Reedereien beim Aufbau oder der Optimierung eines Notfall- und Krisenmanagements oder übt mit den bereits installierten Stäben. Zudem wird die Vorbereitung von zu entsendendem Personal durchgeführt und reicht von theoretischen Ländereinweisungen bis hin zu praktischen Trainings, in denen Verhaltensweisen auch auf Reisen eingeübt werden. Gerade in der Schifffahrt ist die „Sicherheitsawareness" bei der Entsendung von Mitarbeitern z.T. sehr gering. Nicht nur für sicherheitsrelevante, sondern auch medizinische Krisenfälle wird oftmals kaum bis gar nicht vorgesorgt. Einige Unternehmen und Reeder entsenden auch heute noch ihre Mitarbeiter nach dem rheinischen Motto: *Et hätt noch emmer joot jejange.*

Doch nicht nur präventive Maßnahmen gehören zu den Dienstleistungen, die mit der Piraterie einhergehen. Bei akuten Entführungen stehen dem betroffenen Reeder erfahrene Response Consultants als Krisenberater beiseite. Durch den eingebrachten Erfahrungshintergrund werden Verhandlungen strukturiert und an dem Ziel der Freilassung gearbeitet. Viele Anspruchsgruppen treffen in solch einem Fall aufeinander: Versicherungen, Behörden, Dienstleister, wie z.B. PR-Agenturen etc. – all diese wollen in einer angespannten Situation, in der es um Leib und Leben geht, gut koordiniert sein. Darüber hinaus müssen Verhandlungsstrategien bekannt und abgestimmt sein.

Sobald sich die Verhandlungen dem Ende nähern und sich eine Einigung abzeichnet, werden die Vorbereitungen für eine Lösegeldübergabe intensiviert. Zu den oben genannten Anspruchsgruppen treten nun noch alle Beteiligten der Lösegeldübergabe hinzu- das sind nunmehr Zoll- und ausländische Behörden sowie ggf. Transportmittel, die zu einer erfolgreichen Übergabe von großen Geldmengen benötigt werden. Auch hier bedarf es einer erfahrenen und durchdachten Organisation, zumal die vielen verschiedenen „Eigenheiten" von Ländern, Behörden und Verhandlungsgegnern bekannt sein müssen.

Private Unternehmen haben hier den großen Vorteil, dass sie auch über Landesgrenzen hinaus schnell und unbürokratisch agieren können. Natürlich geht dies nur in Kooperation mit den jeweils örtlichen Behörden und Entscheidungsträgern. Ganzheitliche Organisation ist so vom In- ins Ausland möglich und nötig.

4.2.5 Fazit

Lösegeldpiraterie ist ein krimineller Akt, den es auch zukünftig geben wird. Die erheblich gesunkene Anzahl der Angriffe und Entführungen in der Region des Indischen Ozeans soll nicht darüber hinwegtäuschen, dass das Phänomen als solches weiterhin existent ist und es zudem andere geografische Breiten gibt, in denen sich das Problem fortsetzt. Wie in den Fallzahlen ganz am Anfang dieses Bandes dargestellt wird, sind Regionen wie der Golf von Guinea und z.B. die Straße von Malakka wieder in den Fokus der Medien gerückt. Dennoch sind die Rückgänge der Entführungen in der Region des Indischen Ozeans ein Hinweis darauf, dass eine Vielzahl von parallel stattfindenden Maßnahmen durchaus zu einer Reduzierung des Phänomens führen kann.

Um die Eingangsfrage zu beantworten: Ein privates Unternehmen kann das Problem der Piraterie nicht ganzheitlich lösen. Dies wird auch nicht als primäre Aufgabe gesehen, da die Sicherheitsdienstleister konkret im Kundenauftrag aktiv werden. Lösegeldpiraterie als Phänomen kann nur durch eine Ganzheit von koordinierten Maßnahmen, bei der sowohl staatliche als auch private Akteure involviert sind, erfolgreich bekämpft werden.

Literaturverzeichnis

PITAS, „Piraterie und Terrorismus Abwehr System“, vgl. „Press Release PITAS“, Kiel, 05.09.2013, zuletzt eingesehen am 10.07.2014 via: http://www.elac-nautik.de/_uploads/images/pdf/PressRelease_PITAS_translated_version.pdf

P-Trap, vgl. Homepage des Herstellers, zuletzt eingesehen am 10.07.2014, via: http://www.ptrap.com/

Friedrich Fuchs

Kapitel 4.3: Option Konvoi

Editorial abstract: In organising protection for merchant ships, it has been a long-standing naval practice to provide escorts and secure areas or arrange convoys. Even today, variations on these themes are employed in order to increase security in the piracy-prone areas of the Western Indian Ocean and the Gulf of Aden. Still, in order to use these tools appropriately, the advantages and limitations of each available constellation need to be evaluated and kept in mind by those responsible on scene and on shore.

4.3.1 Einführung

Convoy

> *„In a maritime domain a convoy consists of a number of ships (minimum 2, maximum unlimited) organized for a passage together. A convoy can consist of any combination of merchant ships, auxiliaries or either military units."*

Escort

> *"Combatant unit(s) assigned to protect other unit(s) (military or civilian)"*
> *NATO Standard Terminology*

Aus den Erfahrungen des 1. und 2. Weltkrieges resultierte, dass bei einer globalen militärischen Auseinandersetzung dem Seetransport strategische Bedeutung beizumessen wäre. Dem Versuch, die transatlantischen Verbindungen mit großem und verlustbehaftetem materiellen und personellen Aufwand zu unterbrechen, wurde mit noch größerer Intensität entgegen getreten. Letztlich führten die materielle Überlegenheit und die weiterentwickelten operativen und taktischen Verfahren der Alliierten zum Gewinn der Schlacht um die transatlantische Logistik.

Es hatte sich erwiesen, dass der bestmögliche Schutz für Handelsschiffe in größerer Anzahl in ihrer Zusammenfassung unter dem Schutzschild vereinter Sensoren (z.B. Radar und SONAR) und Effektoren (Waffen, Torpedos, heute: z.B. auch Marschflugkörper, Flugabwehr, etc.) von begleiteten militärischen Einheiten bestand, wenn die Handelsschiffe gleichzeitig auf relativ engem Raum durch einfache Befehlsgebung geführt werden konnten. Für das Fahren in derartigen gesicherten Verbänden auf engem Raum sind bis heute die Verfahren für Konvoi Operationsführung erhalten und behalten ihre Gültigkeit.

Trotz der veränderten Bedrohungslage, der gravierenden Veränderungen auf allen Gebieten der Kriegsführung, der technologischen Revolutionen in allen Lebensbereichen einschließlich Globalisierung und fast unbegrenzter Mobilität und Kommunikation hat sich in Bezug auf überseeische Versorgung durch Seetransport ein Grundparameter nicht geändert: Waffensysteme und Sensorentechniken haben sich in der Geschichte laufend verbessert, aber das Grundprinzip von der Konzentration von mehreren Handelsschiffen auf einen taktisch beherrschbaren Raum unter einheitlicher taktischer Führung erhöht unbestritten die Schutzmöglichkeiten der Schiffe erheblich. Oder um es einfacher zu formulieren: In einem Seegebiet mit einer militärischen oder kriminellen Bedrohung kann man mit einem Konvoi eine vergleichsweise sichere Wasserfläche erzeugen (*„secure bubble“*).

Art und Umfang des Konvois wird dabei maßgeblich bestimmt durch:

- Die potentielle Bedrohung
- Verfügbare (militärische) Mittel
- Anzahl der zu schützenden Einheiten
- Geographie des Einsatzgebietes
- Den politischen Willen

Wenn Schiffe sich in Konvois organisieren, werden sie immer bestimmte Absprachen treffen müssen, wie sie gemeinsam die Reisen durchführen, z.B. Reiseziel, Route, Geschwindigkeit, Stationierung, Abstände zueinander, Kommunikation, Aktionen bei Feindberührungen, etc. Daraus ergibt sich: Je größer die Bedrohung, desto umfangreicher werden auch die Anweisungen sein.

4.3.2 Arten von Konvois

Prinzipiell unterscheiden wir zwischen 5 verschiedenen Arten von Konvois, alle Verfahren haben Vor- und Nachteile.

4.3.2.1 Handelsschiffe fahren in Gruppen (group transits)

Ein Verfahren, das in der Vergangenheit oft als Schutz gegen Bedrohungen aus dem Umfeld (Natur, Seegebiet) hilfreich war, z.B. Expeditionsreisen. Bei einem technischen Ausfall eines Schiffes kann das andere unterstützen. Fahren im Konvoi erhöht immer die Wahrscheinlichkeit, sicher anzukommen. Elementar ist bei diesem Verfahren die gegenseitige Unterstützung. Für das Fahren in Gruppen sind kaum rechtliche Einschränkungen erkennbar. Dabei ist es leicht zu organisieren und die Anzahl der Schiffe ist unbeschränkt. Es gibt keine Flaggenlimitierung oder Genehmigungspflicht. Der Zeitverlust ist minimal.

Zusätzlich ergibt sich für etwaig zum Schutz eingesetzte Seestreitkräfte kaum Organisationsaufwand. Dabei erreicht dieses Verfahren bereits grundlegende Vorteile: Eine Gruppe von Schiffen ist immer leichter zu beobachten als mehrere einzelne Einheiten und ggf. können weitere Schutzmaßnahmen so leichter umgesetzt werden.

Nachteil dieses Verfahrens ist eindeutig der sehr geringe Schutz vor militärischen oder kriminellen Bedrohungen. Im Konflikt zwischen Iran und Irak in den Jahren 1980-1988 wurde das Verfahren eingesetzt – nicht mit großem Erfolg: Immerhin 546 Seeschiffe wurden aus Schäden durch Minen und direkte Angriffe von den Versicherern als Totalschaden abgewickelt. Zu höheren Schutzmaßnahmen für die zivile Schifffahrt war man damals anscheinend nicht bereit, wahrscheinlich wären aber die Verluste ohne das Fahren in Gruppen noch größer gewesen.

4.3.2.2 Raum Schutz (area protection)

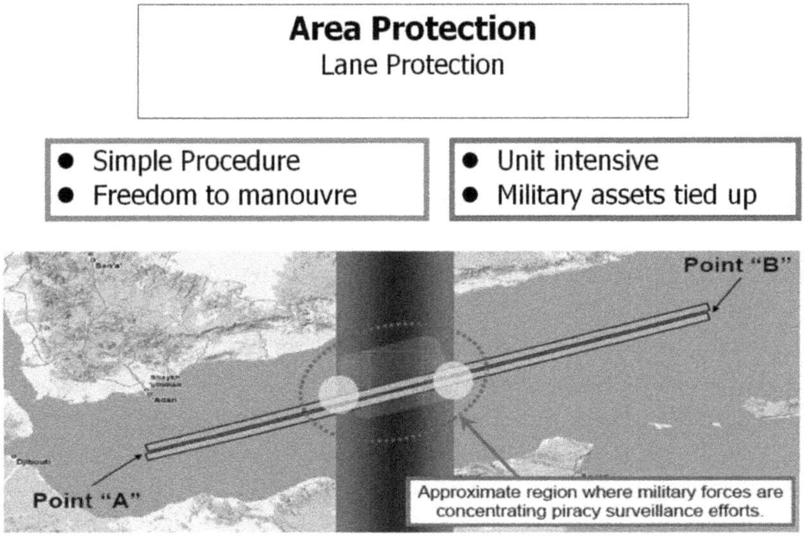

Quelle: Friedrich Fuchs, 2014

Darunter versteht man den Flächenschutz von einem bestimmten, geographisch begrenzten Seegebiet (z.B. das Verkehrstrennungsgebiet in der Straße von Gibraltar). An beiden Seiten des Gebietes sind militärische Einheiten stationiert, die mögliche Gefahren außerhalb der Straße abwehren sollen. Innerhalb des geschützten Gebiets kann sich der Seeverkehr völlig frei bewegen.

Klingt verlockend einfach, da auch hier kaum legale Einschränkungen oder Flaggenlimitierung erkennbar, für die zivile Schifffahrt also ohne größeren Aufwand umzusetzen. **Nachteil ist allerdings** die sehr hohe erforderliche Anzahl von Marineeinheiten, somit wäre diese Variation nur in einem verhältnismäßig kleinen Seegebiet umsetzbar.

Im Golf von Aden findet im Rahmen der Operation ATALANTA etwas Vergleichbares wie eine *„area protection"* statt. Es wird aber *„group transit"* genannt, um bei der Größe des Seegebietes zu vermeiden, dass die Erwartung oder der (rechtliche) Anspruch von richtigem Schutz (*protection)* entsteht. Durch räumliche und zeitliche Bündelung des Seeverkehrs kann man immerhin die vorhandenen militärischen Einheiten im Gebiet mit der höchsten Bedrohung konzentrieren. Zwar gab es noch Piratenangriffe innerhalb der geschützten Fläche, aber die militärischen Einheiten waren hier immer sehr schnell zur Unterstützung und Abwehr vor Ort.[1]

Die Kombination aus Selbstschutzmaßnahmen der Schiffe, bewaffneten Sicherheitskräften an Bord, guten technischen Möglichkeiten zur Verfolgung der Schiffsbewegungen, Kommunikation und letztendlich der Einsatz verschiedener Konvoiverfahren haben dazu geführt, dass das Problem Piraterie im Indischen Ozean praktisch unter Kontrolle ist.

4.3.2.3 Escort-Operationen (close escort)

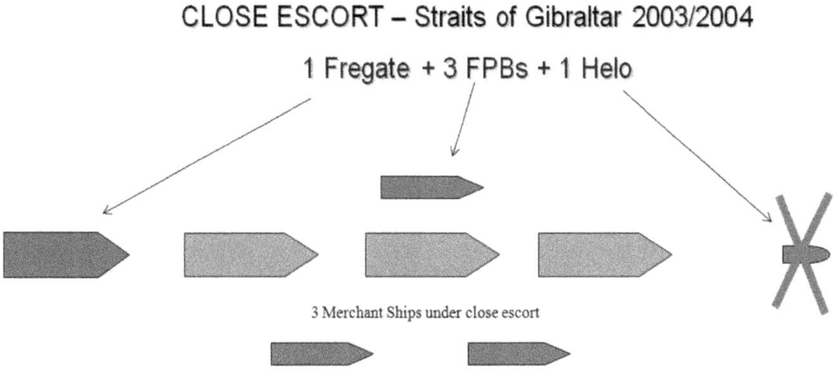

Quelle: Friedrich Fuchs 2014[2]

Unter Escort-Operation verstehen wir folgendes: Militärische Begleitung und Sicherung von zivilen oder militärischen Einheiten gegen militärisch organisierte gegnerische Kräfte/Aktivitäten/Bedrohungen. In der Regel werden jeweils 1-3 Schiffe geschützt, ein Verband, der relativ einfach zu organisieren ist. Wahrscheinlich sehr wertvolle Einheiten, auf jeden Fall kann immer nur ein kleiner Prozentsatz des gesamten Verkehrs so geschützt werden. Es muss also eine Auswahl getroffen werden. Mit deutlichen Zeitverzögerungen für den begleiteten Schiffsverkehr ist ebenfalls zu rechnen.

---

1 Reaktionszeiten im Bereich des „group transits", des „Internationally Recommended Transit Corridors" IRTC, lagen bei Angriffen oft bei 30 Minuten und weniger. Im weitläufigen westlichen Indischen Ozean müssen angegriffene Schiffe oft zwischen mehreren Stunden bis zu einigen Tagen aushalten bis Unterstützung durch Kriegschiffe eintreffen kann.

2 FPB – Fast-Patrol-Boat: Schnellboot, HELO – Hubschrauber.

Der militärische Schutz ist sehr hoch, es werden aber sehr viele militärische Einheiten gebunden und dabei relativ wenige Schiffe geschützt.

„Close escorts" wurden z.B. nach Terrordrohungen in den Jahren 2003 und 2004 in der Straße von Gibraltar gefahren: Die sogenannten „STROG OPS"(Strait of Gibraltar). Dabei waren auch deutsche Schnellboote beteiligt.

4.3.2.4 *Durchfahren eines abgesuchten Kanals im Minengebiet (Lead Through Operation)*

Eine besondere Form des Konvois ist die Passage durch einen Kanal in einem Minengebiet. Maximal 3 Fahrzeuge werden von einem Führungsfahrzeug *(lead through vessel)* sehr präzise auf der sog. *Centerline* durch das abgesuchte Gebiet geführt.

4.3.2.5 *Klassischer Ozean Konvoi (full formal convoy)*

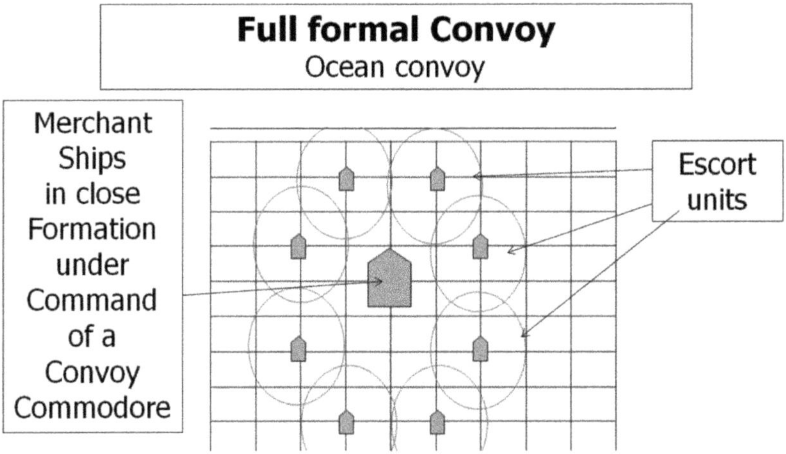

Quelle: Friedrich Fuchs, 2014

Ein lückenloser Schutzring *(screen)* von militärischen Fahrzeugen um einen Handelsschiffverband, mit Sensoren zum Erfassen sämtlicher Feindbewegungen und Mitteln zur Abwehr möglicher Angriffe. Je dichter man die Schiffe im Verband stationieren kann, desto geringer wird die Fläche und somit die benötigte Anzahl der Eskorten. Dies erfordert allerdings einen sehr hohen Organisationsaufwand. Um das zu erreichen, wird der Verband der Handelsschiffe einheitlich durch einen Convoy Commodore geführt.

Bei voller Verantwortungsübernahme durch hoheitliche Seestreitkräfte ist dies der höchste Schutz, den die Marine bieten kann. Allerdings sind nicht nur die juristischen Konsequenzen einer von vielen Nachteilen. Die rechtliche Unterstellung *(naval supervision)* ist bei Handelsschiffen unter Flagge eines NATO-Staates noch relativ leicht umzusetzen. Allerdings sind beim Schutz von Schiffen unter anderen Flaggen noch viele legale Aspekte ungeklärt. Ein Grund, weshalb gerade in NATO Kreisen das Wort „Konvoi" möglich vermieden und gerne mit immer neuen Ausdrücken umschrieben wird.

Der *„full and formal convoy"* hat darüber hinaus weitere Nachteile: z.B. der Zeitverlust durch das Sammeln von Schiffen; Anpassung der Geschwindigkeit an die langsamsten Schiffe; hoher Organisationsaufwand; Bindung zahlreicher militärischer Einheiten und umfangreiche, zeitintensive zivil-militärische Zusammenarbeit.

4.3.3 Fazit

Die „toolbox" des NATO-Konvoiwesens hält manches bereit, das auch außerhalb des klassischen Kriegsszenarios nützliche Anwendung finden kann. Die aktuelle Praxis am Horn von Afrika zeigt, dass – ohne die speziellen Namen, Verfahren und Strukturen des NATO-Modells zu verwenden – wichtige Grundideen aus diesen Geleitmodellen zum Einsatz kommen. Die Größe des Seegebietes und die begrenzte Verfügbarkeit von Ressourcen an Eskort-Schiffen schließen umfassende Konvoimaßnahmen – außer in extremen Einzelfällen – aus. Darüber hinaus ist es unter diesen Bedingungen nicht praktikabel, die volle rechtliche Verantwortung und Haftung für geleitete Handelsschiffe zu übernehmen, die ein „full and formal convoy" für die begleitenden Marineschiffe mit sich bringen würde. All diese Nachteile spielen allerdings keine Rolle mehr, wenn die Bedrohung hoch genug ist und es nur noch eine einzige Priorität gibt: sicher über See zu kommen!

Kapitel 5
Der Rechtsstaat und moderne Piraterie

Patricia Schneider

Kapitel 5: Somalische Piraterie und deutsches Strafrecht: Der Fall TAIPAN

Editorial abstract: As Somali pirates were being apprehended by (Western) expeditionary navies, criminals from a „stateless" society had to be tried in front of criminal courts adhering not only to the standards of the rule of law, but also according to the inherent values of democracies based on human dignity. In Hamburg's 2012 TAIPAN-case, the results were encouraging. Punishment does not have to be excessive to be effective. Western courts do not have to „emulate Somali-standards" to meet the suspects' supposed „expectations" to have an effect. Even those trusting more on fear than reason to keep (potential) criminals in check could possibly draw some satisfaction from the fact that none of the accused pirates seemed to enjoy the prospect of trial and captivity. On the side of reason: Many of those convicted professed remorse while the counter-piracy effort lived up to its legal and moral obligations.

5.1 Einführung

Am 19. Oktober 2012 wurde nach zwei Jahren Verhandlungszeit das Urteil im allgemein als „Hamburger Piratenprozess" bekannten Verfahren gesprochen. Das Ergebnis: Die zehn Angeklagten wurden zu langjährigen Haftstrafen verurteilt.

Eigentlich haben sie alles richtig gemacht: Die MV TAIPAN fuhr im April 2010 auf dem Weg von Haifa in Israel nach Mombasa in Kenia zunächst durch den von der EU-Mission ATALANTA geschützten Transitkorridor. Danach machte das Containerschiff einen weiten Bogen, um einem möglichen Piratenüberfall zu entgehen. Die Besatzung übte Rudermanöver, befestigte Stacheldraht an der Reling und nutzte dort installierte Wasserdüsen, um ein mögliches Entern zu erschweren – alles empfohlene Selbstschutzmaßnahmen. Dennoch konnte das Schiff den zwei mit starken Außenbordmotoren ausgestatteten Booten nicht entkommen, als diese Geschwindigkeit aufnahmen und die TAIPAN bei voller Fahrt schließlich enterten.

Die Piraten hatten Panzerfäuste, Kalaschnikows, Pistolen und Schlagwaffen und beschossen die Brücke, bis sich die Mannschaft in den Schutzraum zurückzog. Es gelang den Piraten schnell, den Kurs in Richtung Somalia zu ändern, woraufhin der Kapitän der TAIPAN die Stromversorgung des Schiffs unterbrach. Im Dunkeln schwitzte die Mannschaft aus Deutschland, Russland, Sri Lanka und der Ukraine vier bange Stunden: Denn hätten die Piraten den Schutzraum gefunden und aufgebrochen, bevor die durch den Notruf alarmierte niederländische Fregatte TROMP eingetroffen wäre, wäre eine Rettungsaktion unmöglich gewesen – sie hätte die Geiseln nur zusätzlich gefährdet.

Der Mannschaft drohte ein Schicksal, das von erfolgreichen Entführungen bekannt ist: Geiseln erleiden ein oft monate- oder jahrelanges Martyrium, bis das Lösegeld von meist mehreren Millionen US-Dollar ausgehandelt und übergeben wird. Mit einem kleinen Anteil dieses Geldes hätten die Entführer selbst rechnen können. Es erfolgte jedoch eine schnelle, erfolgreiche Befreiungsaktion, nach der die zehn Verdächtigen über Djibouti in die Niederlande überstellt und nach Deutschland ausgeliefert wurden. So begann der erste deutsche Piraterieprozess seit 400 Jahren.

5.2 Ein langwieriger Prozess

Der Überfall auf die TAIPAN ist ein typischer Fall organisierter somalischer Piraterie. Das Hamburger Landgericht war laut Strafprozessordnung für die Verhandlung zuständig, weil der Heimathafen der Reederei Hamburg ist. Deutsches Strafrecht gilt darüber hinaus nicht nur für den Angriff auf den Seeverkehr, sondern auch für den erpresserischen Menschenraub, weil das Schiff unter deutscher Flagge fuhr und zwei deutsche Seeleute betroffen waren. Sowohl der Prozess als auch das Urteil wurden von der Öffentlichkeit mit großem Interesse verfolgt und kommentiert. Das Gericht hatte zunächst aufgrund des einfachen Tatvorgangs für ein kurzes Verfahren von etwa vier Monaten terminiert. Die Hauptverhandlung zog sich jedoch fast zwei Jahre hin – vom 22. November 2010 bis zum 19. Oktober 2012. Dies bedeutete einen enormen Kraftakt und Kosten von über einer Million Euro. An 105 Verhandlungstagen waren vier Richter (inklusive einer Vertretung), zwei Staatsanwälte, drei Dolmetscher, 20 Strafverteidiger, vier Schöffen (inklusive zweier Vertretungen), die Schriftführerin und rund ein Dutzend Justizvollzugsangestellter tätig, um einen fairen und geordneten Prozess sicherzustellen.

Darüber hinaus wurden eine Vielzahl von Zeugen, insbesondere zum Tathergang, sowie Sachverständige, insbesondere zum Alter der Angeklagten und zur Situation in Somalia, vernommen. Das Gericht sah vor allem das Verhalten der Verteidiger als Grund für die lange Verfahrensdauer an. Viele der Beweisanträge wurden erst spät eingereicht. Wie in spektakulären Verfahren nicht unüblich, wählten sie ungewöhnliche Manöver, um Zweifel an der Glaubwürdigkeit von Sachverständigen, Zeugen und dem vorsitzenden Richter zu wecken. Auch zog sich das Verfahren in die Länge, weil die Angeklagten ihre Aussagen änderten. Zum Beispiel beteuerte der erste Angeklagte erstmals nach dem 40. Prozesstag seine Unschuld. Auch die Angeklagten litten unter dem Prozess, den teils nur quälend langsamen Fort- und ebenso häufigen Rückschritten und der Ungewissheit ihrer Zukunft. Ratlosigkeit, Resignation oder Verzweiflung spiegelten sich unter anderem in den Äußerungen an den letzten Prozesstagen wieder.

Einer der Angeklagten sagte aus, er sehe keine Perspektive, fühle sich von Gott verlassen und denke oft an Selbstmord, ein anderer bat das Gericht ihn umzubringen (was er später zurücknahm). Alle baten um ein gerechtes Urteil. Sie beteuerten zudem, keine wichtige Rolle gespielt zu haben: Keiner will geschossen haben; vier gaben an, zur Beteiligung gezwungen worden zu sein. Sechs Angeklagte beantragten gar Freispruch oder Einstellung des Verfahrens. Einen entschuldigenden Notstand oder fehlende Beweisbarkeit der Schuld ließ das Gericht allerdings für keinen der Angeklagten gelten. Es glaubte nicht, dass sie gezwungen wurden, und hielt alle Angeklagten strafrechtlich in vollem Umfang für verantwortlich und schuldig im Sinne der Anklage. Dies gilt, obwohl nicht genau nachgewiesen werden konnte, wer im Einzelnen als erster das Schiff betreten oder geschossen hat. Nach Ansicht des Gerichtes lag der Tat aber ein gemeinsames und planvolles, arbeitsteilig organisiertes Handeln zu Grunde.

5.3 Mangelnde Glaubhaftigkeit

Das Urteil erscheint vernünftig und plausibel. Es sprechen sowohl der professionelle Tatvorgang für die Schuld der Angeklagten als auch die Tatsache, dass die Angeklagten sich bei ihren Aussagen in Widersprüche verstrickten. Zudem lieferten sie keine Details oder glaubhaften Dokumente, um ihre Aussagen zu untermauern. Es gab keine Hinweise darauf, dass die indischen Fischer, deren Boot vorab als Mutterschiff für die Angriffsboote der Piraten gekapert worden war, den Eindruck hatten, einer der Piraten würde unter Zwang handeln.

Der Zweifel an den Aussagen galt auch für den Angeklagten Khalief Diir. Nachdem der Staatsanwalt am 25. Januar 2012 schon sein Plädoyer gehalten hatte, legte Diir am 29. Februar erstmals ein umfassenderes neues Geständnis ab. Damit belastete er seine Mitangeklagten schwer und sagte unter anderem aus, dass sie alle zuvor einen schriftlichen Vertrag geschlossen hätten, in welchem die jeweiligen Rollen und Beuteanteile genau definiert waren. Das Gericht hielt seine Aussagen für plausibel, obwohl ihn Anwälte und Angeklagte als Lügner oder Verräter bezeichneten, griff aber aufgrund einiger Lücken in seinen Aussagen bei der Urteilsbegründung nicht darauf zurück.

5.4 Das Urteil

Das Strafmaß erstreckt sich für die sieben erwachsenen Angeklagten auf sechs bis sieben Jahre. Die drei Angeklagten, gegen die nach Jugendstrafrecht für unter 21-jährige verhandelt wurde, erhielten je zwei Jahre. Das bedeutet, dass sie, weil sie bereits wegen der für Jugendliche unverhältnismäßig langen Untersuchungshaftdauer entlassen worden waren, nicht mehr in die Haft zurück müssen. Sie können nun, zunächst geduldet, weiterhin in Deutschland leben und auf den Schulen und gegebenenfalls in den Wohngruppen verbleiben, von denen ihnen vorbildhaftes Verhalten bescheinigt wurde.

Einer von Ihnen entschuldigte sich sogar mit einem Satz auf Deutsch in seinen Schlussworten: „Vielen Dank, ich werde Sie nicht enttäuschen." Zwei Tatbestände begründen den möglichen Strafrahmen: „Vollendeter erpresserischer Menschenraub" (§ 239a StGB) und „räuberischer Angriff auf den Seeverkehr" (§ 316c StGB). Da der Strafrahmen für Erwachsene fünf bis 15 Jahre und für Jugendliche null bis zehn Jahre beträgt, handelt es sich um ein ausgewogenes und vernünftiges Urteil, das sowohl strafverschärfende als auch strafmindernde Gesichtspunkte berücksichtigt und hinter den Forderungen der Staatsanwaltschaft zurückblieb.

Zu den strafmindernden Umständen zählten unter anderem die teils traumatischen Lebensumstände und Schicksale im von Armut und Gewalt geprägten Somalia; die Tatsache, dass sie keine Hintermänner waren, dass die Opfer keine dauerhaften Schäden davontrugen, die positive Entwicklung der Angeklagten in der Haft, keine bekannten Vorstrafen und gegebenenfalls frühe (Teil-)Geständnisse. Strafverschärfende Umstände waren unter anderem die Gefährlichkeit des Angriffs mit schwerer Bewaffnung und Lebensgefahr für die Opfer, die hohe Opferzahl (15-köpfige Besatzung), die Eingliederung in eine kriminelle Gesamtorganisation, der erhebliche Wert des Schiffes und die Schäden am Schiff.

5.5 Ein Erfolg?

Das Urteil setzte der Piratenkarriere einiger Individuen erfolgreich ein Ende. Auch das ist schon ein Teilerfolg: Einer der Angeklagten war erst wenige Wochen zuvor von Marinestreitkräften gefasst worden – und wieder freigelassen. Ein langjähriger Freiheitsentzug in einem fremden Land ist sicherlich eine unangenehme Erfahrung. Der Strafvollzug könnte genutzt werden, um den Angeklagten eine Ausbildung zu ermöglichen – selbst wenn manche nur lesen und schreiben lernen. Im Anschluss muss und kann der Verbleib der Täter in Deutschland in Erwägung gezogen werden, eine Auslieferung nach Somalia ist unter den derzeitigen Umständen nicht möglich.

Eine generell abschreckende Wirkung auf andere somalische Piraten ist von dem Urteil kaum zu erwarten: Noch ist die Wahrscheinlichkeit, strafrechtlich belangt zu werden, zu gering, und selbst die Gefahr, bei dem gefährlichen Unterfangen auf See umzukommen, hat bei Piratenbanden nicht zu Rekrutierungsschwierigkeiten geführt. Die Anzahl der Piratenangriffe ist zwar seit 2012 spürbar abgesunken, dies wird aber vor allem auf den zunehmenden Einsatz von privaten Sicherheitsdiensten, die robusteren Militärmissionen und die teils schlechteren Wetterbedingungen zurückgeführt. Der vorsitzende Richter, Bernd Steinmetz, betonte: Die Strafe hänge nicht nur von ihrer abschreckenden Wirkung, sondern insbesondere von der Schwere der persönlichen Schuld ab. Dies betreffe unter anderem den Aspekt der Sühne für die eigenen Taten und die Genugtuung für die Opfer.

Die Angeklagten stilisierten sich hingegen im Prozessverlauf häufig selbst zu Opfern, nicht nur was ihr persönliches Schicksal und ihre Motive betraf. Auch die Raubfischerei und die Entsorgung von Giftmüll vor der somalischen Küste soll sie zur Piraterie gezwungen haben. Einer der Angeklagten sagte zur eigenen Verteidigung, dass er Fischer sei, aber nichts mehr gefangen habe. Dies wurde im mündlichen Urteil mit einem Hinweis auf die Aussagen der Gutachter Volker Matthies und Stig Hansen recht knapp zurückgewiesen. Diese machten Raubfischerei und Giftmüllentsorgung zwar für die Entstehung der Piraterie mitverantwortlich; die aktuelle Form der Piraterie vor Somalia, die Züge organisierter Kriminalität aufweise, ließe sich durch sie allerdings nicht erklären. Der Profit der Piraterie sei für alle Beteiligten hoch lukrativ und der eigentliche Anlass für die Kaperfahrten.

5.6 Herausforderungen

Manche sprachen dem Gericht aufgrund kultureller Differenzen die Legitimität ab. Auch habe der Prozess keinen Sinn, da das Problem der Piraterie vor Somalia damit nicht gelöst werde. Es wurde gar der Verdacht geäußert, das Gericht fungiere nur als Legitimationsgeber für die EU-Mission ATALANTA und die Teilnahme der Bundeswehr. Das Plädoyer der Verteidigung warf die Frage auf, ob ein politisch motivierter Exempelprozess geführt würde, um die kostspielige Militärmission ATALANTA zu rechtfertigen. Anstatt der wahren Täter säße hier der arme, militärlose Süden auf der Anklagebank. Ein weiteres Plädoyer führte an, die Angeklagten kämen aus einem „failed state", einer Gesellschaft ohne Recht: Sie hätten nicht gewusst, dass ihre Handlungen falsch seien. Steinmetz hielt dem entgegen, dass das Gericht jederzeit unabhängig gehandelt habe und dass es im Einzelfall auch für somalische Angeklagte zuständig sei. Dies ergebe sich aus dem Seerechtsübereinkommen, das auch die damalige somalische Regierung unterzeichnet habe. Das verpflichte auch Deutschland, Piraterie zu bekämpfen.

Auch in Somalia wisse jeder, dass Piraterie Unrecht sei; sie sei nach dem dort vorherrschenden Islam als „unislamisch" geächtet. Die Piraten mussten damit rechnen, zur Verantwortung gezogen zu werden. Dass sie ein Unrecht begangen hatten, schien spätestens jetzt auch den Beschuldigten klar geworden zu sein: Ein Angeklagter äußerte, er sei vollkommen blind gewesen und wisse nun, was Recht und Unrecht sei. Ein anderer sagte, er habe den Unterschied zwischen Recht und Unrecht durch das Studium des

Korans im Gefängnis und anhand des islamischen Rechts begriffen und sei froh, niemanden getötet zu haben. Ralf Nagel vom Verband Deutscher Reeder brachte es auf den Punkt: „Piraterie ist ein Verbrechen, und Verbrechen gehören vor Gericht." Der Prozess hat gezeigt, dass die deutsche Strafverfolgung in solchen Fällen vor einer Vielzahl von Herausforderungen steht, die nicht immer zufriedenstellend gelöst werden können. Es kam sogar die Frage auf, ob Schmiergelder gezahlt werden dürften, um die Einreise eines Zeugen zu ermöglichen, da es sich nicht komplett rekonstruieren ließ, was sich tausende Kilometer entfernt abgespielt hatte.

Die Angaben der Angeklagten waren schwer zu überprüfen. Daher ist der Ruf nach Alternativen zu einem Prozess im entfernten Deutschland verständlich. Man muss sich allerdings auch die gängige „catch and release"-Praxis (Entwaffnung und sofortige Freilassung) vor Augen halten. Diese soll geschätzte 90 Prozent der auf See Aufgegriffenen betreffen, da Staaten selten dazu bereit sind, die mutmaßlichen Täter zu übernehmen und Strafverfolgung und -vollzug zu gewährleisten. Aber solange die lokalen und regionalen Kapazitäten zur Aburteilung von Piraten gering sind und nicht den anzulegenden menschenrechtlichen Maßstäben entsprechen, wenn Verdächtige an Behörden in der Region übergeben werden sollen, gibt es derzeit keine praktikableren Alternativen als vor den Gerichten der Nationen zu verhandeln, deren Schiffe und Besatzung betroffen sind – so bereits geschehen in den Niederlanden, Frankreich, Malaysia und den USA. Auf einen internationalen Strafgerichtshof für Piraterie konnte man sich bisher global nicht einigen; der entsprechende Kapazitätsaufbau in der Region geht kaum voran. Dies behindert auch die Lösung, gemischte oder internationale Strafkammern in lokalen Gerichten einzurichten.

5.7 Maßnahmen

Wie geht es weiter? Die Verfolgung der zur See agierenden Täter macht nur einen kleinen Teil der Maßnahmen gegen maritime Gewalt aus. Die Wurzeln der organisierten Piraterie können nicht erfolgreich bekämpft werden, solange Hintermänner und Geldwäscher nicht verurteilt werden und die Zustände in den somalischen Provinzen es erlauben, dass an den Küsten Schiffe festgehalten und Geiseln versorgt werden; solange Justiz,

Polizei und Verwaltung nicht funktionieren, legale Einkommensmöglichkeiten rar sind und Entwicklung(-sförderung) durch die Sicherheitslage und kriminelle und korrupte Strukturen an Land erschwert wird. Auch die Rückendeckung der somalischen Bevölkerung ist für die Piraterie essentiell. Die Probleme, vor denen die internationale Handelsschifffahrt durch die Piraterie gestellt wird, erscheinen dem durchschnittlichen Somalier als marginal gemessen an den Problemen im eigenen Land.

Sie sehen ihre maritimen Ressourcen immer noch von anderen Ländern und ausländischen Firmen ausgeplündert und begreifen die Empörung über somalische Piraten als Ausdruck westlicher Doppelmoral. Die internationale Gemeinschaft sollte die im August neu gewählte somalische Regierung unterstützen, Somalias Ausschließliche Wirtschaftszone (AWZ) zweifelsfrei völkerrechtsgemäß zu deklarieren. Die Mission ATALANTA sollte in die Lage versetzt werden, den Teil des Mandats, der sich auf die Beobachtung illegaler Fischereiaktivitäten vor der Küste Somalias bezieht, zu implementieren. Um besser feststellen zu können, welche Aktivitäten legal sind, ist eine Zusammenarbeit mit Regierung und lokalen Autoritäten, die gegebenenfalls Fischereilizenzen vergeben haben, notwendig. All diese Schritte würden den Industriestaaten nicht nur eine stärkere Position gegenüber Anschuldigungen verleihen. Sie würden vor allem die Vertrauensbasis in der somalischen Bevölkerung stärken. Die ist notwendig, um weitere Maßnahmen an Land zu begleiten.

5.8 Ausblick

Der Prozess war den Umständen gemäß erforderlich und fair. Ob deutsche Behörden noch einmal eine Auslieferung von mutmaßlichen Piraten beantragen, darf angesichts des Aufwands, der Prozessdauer und der emotional aufgeladenen Debatten bezweifelt werden. Dennoch gilt: Der internationale Seeverkehr kann nur mit gemeinsamen Anstrengungen geschützt werden. Dies liegt im deutschen Interesse, da sonst auch unsere Versorgungskette gefährdet wäre. Dieser Schutz muss insbesondere auch für die bedrohten Seefahrer gelten. Diese haben jedoch kaum eine eigene Lobby und stammen häufig aus unterentwickelten Ländern. Wenn ein starker deutscher Bezug vorliegt, wären weitere Prozesse in Deutschland mangels Alternativen als ein Baustein einer Gesamtstrategie gegen

Piraterie trotz aller Bedenken weiterhin sinnvoll. So könnte man einer Kultur der Straflosigkeit begegnen und der internationalen Verantwortung zur strafrechtlichen Verfolgung von Piraterie nachkommen. Man kann allerdings davon ausgehen, dass das letzte Wort im „Hamburger Piratenprozess" noch nicht gesprochen ist. Einige Angeklagte haben über ihre Verteidiger Revision eingelegt, über die der Bundesgerichtshof zu entscheiden hat.

Kapitel 6
Piraterie und internationales Recht

Uwe Jenisch

Kapitel 6: Piraterie und Internationales Recht

Editorial abstract: The framework of international law concerning maritime piracy remains incomplete. One reason may be that as *criminals*, pirates are subject to *domestic*, rather than *international law*. But even there, the situation is less than satisfactory: A mere 42 states possess a sufficient domestic legal framework criminalising maritime piracy. Potential alternatives to the current situation include the establishment of a specialised international court dealing with maritime crimes, the expansion of the already existing International Tribunal for the Law of the Sea (ITLOS) to deal with piracy, or the use of the possibility to expand or establish regional tribunals dealing with *crimes against humanity* to cover maritime crimes. Furthermore, UNCLOS itself could be adapted, replacing the narrow definition of piracy with the more circumferential concept of „maritime violence". This would include maritime terrorism and other forms of maritime crime. However, as neither proposition appears to stand a chance for international ratification any time soon, in the meantime, a renewed effort to pass national legislation in coastal states to criminalise piracy should be made. In a similar vein: The new 2005 version of the SUA-Convention, an already existing and much more flexible legal tool to deal with piracy and maritime terrorism, is yet to be ratified by the majority of states – including Germany.

6.1 Einführung

Die völkerrechtlichen Vorschriften zur Bekämpfung der Piraterie sind in jüngster Zeit auch in Deutschland ausführlich dargestellt worden.[1]

1 Statt vieler: *Andreas von Arnauld*, Die modern Piraterie und das Völkerrecht. ArchVR 2009, S. 454–480. *Sebastian Bruns et al. (eds.)*, Maritime Sicherheit. Berlin 2013, 251 S. *Hans-Georg Ehrhart/Kerstin Petretto*, Piraterie und maritimer Terrorismus als Herausforderungen für die Seehandelssicherheit Deutschlands. Nomos Verlag 2013, 368 S. *Johanna Fournier*, Der Einsatz der Streitkräfte gegen Piraterie auf See, Nomos Verlag 2014, 273 S. *Wolff*

Jährlich aktualisierte Berichte über alle – nicht nur die rechtlichen – Bemühungen der Staatengemeinschaft finden sich insbesondere in den Berichten des UN Generalsekretärs „Oceans and the Law of the Sea"[2] und den begleitenden jährlichen Resolutionen der Generalversammlung[3], wo Piraterie im Zusammenhang mit „maritime security" unter Einbeziehung der Kriminalität, des Drogenhandels, des Terrors und der illegalen Migration breiten Raum einnimmt. Das Gesamtpanorama zur maritimen Sicherheit findet sich ebenfalls in den jährlichen Seerechtsresolutionen des UN Sicherheitsrates.[4]

6.2 Piraten und Terroristen als nicht-staatliche Akteure

Wenn heute Piraterie und Terrorismus die Welt in Atem halten, so liegt es nahe, einen Zusammenhang zu sehen. Sie unterscheiden sich zunächst im Motiv der Täter. Der Pirat zielt mit minimalem Aufwand auf schnelle persönliche Bereicherung ab, während der Terrorist durch größtmöglichen Schaden ideologische, politische oder angeblich religiöse Ziele verfolgt und häufig bereit ist, sein Leben einzusetzen. Das eine ist Kriminalität, das andere eine Ideologie des (bewaffneten) Kampfes außerhalb des formalen Kriegszustandes. Meist unterscheiden sich auch die Schadensbilder: bei Piraterie geht es um Bargeld, Wertsachen, Ladung und Lösegeld, bei Terror um maximale Schadenswirkung. Piraterie ist mit seinem kriminellen Schwerpunkt eine Herausforderung für polizeiliche und strafrechtliche

Heintschel von Heinegg, Piraterie und bewaffnete Raubüberfälle auf See. in: Ingelore Hering (Hrsg.), Nutzung und Ordnung der Meere. 2010, S. 59–81. *Uwe Jenisch*, Piracy, Navies and the Law of the Sea: The Case of Somalia. WMU Journal of Maritime Affairs 2009, no. 2, S. 123–143. *Doris König*, Piraterie vor der Küste Somalias und Strafverfolgung – Ein Schrecken ohne Ende. NordÖR 2011, Nr. 4, S. 153 – 160. *Michael Trésoret*, Seepiraterie – völkerrechtliche, europarechtliche und verfassungsrechtliche Rahmenbedingungen… (Saarbrücker Studien zum Internationalen Recht Bd. 50) 2011, 677 S. *Eigel Wiese*, Piraterie – Neue Dimensionen eines alten Phänomens. 2010, 208 S.

2 UN G.A. Report of the Secretary General „Oceans and the Law of the Sea", A/68/71/Add.1 v. 09.09.2013, para 34–44.

3 UN G.A. A/Res./68/70, para 83–150.

4 UN S.C: S/Res/2125 (2013).

Verfolgung, während Terror auf die Destabilisierung von Gesellschaft und Staat abzielt und damit eine politische Dimension hat.[5]

Diese Unterschiede treffen auf die reinen Formen von Piraterie bzw. Terror zu. Allerdings verstärken sich Gemeinsamkeiten und Überlappungen. Auch Piraten können eine Ideologie verfolgen. Geld- und Waffenströme, Logistik, Drogenhandel sowie Informationen und Hintermänner bilden zwischen Terroristen und Piraten im Nahen Osten und in Afrika ein gemeinsames Umfeld. Das „Geschäftsmodell“ der Piraten dürfte für Terroristen attraktiv sein, Wünsche auf Teilhabe an dem Lösegeld[6] wecken und neue Handlungsfelder eröffnen. Beide Tätergruppen konsumieren Drogen und agieren unberechenbar. Rechtsnormen oder Skrupel hinsichtlich der eingesetzten Waffen spielen für sie keine Rolle. Opfer sind unschuldige Unbeteiligte. So dürfte die Kaperung eines Kreuzfahrtschiffes für beide ein besonders lohnendes Ziel sein.

Für beide Tätergruppen gilt, dass sie als diffuse, nicht-staatliche Akteure nur schwer vom Straf- und Völkerrecht zu erfassen sind und sich in einer rechtlichen Grauzone bewegen. Dies wird durch unklare rechtliche Definitionen und emotionale Sichtweisen verstärkt. Für Terror fehlt eine verbindliche Definition völlig, für Piraterie ist sie lückenhaft, wie hier zu zeigen ist. Der Terrorismus ist ein relativ junges Phänomen, das vom Humanitären Völker- und Kriegsrecht (bisher) nicht erfasst wird[7] und bisher (nur) durch Resolutionen des UN Sicherheitsrates[8] zur Strafverfolgung durch die Staaten empfohlen wird.

Dem gegenüber gehört die Piraterie zu den klassischen Verbrechen, die nach dem Weltrechtsprinzip als Universalverbrechen geächtet sind. Trotzdem haben das Seerecht und das Strafrecht gravierende Probleme mit der Piratenverfolgung. Auf Terroristen wie auf Piraten trifft im Grunde zu,

---

5 Hierzu: Akash Chaturvedi, Two Faces of High-Seas Crimes, in: US Naval Institute Proceedings, July 2010, www.usni.org/magazines/proceedings.

6 Radio Netherlands worldwide meldet am 18.2.2011, dass Al-Shabaab Milizen Anspruch auf 20 % des Lösegelds auf gekaperte Schiffe in Haradhere erheben, sogen. „docking fee“.

7 Terroristen gelten als „unlawful combatants“, weshalb die USA den Kriegsgefangenenstatus für Terroristen verweigern und diese in Sondergefängnissen (Guantanamo) festhalten.

8 UN Sicherheitsrat Res. 1368 (2001).

was das Römische Recht „hostes humani generis“ also „Feind der gesamten Menschheit“ nannte. Die auslösenden Ursachen liegen in beiden Fällen in regionaler Armut und Rechtlosigkeit. Die schädlichen Wirkungen treten in internationalen Gewässern bzw. grenzüberschreitend auf und schädigen die Gesellschaft und ganze Staaten. Die Nähe zwischen Piraterie und Terrorismus ist also bei allen folgenden Erörterungen im Auge zu behalten. Schon gibt es Stimmen, die Piraten den Terroristen gleichzusetzen.[9] Auch wenn die Piraterie vor Somalia jetzt im dritten Jahr rückläufig ist, gibt es in Südostasien und in Westafrika neue Hochrisikogebiete. Generell ist weltweit mit maritimer Gewalt und anderen Sicherheitsrisiken zu rechnen.

6.3 Lücken im Seerechtssystem – SRÜ und SUA

Für die rechtliche Einordnung der Piraterie sind das internationale Seerecht und eine Reihe von Resolutionen des Sicherheitsrates der Vereinten Nationen sowie Übereinkommen und Resolutionen der Weltschifffahrtsorganisation IMO[10] entscheidend. Maßgeblich ist in erster Linie das UN Seerechtsübereinkommen SRÜ von 1982[11], das 1994 in Kraft trat und dem bisher 166 Staaten beitraten. Die Vorschriften des SRÜ zur Piraterie finden sich in den Artikeln 100 bis 110 unter den allgemeinen Bestimmungen zur Hohen See. (Alle nachstehend nicht näher bezeichneten Artikel sind solche des SRÜ). Diese international geschützten Rechtsgüter haben sich über Jahrhunderte gewohnheitsrechtlich als eine Art Gemeinschaftsaufgabe der Staaten nach dem Weltrechtsprinzip entwickelt[12].

Die Unsicherheiten beginnen mit der Definition der Piraterie in Art. 101. Danach ist Piraterie „... jede rechtswidrige Gewalttat ... zu privaten Zwecken ... gerichtet ... auf hoher See gegen ein anderes Schiff ...“. Der Tatbestand ist ähnlich wie Diebstahl, Raub, Erpressung oder Freiheitsberaubung auf „private Zwecke“ also Habgier oder persönliche Bereicherung beschränkt und setzt zugleich einen Angriff von einem Schiff auf ein

9 Asian Shippers Council, Lloyds List vom 24.03.2011.

10 Mitglied der IMO mit Sitz in London sind 170 Staaten mit 97 % der Welt Tonnage.

11 BGBl. 1994 II, S. 1798 ff.

12 Zur Gesamtproblematik: *Andreas Fischer-Lescano*, Bundesmarine als Polizei der Weltmeere? NordÖR 2009, Heft 2, S. 49–56.

„anderes“ Schiff (sogen. „zwei-Schiffe-Regel“) voraus. Damit sind politisch oder religiös motivierte Taten von Terroristen oder Freiheitsbewegungen ebenso ausgegrenzt wie Hijacking eines Schiffes durch eingeschleuste Täter. Opfer des vorsätzlichen Piratenangriffs sind Reeder, Besatzung, Schiff oder Ladung, nicht ein bestimmter Staat. Räumlich gilt dieser Tatbestand nur auf hoher See, wozu auch die 200 sm breiten Ausschließlichen Wirtschaftszonen (AWZ) zählen. Piraterie innerhalb der 12 sm Grenze des Küstenmeeres eines Staates wird zur Unterscheidung häufig als Seeraub (armed robbery[13]) bezeichnet und unterliegt nur der Zuständigkeit des betroffenen Küstenstaates. Die Erklärung für die unterschiedliche Behandlung liefert das Souveränitätsprinzip, nach dem jeder Staat innerhalb seines Gebietes allein für die Durchsetzung von Recht und Ordnung zuständig ist. Das schränkt die Bekämpfung der Piraterie durch Kriegsschiffe ein, denn sie dürfen innerhalb fremder Küstenmeere nicht gegen Piraten vorgehen. Es bleibt ihnen dort lediglich die Möglichkeit zur Hilfeleistung (Nothilfe) z.B. zur Lebensrettung in Seenotfällen gem. Art. 98.

Die Kodifizierung der Piraterie enthält weitere Schwachpunkte. Nach Art. 100 arbeiten alle Staaten in „größtmöglichem Maße“ bei der Bekämpfung zusammen. In der Tat gibt es inzwischen drei regionale Zusammenarbeitsabkommen über Informationsaustausch und Ausbildung, über die unten zu berichten ist. Bei Art. 100 und den nachfolgenden Vorschriften handelt es sich jedoch um relativ unverbindliche „Bemühensverpflichtungen“, die den Staaten die Wahl geeigneter Maßnahmen überlassen. Die Rechtsordnung wird nicht verändert. Es gibt weder einen Anspruch eines Handelsschiffes auf Schutz noch eine konkrete Verpflichtung des Staates zur aktiven Pirateriebekämpfung.

Eingriffsrechte gegen die kriminelle Tätigkeit von Piraten stehen nach Art. 107 nur „hierzu befugten“ Kriegs- bzw. Regierungsschiffen zu. Deshalb müssen Kriegsschiffe nach nationalem Recht ausdrücklich zur Piraterie- bzw. Verbrechensbekämpfung befugt sein, was in Deutschland grundsätzlich nicht der Fall ist, wo die Polizei und nicht die Bundeswehr zur Strafrechtsverfolgung befugt ist.[14] Wegen dieser Rechtslücke hat

13 Definition für armed robbery in IMO Res. A.922 (22).

14 Vgl. hierzu: *Uwe Jenisch*, Marine, Piraterie und Grundgesetz, Hansa 2008, Heft 9, S. 174–182.

Frankreich per Gesetz seine Marine mit Polizeiaufgaben befugt. Weiterhin ergibt sich aus dem Wortlaut des Art. 107 durch Rückschluss, dass private Sicherheitsdienste nicht zur aktiven Piratenverfolgung berechtigt sind, falls ihnen nicht ausdrücklich polizeiliche Funktionen übertragen sind. Sie wären selber Piraten, es sei denn, man wollte an der Praxis des 18. Jahrhunderts anknüpfend staatliche Kaperbriefe ausstellen.

Konkrete Maßnahmen gegen Piraten ergeben sich aus Art. 105. Danach „kann" ein Staat Piratenschiffe aufbringen und Personen festnehmen, wobei es auf die Staatsangehörigkeit der Täter und Opfer nicht ankommt. Auch hier handelt es sich um Befugnisse und nicht um Pflichten. Dem entspricht in Art. 110 eine Berechtigung zum Betreten und zur Inspektion fremder Schiffe bei begründetem Verdacht. Schließlich schweigt das SRÜ zur Frage, was konkret mit festgenommenen Piraten geschehen soll und überlässt dies und damit jegliche Form der Strafverfolgung den nationalen Rechtsordnungen (vgl. unten Ziff. 6.1.6).

Aus heutiger Sicht ist die Unterscheidung in „Seeraub" im Küstenmeer und „Piraterie" auf hoher See wenig hilfreich, zumal die Gewaltanwendung an beiden Tatorten gleich ist. Ebenso ist die „zwei-Schiffe-Regel" und die Beschränkung auf private Bereicherung nicht mehr zeitgemäß. Es gibt vereinzelte Forderungen nach Revision der Pirateriervorschriften im SRÜ, die man unter dem Begriff „maritime violence"[15] auf weitere moderne Formen der Gewaltanwendung erweitern könnte (vgl. a. unten Ziff. 6.7). Die Mehrheit der Staaten zeigt indes keine Neigung, das SRÜ anzupassen, weil dann der Gesamtkompromiss, der zu diesem Übereinkommen führte, aufbrechen könnte. Schließlich scheidet auch die Anwendung des Seekriegsrechtes aus, denn Piraten sind keine Kombattanten, auch wenn sie

15 *Max Meija/P. K. Mukherjee*, Selected Issues of Law and Ergonomics in Maritime Security, JIML Journal of International Maritime Law, 2004, S. 321 f schlagen den Begriff „maritime violence" vor, der zusätzlich illegalen Drogenhandel, illegale Menschentransporte, organisierte Kriminalität usw. umfassen könnte. Weitere Wissenschaftler bevorzugen den Begriff „marime violence", um die kulturgeschichtlichen Unschärfen, Verklärungen und politischen Auslegungen des Pirateriebegriffs zu vermeiden, siehe: Patricia Risso, Cross-cultural Perception of Piracy: Maritime Violence in the Western Indian Ocean and the Persian Gulf during a long Eighteenth Century. Journal of World History, Hawaii, Vol. 12 (2001) no. 2, S. 293–319.

militärische Waffen benutzen und nicht-Juristen die organisierte Piraterie gelegentlich als „sekundäre Form des Krieges“[16] bezeichnen.

Bessere Rechtsgrundlagen zur Untersuchung verdächtiger Schiffe und zur Strafverfolgung könnte die Convention for the Suppression of Unlawful Acts against the Safety of Maritime Navigation von 1988[17] (SUA Konvention) bieten, insbesondere in ihrer verschärften Neufassung von 2005. Sie konzentriert sich auf Auslieferung und strafrechtliche Verfolgung von Terrortätern mit Hilfe des nationalen Rechts und umfasst auch die Pirateriebekämpfung. Die Neufassung SUA 2005[18] enthält zusätzliche Straftatbestände und boarding-Rechte mit der Option automatischer Zustimmung des Flaggenstaates. In zwei wichtigen Punkten erweitert SUA 2005 das bisherige Seerecht: Das Kriterium der zwei Schiffe und die räumliche Begrenzung auf Hohe See gelten nicht für die Tatbestände des SUA Übereinkommens. Damit schließt SUA 2005 Lücken im Seerecht und verpflichtet die Vertragsstaaten zugleich, das nationale Recht an moderne maritime Bedrohungen anzupassen. Diese Neufassung trat am 28. Juli 2010 nach der 12. Ratifikation in Kraft, ist aber nur für die rund 29 beigetretenen Staaten[19] verbindlich, die nach der Flaggenzugehörigkeit 36 % der Welthandelsflotte repräsentieren. Deutschland zählt bisher nicht zu den SUA-Vertragsstaaten. Die UN Vollversammlung und der Sicherheitsrat weisen notorisch auf die zentrale Bedeutung für die Piratenbekämpfung hin und mahnen den Beitritt an.[20]

Die geschilderten völkerrechtlichen Unsicherheiten sind Grund und manchmal auch Ausrede, warum Kriegsschiffe vieler Nationen zurückhaltend gegen Piraten vorgehen. Überdies sind moderne Kriegsschiffe mit

---

16 Diese Formulierung stammt von dem frz. Historiker Fernand Brandel.

17 Deutschland ist mit 155 weiteren Staaten Vertragspartei der SUA Konvention und des Protokolls von 1988, BGBl. 1990 II, 494, 508, nicht jedoch der SUA Neufassung von 2005.

18 IMO Dokument LEG/CONF.15/21 vom 01.11.2005.

19 Bisher 29 Staaten, darunter viele pazifische Kleinstaaten und aus dem Kreis wichtiger Flaggenstaaten: Austria, Bulgaria, Cook Is., Estonia, Fiji, Greece, Latvia, Marshall Is., Nauru, Netherlands, Norway, Panama, St. Kitts and Nevis, Spain, Switzerland. Ratifikationsverfahren in den USA (Senat) eingeleitet, AJIL 2009, no. 1, S. 137.

20 Z.B. UNGA Res. 64/71 para 84 vom 12.03.2010; zuletzt S.C. Res 2125 (2013) para 116.

ihren Hightech-Waffen für diese asymmetrische Bedrohung nicht richtig vorbereitet. Wie kann man Fischer von Piraten zuverlässig unterscheiden, wenn in diesen Gewässern auch die Fischer Waffen tragen? Raketen oder Spezialkräfte helfen wenig gegen Piraten, die Geiseln in der Hand haben. Jede gewaltsame Befreiung ist extrem gefährlich und erfordert Hubschrauber und Spezialtruppen, die sofort verfügbar sein müssen. Ein neuer Typ von schnellen kleinen Kampfschiffen für „littoral warfare" fehlt weitgehend. Zudem besteht die Gefahr der Verwechselung und der Eskalation. Durch Irrtum und unschuldige Opfer können leicht überflüssige Konflikte ausgelöst werden. So liegt die Wirkung der Kriegsschiffe häufig in Abschreckung, Psychologie und Medienwirkung.

6.4 UN Resolutionen

Angesichts der rechtlichen Unsicherheiten können einstimmige und verbindliche Resolutionen des UN Sicherheitsrates neue Rechtsgrundlagen schaffen. Ein erster Durchbruch war die Resolution 1816 (2008)[21]. Sie berechtigt Staaten, die mit der somalischen Übergangsregierung zusammen arbeiten, Piraterie bzw. Seeraub innerhalb des Küstenmeeres von 12 sm Breite mit allen erforderlichen (also auch militärischen) Mitteln zu bekämpfen, die das Seerecht sonst nur für die hohe See erlaubt. Rechtlich stützt sich der Sicherheitsrat auf Kapitel VII der UN Satzung „Friedenserhaltung und Abwehr von Angriffshandlungen" und rückt damit Piraterie in die Nähe von militärischen Tatbeständen. Die Resolution war zunächst zeitlich befristet und darf auf Drängen von Indonesien nicht zur Grundlage für neu entstehendes Gewohnheitsrecht gemacht werden, gilt also nur für Somalia. Die Resolution trägt erstmalig der Situation Rechnung, dass ein *failed state* seine Hoheitsrechte nicht wahrnehmen kann, vorübergehend auf diese verzichtet und der Intervention der Staatengemeinschaft mit Vollzugskräften zustimmt. Die damalige somalische Übergangsregierung vertrat das Land gegenüber den Vereinten Nationen. Der Vorgang zeigt immerhin, dass der Sicherheitsrat der UN in Notlagen zu einstimmigen Resolutionen fähig ist und eine Rolle als globaler Ordnungsfaktor übernimmt.

---

21 UN S. C. Res. 1816 (2008) vom 02.06.2008. Vgl. a. AJIL 2009, no. 4. S. 750 ff.

Mit der Resolution 1838 (2008)[22] betonten die UN ihre Sorge um die Gefährdung humanitärer Hilfslieferungen für die hungernden Somalier sowie die Hoffnung auf damals bevorstehende Interventionskräfte der UN bzw. der EU. Die Resolution 1846 (2008)[23] ist die erste in einer Reihe von Resolution zur Verlängerung der bisher erlaubten Maßnahmen um ein weiteres Jahr.

Die UN Resolutionen fordern außerdem regionale Initiativen der Nachbarstaaten in gefährdeten Gebieten. Als Vorbild gilt das 2006 in Kraft getretene „Regional Cooperation Agreement on Combating Piracy and Armed Robbery (ReCAAP)“[24], in dem 15 Staaten[25] zwischen Indien und Japan sowie Norwegen zusammen wirken und einen leichten Rückgang der Überfälle in der Straße von Malakka erreicht haben[26], während es in den übrigen südostasiatischen Gewässern keine Fortschritte gibt. Seit 2009 gilt der „Djibouti code of conduct“[27], den 21 Staaten der Region von Saudi Arabien bis hinunter nach Südafrika rund um den westlichen Indischen Ozean unterzeichneten. Diese Zusammenarbeit erstreckt sich auf die Organisation der Piratenverfolgung, die Ergreifung von Schiffen, der Rettung von Personen und auf gemeinsame Marineeinsätze. Seitdem werden entsprechende Strukturen in den Mitgliedstaaten aufgebaut. Einzelne Erfolge der Piratenbekämpfung sind erreicht worden. Seit 2013 gibt

22 UN S. C. Res. 1838 (2008) vom 07.10.2008.

23 UN S. C. Res. 1846 (2008) vom 02.12.2008.

24 ILM 44 (2005), S. 826 (829).

25 Es fehlen bei ReCAAP Indonesien und Malaysia als wichtigste Anliegerstaaten der Straße von Malacca, die zusammen mit Singapur in einem eigenständigen kooperativen Mechanismus „Malacca Straits Patrol MSP“ für Sicherheit sorgen und außerdem mit den Philippinen trilateral bei der Schmuggel- und Piratenkontrolle zusammen arbeiten. Text in IMO doc. IMO/SGB1/4 vom 06.09.2007.

26 Andere regionale Vereinbarungen sind „CARICOM Maritime and Airspace Security Cooperation Agreement“, Law of the Sea Bulletin no. 68, New York 2009, S. 20–31; „MOWCA Maritime Organisation of West and Central Africa“ für 20 Staaten von Mauretanien bis Angola, von denen nur 11 unterschrieben haben, Law of the Sea Bulletin, no. 68, New York 2009, S. 51–70.

27 IMO Doc. C 102/14 vom 03.04.2009; IMO News No. 1, 2009, S. 7; der code fordert zu nationaler Gesetzgebung auf und sieht u.a. information sharing and training centres in Kenia (Mombasa), Tansania und Jemen vor.

es einen ähnlichen regionalen Code of Conduct Concerning the Prevention of Piracy, Armed Robbery and Illicit Maritime Activity in West and Central Africa, dem 22 Staaten rund um die Bucht von Guinea ihre Zusammenarbeit koordinieren wollen. Die erstrebte Strategie erstreckt sich auch auf Terror, organisierte Kriminalität, illegale Fischerei und sonstige illegale Aktivitäten. Ziele sind verbesserter Datenaustausch, Durchsuchung von Schiffen, Strafverfolgung und Schutz der betroffenen Seeleute. Damit ist ein Anfang gemacht, aber es wird ein langer Weg sein, bis leistungsfähige Küstenwachen und Justizsysteme aufgebaut sind.

Für die Rechtslage vor Somalia bieten die UN Resolutionen weitere rechtliche Verschärfungen. Besonders bedeutsam ist die Resolution 1851(2008)[28], die erstmalig den militärischen Einsatz gegen Piraten an Land erlaubte. Gem. Ziffer 6 dürfen Staaten und regionale Organisationen mit vorheriger Zustimmung der somalischen Übergangsregierung alle notwendigen Maßnahmen zur Unterdrückung der Piraterie „in Somalia", d.h. an Land und im Luftraum, ergreifen, die angemessen sind und im Einklang mit dem humanitären Völkerrecht und den Menschenrechten stehen. Damit ist sowohl eine militärische Blockade wie auch eine direkte Bekämpfung von Piratenstützpunkten zulässig. Das Souveränitätsprinzip wird formal gewahrt, denn mit Schreiben vom 9. Dezember 2008 hatte der damalige Präsident der somalischen Übergangsregierung um diese Lösung gebeten. Seither hat die USA militärische Interventionen an Land durchgeführt (Kommandounternehmen am 15.09.2009 gegen al-Qaida Führer und Befreiung zweier westlicher Geiseln im Januar 2012). Es dauerte bis zum Dezember 2011, bis das Politische und Sicherheitspolitische Komitee der EU diese Option aufgriff und eine Prüfung in Auftrag gab, den Operationsplan von ATALANTA zu überarbeiten und die Zerstörung der Piratenlogistik an Land vorzubereiten.[29] Die Hoheitsgewässer und das Festland der benachbarten Staaten Eritrea, Jemen, Kenia, die als Rückzugsorte für Piraten gelten, stehen für diese Art der Bekämpfung allerdings nicht offen.

---

28 UN S. C. Res. 1851 (2008) vom 16.12.2008.

29 FAZ vom 29.12.2011, S. 1. *Eigel Wiese*, Kampf gegen Piratennester an der Küste. Hansa 2012, Nr. 2, S. 68 ff.

Die Resolution 1950 (2010) verschärfte die Gangart in dreierlei Hinsicht: Ziffer 6 anerkennt Somalias Rechte hinsichtlich der natürlichen Ressourcen also des Schutzes vor illegaler Fischerei aber auch vor illegaler Abfallversenkung.[30] Ziff. 15 und 17 fordern zum Vorgehen gegen illegale Finanzoperationen und Geldwäsche der Piratenorganisationen auf. Schließlich bringt Ziff. 16 INTERPOL und EUROPOL bei der Strafverfolgung ins Spiel.

Mit Res. 2015 (2011)[31] fordert der Sicherheitsrat alle Staaten auf, die Piraterie in der nationalen Gesetzgebung zu kriminalisieren. Eine weitere Resolution 2018 (2011)[32] richtet sich an die westafrikanischen Staaten am Golf von Guinea zur Zusammenarbeit bei der dortigen – inzwischen vereinbarten – Pirateriebekämpfung. Dann folgten Resolution 2020 (2011)[33] und 2077 (2012)[34] mit der Verlängerung des UN Mandates für die Pirateriebekämpfung vor Somalia bis Ende 2013. Die jüngste dieser Resolutionen zur Verlängerung der Maßnahmen vor Somalia erging Ende 2013[35] und deckt das Jahr 2014 ab. Sie enthält zusätzlich u.a. die Aufforderung an Somalia endlich eine eigene 200 sm breite Ausschließliche Wirtschaftszone zu errichten. Weiterhin werden alle Staaten aufgefordert, die nationale Gesetzgebung zur Pirateriebekämpfung zu aktualisieren in Form von Vorschriften zur Strafverfolgung von Piraten, zur Bekämpfung der Geldwäsche und zur Zusammenarbeit mit INTERPOL. Zuletzt erging im Oktober 2014 eine Resolution[36] mit der Erweiterung eines älteren Waffenembargos von 1992[37] nunmehr um die Ermächtigung, alle d.h. auch militärische Mittel einzusetzen, um nicht nur Waffentransporte für die Al-Shabaab Milizen sondern auch den schwungvollen Export von Holzkohle in die arabischen Staaten zu unterbinden, mit dem sich Al-Shabaab finanziert. Eine weitere Verlängerung dieses Bündels von Maßnahmen für 2015 ist so gut wie sicher.

---

30 UN S. C Res. 1950 (2010) vom 23.11.2010, Ziff. 6; Res. 1897 (2009), Ziff. 5.
31 UN S. C. Res. 2015 (2011) vom 24.10.2011.
32 UN S. C. Res. 2018 (2011) vom 01.Nov. 2011.
33 UN S. C. Res. 2020 (2011) vom 22.11.2011.
34 UN S. C. Res. 2077 (2012) vom 21.11.2012.
35 UN S. C. Res. 2125 (2013).
36 UN S. C. Res. 2182 (2014).
37 UN S. C. Res. 733 (1992).

Insgesamt lässt sich feststellen, dass die 14 (!) bisherigen UN Resolutionen, beschränkt auf den Fall Somalia, einige der unzulänglichen Regeln der Art. 100, 105 und 107 Piratenhandlungen des SRÜ präzisieren und erweiterte Eingriffsmöglichkeiten bieten. Die Resolutionen des Sicherheitsrates appellieren an die Staaten zur Schaffung internationaler und nationaler Gesetzgebungen zur Strafverfolgung, drängen auf regionale Zusammenarbeit und fordern mehr Risikobewusstsein der Schiffseigner und Flaggenstaaten. Der Handlungsrahmen ist damit (nur) für die Pirateriebekämpfung vor Somalia erweitert. Aber es bleibt den „willigen" Staaten überlassen, ob sie den Willen und die Mittel haben, davon Gebrauch machen.

6.5 Maßnahmen der IMO

Die Internationale Schifffahrts Organisation IMO mit Sitz in London flankiert diese Maßnahmen ständig und drängt mit eigenen Resolutionen[38] auf Einhaltung, insbesondere der empfohlenen Transitkorridore und der „best practice" für die Strafverfolgung[39]. Daneben erlässt die IMO ständig Empfehlungen und guidelines zur Ermittlung von Piraterieüberfällen und zum Selbstschutz der Schifffahrt in Form von „Best Management Practices", inzwischen in der 4. Fortschreibung (BMP-4).[40] Defensive Maßnahmen des Selbstschutzes stützen sich letztlich auf das Recht der Selbstverteidigung bzw. der Notwehr. „Be a harder target" ist das Stichwort. Die Erfahrung hat gezeigt, dass es für das angegriffene Handelsschiff darauf ankommt, eine Bedrohung frühzeitig zu erkennen, Verteidigungsbereitschaft zu signalisieren, Zeit zu gewinnen und mit präzisen Meldungen militärische Hilfe anzufordern. Es beginnt mit guter Routenvorbereitung, mit Alarmplänen, Training der Besatzung, erhöhter Wachsamkeit, Ausweichrouten, hoher Geschwindigkeit. Anmeldung und Nutzung der bewachten Transitkorridore sollte eine Selbstverständlichkeit sein. Der Zugang zum Schiff kann deutlich erschwert werden durch Schall-, Mikrowellen- und Wasser- bzw. Feuerlöschkanonen, Signalmunition, Stacheldraht, elektrische Zäune, verschweißte Türen und ggf. Einbau einer „Zitadelle". Schließlich kann

---

38 IMO Res. A.1026 (26) vom 03.12.2009.
39 IMO Res. A.1025 (26) vom 18.01.2010.
40 MSC.1/Circ.1339 v. 14.09.2011; abrufbar auch unter: www.mschoa.org.

man sich gegen das Risiko von Piraterie[41] und Terror mit entsprechenden Prämien versichern (Kidnap & Ransom K&R), die in der Größenordnung von 40.000 € pro Passage liegen.

Auch zum Einsatz bewaffneter ziviler Sicherheitsdienste hat die IMO eine Serie von Empfehlungen an die Küstenstaaten, die Hafen- und Flaggenstaaten, die Schiffseigner und die Sicherheitsfirmen gerichtet, um das Zusammenwirken aller Partner mit privaten bewaffneten Sicherheitsdiensten zu optimieren.[42]

Diese IMO-Maßnahmen enthalten stets wertvolle praktische Hinweise zur Verbesserung der Sicherheit gegenüber Piraten. Sie sind geeignet das Verhalten der Staaten, der Reeder und der Kapitäne einheitlicher und professioneller zu gestalten. Auch ist das Bemühen erkennbar, den sensiblen Rechtsrahmen, in dem privaten Sicherheitsdienste operieren, zu verdeutlichen. Das alles darf aber nicht darüber hinwegtäuschen, dass die jeweiligen hoheitlichen Rechte der Flaggenstaaten, der Küstenstaaten und der Hafenstaaten von den Empfehlungen unberührt bleiben. Die internationale Rechtsordnung kann durch die „kleinen Schritte“ von Leitlinien und Empfehlungen allenfalls langfristig beeinflusst werden, falls es im Laufe der Zeit zu verbindlichen internationalen Übereinkommen mit Bindungswirkung für alle betroffenen Staaten kommt. Gerade im Umgang mit bewaffneten Sicherheitsdiensten bietet die Staatenpraxis derzeit ein buntes Feld. Es reicht von der niederländischen Praxis, nur staatliche (militärische) *vessel protection teams* einzusetzen, über das bürokratisch überfrachtete deutsche Genehmigungsverfahren[43] für private Dienste bis hin zu „Billiganbietern“, deren Zuverlässigkeit und Professionalität zweifelhaft ist.

6.6 Möglichkeiten der Strafverfolgung

Die Strafverfolgung von Piraten erweist sich als dauerhafter Schwachpunkt, denn das SRÜ überlässt gem. Art. 105 die strafrechtliche Verfolgung dem

41 Piraterie und Versicherungen, Hansa, Juli 2009, S. 79.

42 Es handelt sich um die MSC Empfehlungen MSC.1/Circ.1405/Rev.2, 1406/Rev.2, 1408/Rev.1 und 1443, jeweils v. 25.05.2010; außerdem IMO Res. A.1044 (27).

43 *Bernd Walter*, Piratenjagd mit Paragraphen – Der deutsche Weg zur Bekämpfung der Seepiraterie. MarineForum 2014, Nr. 10, S. 9–12.

Ermessen des Staates, dessen Kriegsschiff Piraten festgenommen hat.[44] Er hat eine Befugnis zur Strafverfolgung und kann entscheiden, ob und wie er strafrechtlich vorgehen will. Das erklärt warum längere Zeit nur ca. 10 % der festgehaltenen Piraten einem Strafverfahren zugeführt werden. Die häufig praktizierte Freilassung von Piraten („catch and release“) ist kontraproduktiv, denn sie signalisiert Straffreiheit für die Täter und Frust für die Verfolger.

Zu allen Einzelheiten des „law enforcements“ wie Festhalten von Personen, Belehrungspflichten, vorläufige Festnahme, richterlicher Haftbefehl, Feststellung der Identität, Vernehmung, Beweissicherung, Anklage, Verteidigung und Bestrafung sowie Asylrecht gilt das nationale Recht des ergreifenden Staates und zusätzlich die Europäische Menschenrechtskonvention (EMRK)[45] mit ihren Pflichten zur Achtung der Menschenrechte. Alle hoheitlichen Dienste wie Militär und Polizei – zumindest aus dem Kreise der EU Staaten – sind auch bei internationalen Einsätzen daran gebunden.[46] Über einen Transfer an dritte Staaten zur Strafverfolgung ist im SRÜ nichts gesagt, also nichts ausgeschlossen.

Häufig scheitert die Strafverfolgung daran, dass es im Strafrecht des ergreifenden Staates keinen Tatbestand der Piraterie gibt, obgleich das SUA Übereinkommen, wie oben geschildert, dazu verpflichtet, entsprechende Straftatbestände im nationalen Recht zu etablieren. Daran fehlt bzw. fehlte es nicht nur in Somalia sondern u.a. in Indien, Portugal, Kanada und bis vor kurzem auch in Dänemark und Spanien[47] und in Japan[48]. Einen Überblick über die nationalen Strafvorschriften von insgesamt 42 Staaten hat der UN Generalsekretär 2012 vorgelegt,[49] aus dem sich ergibt, dass wenigstens diese Staaten rechtlich in der Lage sind, Piraten zu verurteilen. Den Kriegsschiffen aller Staaten bleibt in jedem Fall die Option, die

---

44 Hierzu ausführlich: *Doris König,* Piraterie vor der Küste Somalias und Strafverfolgung – Ein Schrecken ohne Ende? NordÖR 2011, Nr. 4, S. 153–160.

45 BGBl. 2002 II, S. 1054 ff.

46 *Robert Esser*, Menschenrechtliche Implikationen der Festnahme von Piraterieverdächtigen. JR 2010, Heft 12, S. 513–526.

47 Spanien führte die Strafbarkeit ohne Rückwirkung im November 2009 durch Gesetzesänderung erstmalig ein.

48 Hayashi, Moritaki. Japan – Anti-Piracy Law. IJMCL 25 (2010), S. 143–149.

49 Law of the Sea Bulletin No. 79, New York 2013, S. 66–132.

Waffen und Schiffe der Piraten einzuziehen und die Verdächtigen frei zu lassen („release and regret"), auch um Unannehmlichkeiten und Kosten zu vermeiden. Als zusätzliche Ausrede mag für diese Kriegsschiffe gelten, dass der Besitz und Transport von Waffen auf See als solcher nicht strafbar ist.

In Deutschland sind die Rechtsgrundlagen zur Verurteilung von Piraten in Art. 316 c des Strafgesetzbuches gegeben[50]. Wie Deutschland haben Dänemark, England, USA, Russland und Frankreich Piraten aufgegriffen und bevorzugt an somalische, jemenitische oder kenianische Behörden übergeben. Nur vereinzelt, wenn nationale Interessen in besonderer Weise betroffen waren, kam es in USA, Frankreich, Spanien, den Niederlanden, Südkorea und Deutschland[51] zur Anklage im eigenen Land – mit mäßigem Erfolg. Wegen Problemen der örtlichen Gerichtszuständigkeit, der Beweisführung oder der Minderjährigkeit der Täter enden die Verfahren nur selten mit Verurteilung. Eine Verurteilung in Europa mag für Piraten sogar attraktiv sein, denn es handelt sich um „prisons in paradise". In Staaten wie Malaysia, wo auf Piraterie die Todesstrafe steht, und in den USA, wo Strafen bis zu 33 Jahren Haft verhängt wurden,[52] dürfte die Strafverfolgung abschreckenden Charakter haben. Allgemein lässt sich festhalten, dass ein erfolgreiches Strafverfahren mehrere Voraussetzungen verlangt:

1. das Strafrecht des verfolgenden Staates muss den Tatbestand der Piraterie und möglichst auch Vorbereitungshandlungen vorsehen;
2. der verfolgenden Staat muss den Willen zur Strafverfolgung haben;
3. eine Pirateriehandlung muss vorliegen und vor Gericht beweisbar sein; vorbereitende Piratenhandlungen genügen meist nicht;
4. Kapitäne, Reeder und Besatzungsmitglieder des angegriffenen Schiffes müssen als Zeugen zur Aussage bereit sein.

Im Hintergrund stehen die nicht unerheblichen Kosten für die oft schwierige Beweisführung, Dolmetscher und externe Zeugen sowie die zu erwartende

---

50 Deutschland zählt zu den Staaten, die Piraterie auf Hoher See dem Weltrechtsprinzip folgend zu einem Straftatbestand erhoben haben. Bei einer Verurteilung nach § 316 c StGB „Angriffe auf den Luft- und Seeverkehr" droht eine Freiheitsstrafe nicht unter fünf Jahren.

51 Beginn des ersten Piratenprozesses seit 400 Jahren in Hamburg am 14.06.2010; siehe auch den Beitrag von Patricia Schneider in diesem Band.

52 THB vom 15.02. und 18.02.2011.

Haftdauer und eventuelle Asylverfahren. Aus praktischen und finanziellen Gründen richtet sich daher der Blick auf die Überstellung der Täter an die Justiz eines kooperationswilligen Staates in der Nähe des Tatortes bzw. an den Heimatstaat des Täters. Als erster nutzte England den Weg eines „transfer agreements“ in Form eines Memorandum of Understanding (MoU) per Briefwechsel mit Kenia vom 11. Dezember 2008. In den neun Kapiteln des MoU sind modellhaft Verzicht auf Todesstrafe, Folterverbot, Anspruch auf faires Verfahren innerhalb angemessener Frist, Dolmetscher und Verteidiger, Rechtsmittel und Zugang für Beobachter geregelt. Zwar ist Kenia der Anti-Folter-Konvention der UN vom 10.12.1984[53] beigetreten. Gewisse Zweifel an den dortigen Zuständen bei Polizei und Justiz gab es dennoch und das Wort „African Guantanamo“[54] machte die Runde.

Die USA schlossen eine ähnliche Vereinbarung mit Kenia am 16. Januar 2009.[55] Die EU[56] folgte am 06. März 2009, schließlich auch Dänemark[57], China sowie Kanada. Seitdem hat Kenia wiederholt Piraten übernommen und rechtskräftig verurteilt, darunter die, die den deutschen Marineversorger SPESSART angegriffen hatten. Kenia verweigerte[58] im September 2010 wegen angeblicher Überlastung die Übernahme, obwohl Kenia ein Sondergericht für Piraten eingerichtet und finanzielle Leistungen der EU erhalten hatte. Der High Court von Kenia entschied, dass dortige Gerichte keine Zuständigkeit für Straftaten außerhalb des Staatsgebietes hätten und ordnete die Freilassung der restlichen 17 Piraten an. Die abschreckende Wirkung auf somalische Piraten dürfte sich in Grenzen halten.

---

53 BGBl. 1990 II, S. 246.

54 *Eugene Kontorovich*, Introductory Note to Exchange of Letters Between EU and Kenya to Prosecute Pirates, www.asil.org/infocus090812.cfm.

55 www.voanews.com/english/archive/2009-01-27-voa16.cfm. Hierzu: James Thuo Gathii, Jurisdiction to Prosecute Non-National Pirates Captured by Third States under Kenyan and International Law. http://ssm.com/abstract=1360981.

56 Abl. EU Nr. L 79 vom 25.03.2009, S. 47 ff.; Text auch in ILM Vol. 48 no. 4 (2009), S. 747 ff.

57 The Copenhagen Post vom 18.08.2009; Dänemark ist von EU Abkommen mit Kenia nicht erfasst, da dieses Land nicht an der EU Sicherheits- und Verteidigungspolitik teilnimmt.

58 Der Spiegel 2010, Nr. 16 vom 19.04.2010, S. 80 ff.

Im Oktober 2009 schloss die EU per Briefwechsel ein Transferabkommen mit den Seychellen,[59] wo ein neues Gefängnis gebaut wird. Die EU hat in der autonomen Region Puntland ein Gefängnis subventioniert, wo verurteilte Piraten ihre Strafe verbüßen sollten, aber mit Schmiergeldzahlungen freigelassen wurden. Vom Juli 2011 datiert eine Transfervereinbarung der EU mit Mauritius.[60] Verhandlungen mit Tansania wurden 2012 geführt. Eine Überstellung kommt grundsätzlich nur in Frage, wenn im aufnehmenden Staat die Menschenrechte und ein faires Verfahren gewährleistet sind. Eine Überstellung an Somalia, wo teilweise die Scharia mit drastischen Strafen droht, oder an Iran, wo auf Piraterie die Todesstrafe steht, scheitert häufig an den Konventionen zum Schutz der Menschenrechte. Ein deutsches Gericht hat am 11.11.2011 sogar entschieden,[61] dass die Überstellung durch die Deutsche Marine von Piraten an Kenia 2008 wegen fehlender Garantie der Menschenrechte rechtswidrig war.

Angesichts dieser Unsicherheiten hat der UN Sicherheitsrat mit der einstimmigen Resolution 1918 (2010)[62] zum wiederholten Male alle Staaten aufgefordert, die Strafbarkeit der Piraterie im nationalen Recht endlich sicher zu stellen. Soweit noch nicht geschehen muss der Tatbestand der Piraterie in den Strafgesetzbüchern der Staaten verankert werden und zwar nicht nur als vollendete Tat, sondern unter Einschluss der Vorbereitungshandlungen und des Versuches, damit Kriegsschiffe auch gegen umherfahrende Piraten vorbeugend tätig werden können.

Die Resolution 1918 (2010) forderte zugleich den UN Generalsekretär auf, einen Bericht über Optionen und Modalitäten der Strafverfolgung durch nationale, regionale oder internationale Gerichte vorzulegen. Der 2010 kurzfristig vorgelegt Bericht[63] entwickelt sechs Optionen für die Einbettung in eine nationale Justiz und als 7. Option die Schaffung eines regionalen Gerichtshofes, z.B. als ein eigenständiger Internationaler Gerichtshof unter UN Regie. In einem weiteren Bericht, dem sogen. „Jack

59 Ratsbeschluss 2009/877 CFSP v. 23.10.2009 und Briefwechsel in O. J. L 315/35 ff v. 02.12.2009 und BT Drs. 17/1287 v. 29.03.2010.

60 Vereinbarung v.14.07.2011, ABl. EU L 254/3 v. 30.09.2011.

61 Urt. des Verwaltungsgerichts Köln Az. 25 K 4280/09 v. 11.11.2011 (Beginn des Karnevals !).

62 UN S.C. Res 1918(2010) v. 27.04.2010.

63 Bericht des Security Council S/2010/394 v. 26.07.2010.

Lang Report“[64], wird das Thema nochmals vertieft aber nicht gelöst. Im Anschluss daran brachte Russland die einstimmig angenommene Resolution 1976 (2011)[65] ein mit der Wiederholung der bisherigen Forderungen zur Errichtung spezialisierter Piratengerichte in Somalia oder eines „extraterritorialen“ (regionalen) Gerichtshofs außerhalb Somalias, z.B. in Ostafrika, wobei die UN die Initiative übernehmen müsste. Über eine Umsetzung dieser Vorschläge ist soweit ersichtlich nichts bekannt.[66]

Der Rückgriff auf ein bestehendes internationales Gericht wurde bisher durchweg abgelehnt, obwohl aus Schifffahrtskreisen wie aus der Politik Anregungen kamen, ein internationales Gericht durch Ausweitung der Zuständigkeit mit der Strafverfolgung zu beauftragen, wie z.B. den Internationalen Seegerichtshofs ISGH[67] in Hamburg. Eine Anbindung an den Seegerichtshof ist nicht von vornherein abwegig, denn immerhin befinden sich die völkerrechtlichen Piraterie-Vorschriften im SRÜ, für das der ISGH eingerichtet wurde und zuständig ist. Der Seegerichtshof ist schon heute ermächtigt, nicht nur Streitfälle zwischen Staaten zu entscheiden, sondern in Einzelfällen[68] auch Personen und Unternehmen als Streitparteien zuzulassen. Speziell für die Ermittlung und Beweissicherung wäre an INTERPOL zu denken, zumal viele Staaten Afrikas zu den 98 Mitgliedern von INTERPOL zählen.

Der in Den Haag ansässige Internationale Strafgerichtshof (IStGH) ist in seiner Zuständigkeit auf Verbrechen im Zusammenhang mit bewaffneten internationalen und nationalen Konflikten beschränkt[69] und kann daher nicht für „normale“ Straftaten wie Piraterie herangezogen werden. Interessant wäre schließlich die Möglichkeit, den Internationalen

---

64 Report of the Special Adviser to the Secretary-General on Legal Issues Related to Piracy off the Coast of Somalia; UN S.C. Report S/2011/30 of 25.01.2011, 54 S.

65 UN S.C. Res. 1976 (2011) v. 11.04.2011.

66 Diskussionsstand siehe: Current Legal Developments. IJMCL 26 (2011) S. 679–685.

67 so z.B. die Justizminister der deutschen Länder: FAZ v. 20.06.2009. *Fischer-Lescano*, aaO., S. 52.

68 Art. 292 sofortige Freigabe von Besatzungen; Art. 187 Zuständigkeit der Kammer für Meeresbodenstreitigkeiten.

69 eine Revisionskonferenz des IStGH hat 2009 eine Zuständigkeitsänderung abgelehnt.

Strafgerichtshof für Ruanda (ICTR) mit Sitz in Arusha/Tansania zu nutzen. Für alle Optionen eines internationalen oder regionalen Gerichtshofs bleiben ungelöste Einzelprobleme wie die Definition eines allgemein verbindlichen internationalen Straftatbestands, ein rechtsstaatliches Verfahren, der Finanzierungsschlüssel für das Gericht und Verträge mit dem Gastland. Eine schnelle Lösung ist nicht erwarten. Dazu wären Änderungen der betreffenden Verträge und Beschlüsse des UN Sicherheitsrates erforderlich. Die zersplitterte Rechtsordnung der Strafverfolgung bleibt somit ein zentraler Schwachpunkt.

6.7 Zusammenfassung

Das völkerrechtliche Instrumentarium der international zulässigen Kontroll- und Eingriffsrechte gegenüber der Piraterie (und möglicherweise gegenüber weiteren Bedrohungen durch maritime Gewalt) bleibt unvollkommen. Statt einer durchgreifenden Stärkung der Rechte im Seerecht, die sich der allgemein interessierte Beobachter wünschen mag, gibt es rechtlich nur kleine Schritte verbunden mit der Forderung an die Politik, derartigen Fehlentwicklungen und ihren Ursachen politisch an der Quelle, d.h. im Ursprungsland zu begegnen. Eine Erklärung, warum das internationale Recht wenig beiträgt, ist die Tatsache, dass Piraten keine Subjekte bzw. Akteure des Völkerrechts sondern schlicht Kriminelle sind, deren Verfolgung in erster Linie über nationales Strafrecht möglich ist. Sie sind meist Bürger eines (versagenden) Staates und unterstehen dessen Jurisdiktion. Wer die weichen und lückenhaften Vorschriften zur Piratenbekämpfung im SRÜ verschärfen oder gar ein internationales Welt-Strafrechtssystem durchsetzen möchte, braucht die Zustimmung der überwältigenden Staatenmehrheit, wofür es derzeit keine große Unterstützung gibt.

Ein möglicher Ausweg aus diesem Dilemma sind erste Vorschläge zur Zusammenfassung moderner maritimer Bedrohungen unter dem Begriff „maritime Gewalt“ (maritime violence) in *einem* Rechtsinstrument,[70] sei

70 *Max Meija/P. K. Mukherjee*, Selected Issues of Law and Ergonomics in Maritime Security, JIML Journal of International Maritime Law, 2004, S. 321 f schlagen den Begriff „maritime violence“ vor, der auch illegalen Drogenhandel,

es durch Ergänzung des SRÜ oder des SUA- Übereinkommen, sei es in einem selbständigen Rechtsakt. Maritime Gewalt wäre dann der Sammelbegriff für Piraterie, Terror, organisierte Kriminalität, illegalen Waffenhandel, Transport von Massenvernichtungsmitteln, Menschenhandel und illegale Fischerei[71].

Trotz der dargelegten Unzulänglichkeiten entfalten einzelne Maßnahmen durchaus ihre Wirkung, erfüllen aber nicht die Anforderungen eines ganzheitlichen Sicherheitssystems. Das SUA Übereinkommen erweitert Eingriffsrechte, verdient eine rasche Ratifikation durch seefahrende Staaten und könnte erweitert werden zu einem Übereinkommen zur Bekämpfung maritimer Gewalt. Auf dem Höhepunkt der somalischen Piraterie bedrohung hat der UN Sicherheitsrat mit einer Reihe von einstimmigen Resolutionen für einen zeitlich und räumlich begrenzten Bereich die Eingriffsrechte erweitert und damit Handlungsfähigkeit der Weltgemeinschaft gezeigt. Allerdings haben die Seemächte davon nur zögerlich Gebrauch gemacht. Eine wirkungsvolle strafrechtliche Verfolgung der Piraten lässt sich kurzfristig mit einer Revision der Strafgesetze der betroffenen Staaten erreichen – und dem Willen davon Gebrauch zu machen.

Grundsätzlich stimmen Beobachter überein, dass nur eine politische Lösung an Land die Ursachen der Piraterie beseitigen kann. Das Schwergewicht ist eindeutig auf Maßnahmen an Land zu richten. Absoluter Vorrang gebührt der politischen Lösung, d.h. Schaffung stabiler Verhältnisse und Wiederaufbau einer Zivilgesellschaft.[72] Dafür findet man in Somalia in jüngster Zeit eine Reihe von gemäßigten und zuverlässigen

---

Schleusung von illegalen Migranten, organisierte Kriminaliät usw. umfassen könnte. Weitere Wissenschaftler bevorzugen den Begriff „marime violence", um die kulturgeschichtlichen Unschärfen, Verklärungen und politischen Auslegungen des Pirateriebegriffs zu vermeiden, siehe: Patricia Risso, Cross-cultural Perception of Piracy: Maritime Violence in the Western Indian Ocean and the Persian Gulf during a long Eighteenth Century. Journal of World History, Hawaii, Vol. 12 (2001) no. 2, S. 293–319.

71 *Uwe Jenisch*, Piracy, Navies and the Law of the Sea: the Case of Somalia. WMU Journal of Maritime Affairs, Vol. 8 (2009), S. 133 ff, 142.

72 Zur politischen Dimension des Problems siehe: *Annette Weber*, Politischer Umbruch in Somalia – Die Bedingungen für einen Waffenstillstand sind günstig. SWP-Aktuell, Januar 2009.

Ansprechpartnern.[73] Nach über 20 Jahren passiven Abwartens lassen sich Hilfen zur Selbsthilfe langsam umsetzen.

Die Stabilisierung muss maßgeblich von örtlichen Autoritäten ausgehen. So mühsam es ist, nur lokale Lösungen mit dem Ziel der Schaffung alternativer Einkommensmöglichkeiten können einen Einstieg bringen. Sie verdienen Unterstützung u.a. durch:

- Entwicklungshilfe an lokale Staaten und ggf. auch Clanchefs in Abhängigkeit von deren Entschlossenheit zur Unterdrückung der Piraten;
- Überwachung der Küstengewässer zur Unterdrückung der organisierten Kriminalität und der illegalen Fischerei;
- Stabilisierung der lokalen Fischerei und Eröffnung von Marktchancen;
- Berufsausbildung an Land;
- Abbau der Schutzzölle der EU, die den Import von Nahrungsmitteln aus Entwicklungsländern behindern;
- State-building bleibt die größte Herausforderung.

Literaturverzeichnis

von Arnauld, Andreas, „Die modern Piraterie und das Völkerrecht". Arch-VR 2009, S. 454–480

Brake, Moritz, „Somalia: Auftrag erfüllt? Europäisches Engagement, AMISOM, Al-Shabaab und der nächste Schritt", MarineForum 2014, Nr. 11, S. 29–31

Bruns, Sebastian et al. (eds.), „Maritime Sicherheit". Berlin 2013, 251 S.

Chaturvedi, Akash, „Two Faces of High-Seas Crimes", in: US Naval Institute Proceedings, July 2010, zuletzt eingesehen am 01.11.2014 unter: www.usni.org/magazines/proceedings

Ehrhart, Hans-Georg/Petretto, Kerstin, „Piraterie und maritimer Terrorismus als Herausforderungen für die Seehandelssicherheit Deutschlands". Nomos Verlag 2013, 368 S.

73 Hierzu *Moritz Brake*, Somalia: Auftrag erfüllt? Europäisches Engagement, AMISOM, Al-Shabaab und der nächste Schritt. MarineForum 2014, Nr. 11, S. 29–31.

Esser, Robert, „Menschenrechtliche Implikationen der Festnahme von Piraterieverdächtigen". JR 2010, Heft 12, S. 513–526.

Fischer-Lescano, Andreas, „Bundesmarine als Polizei der Weltmeere?" NordÖR 2009, Heft 2, S. 49–56.

Fournier, Johanna, „Der Einsatz der Streitkräfte gegen Piraterie auf See", Nomos Verlag 2014, 273 S.

Heintschel von Heinegg, Wolff, „Piraterie und bewaffnete Raubüberfälle auf See". in: Ingelore Hering (Hrsg.), „Nutzung und Ordnung der Meere". 2010, S. 59–81.

Jenisch, Uwe, „Piracy, Navies and the Law of the Sea: The Case of Somalia". WMU Journal of Maritime Affairs 2009, no. 2, S. 123–143.

Jenisch, Uwe, „Marine, Piraterie und Grundgesetz", Hansa 2008, Heft 9, S. 174–182.

König, Doris, „Piraterie vor der Küste Somalias und Strafverfolgung – Ein Schrecken ohne Ende". NordÖR 2011, Nr. 4, S. 153–160.

Kontorovich,Eugene, „Introductory Note to Exchange of Letters Between EU and Kenya to Prosecute Pirates", www.asil.org/infocus090812.cfm

Meija, Max/Mukherjee, P.K., „Selected Issues of Law and Ergonomics in Maritime Security", JIML Journal of International Maritime Law, 2004, S. 321 f

Moritaki, Hayashi, „Japan – Anti-Piracy Law". IJMCL 25 (2010), S. 143–149.

Risso, Patricia, „Cross-cultural Perception of Piracy: Maritime Violence in the Western Indian Ocean and the Persian Gulf during a long Eighteenth Century". Journal of World History, Hawaii, Vol. 12 (2001) no. 2, S. 293–319

Thuo Gathii, James, „Jurisdiction to Prosecute Non-National Pirates Captured by Third States under Kenyan and International Law". http://ssm.com/abstract=1360981.

Trésoret, Michael, „Seepiraterie – völkerrechtliche, europarechtliche und verfassungsrechtliche Rahmenbedingungen…" (Saarbrücker Studien zum Internationalen Recht Bd. 50) 2011, 677 S.

Weber, Annette, „Politischer Umbruch in Somalia – Die Bedingungen für einen Waffenstillstand sind günstig", SWP-Aktuell, Januar 2009

Walter, Bernd, „Piratenjagd mit Paragraphen – Der deutsche Weg zur Bekämpfung der Seepiraterie“. MarineForum 2014, Nr. 10, S. 9–12

Wiese, Eigel, „Kampf gegen Piratennester an der Küste“. Hansa 2012, Nr. 2, S. 68 ff.

Wiese, Eigel, „Piraterie – Neue Dimensionen eines alten Phänomens“. 2010, 208 S.

Fachzeitschriften

AJIL, American Journal of International Law, „United States Participation in International Efforts to Combat Piracy“, vol. 103, 2009, no. 4

Asian Shippers Council, Lloyds List vom 24.03.2011

„CARICOM Maritime and Airspace Security Cooperation Agreement“, Law of the Sea Bulletin no. 68, New York 2009, S. 20–31

Current Legal Developments. IJMCL 26 (2011) S. 679–685

ILM Vol. 48 no. 4 (2009), S. 747 ff.

ILM 44 (2005)

Law of the Sea Bulletin No. 79, New York 2013, S. 66–132

„MOWCA Maritime Organisation of West and Central Africa“, Law of the Sea Bulletin, no. 68, New York 2009, S. 51–70

„Piraterie und Versicherungen“, Hansa, Juli 2009, S. 79.

THB vom 15.02. und 18.02.2011

Urteile, Gesetze, Resolutionen und Verlautbarungen

Abl. EU L 254/3 v. 30.09.2011

Abl. EU Nr. L 79 vom 25.03.2009, S. 47 ff.

BGBl. 2002 II, S. 1054 ff.

BGBl. 1994 II, S. 1798 ff.

BGBl. 1990 II, S. 246.

Briefwechsel in O. J. L 315/35 ff v. 02.12.2009

BT Drs. 17/1287 v. 29.03.2010

Europäischer Ratsbeschluss 2009/877 CFSP v. 23.10.2009

IMO Res. A.922 (22)

IMO Res. A.1044 (27)

IMO Res. A.1025 (26), 18.01.2010

IMO Res. A.1026 (26), 03.12.2009

IMO Doc. C 102/14 vom 03.04.2009

IMO News No. 1, 2009, S. 7

IMO/SGB1/4 vom 06.09.2007

IMO Dokument LEG/CONF.15/21 vom 01.11.2005

MSC.1/Circ.1339 v. 14.09.2011

MSC.1/Circ.1405/Rev.2, 1406/Rev.2, 1408/Rev.1und 1443, jeweils v. 25.05.2010

SUA Konvention und Protokoll von 1988, BGBl. 1990 II, 494, 508

SUA Neufassung von 2005

Urt. des Verwaltungsgerichts Köln Az. 25 K 4280/09 v. 11.11.2011

Vereinte Nationen

UN G.A. Report of the Secretary General „Oceans and the Law of the Sea“, A/68/71/Add.1 v. 09.09.2013

UN G.A. A/Res./68/70

UN G.A. Res. 64/71 vom 12.03.2010

UN S. C. S/Res/2182 (2014)

UN S. C: S/Res/2125 (2013)

UN S. C. S/Res/2077 (2012), 21.11.2012

UN S. C. S/Res/2020 (2011), 22.11.2011

UN S. C. S/Res/2018 (2011), 01.11.2011

UN S. C. S/Res/2015 (2011), 24.10.2011

UN S.C.: S/Res/1976 (2011), 11.04.2011

UN S.C. Report S/2011/30 of 25.01.2011

UN S. C. S/Res/1950 (2010), 23.11.2010

UN S. C. S/2010/394, 26.07.2010

UN S. C. S/Res/1918 (2010), 27.04.2010

UN S.C. S/Res/1897 (2009), 30.11.2009

UN S. C. S/Res/1851 (2008), 16.12.2008.

UN S. C. S/Res/1846 (2008), 02.12.2008

UN S. C. S/Res/1838 (2008), 07.10.2008

UN S. C. S/Res/1816 (2008), 02.06.2008

UN S.C.: S/Res/1368 (2001)

UN S. C. S/Res/733 (1992)

UN, Report of the Special Adviser to the Secretary-General on Legal Issues Related to Piracy off the Coast of Somalia

Presse und Medien

The Copenhagen Post vom 18.08.2009

FAZ, Frankfurter Allgemeine Zeitung, vom 29.12.2011, S. 1

FAZ, Frankfurter Allgemeine Zeitung, v. 20.06.2009, S. 52

Radio Netherlands worldwide meldet am 18.2.2011, dass Al-Shabaab Milizen Anspruch auf 20 % des Lösegelds auf gekaperte Schiffe in Haradhere erheben, sogen. „docking fee“

Der Spiegel 2010, Nr. 16 vom 19.04.2010, S. 80 ff.

Kapitel 7
Rechtliche Grundlagen des bewaffneten Selbstschutzes von Handelsschiffen

Werner von Unruh

Kapitel 7.1: Erlaubt die Rechtsordnung den Einsatz privater Sicherheitsdienste zum Schutz vor Piratenangriffen?

Editorial abstract: Fearing an escalation of violence and increased danger for the crew, the IMO had a long-standing aversion against weapons in the hands of seafarers. In the face of increased threats, cases of injuries and violent deaths caused by maritime piracy, this position has been altered. While it is still not recommended to arm merchant crews themselves, the use of armed security teams in risk areas is already common usage. This entails a number of serious consequences and questions: Is the use of private armed security teams acceptable within our legal order? And how do these armed teams fit into the chain of command and responsibility aboard commercial ships?

Der Einsatz von Waffen zur Abwehr von Piratenangriffen wurde bisher mehrheitlich abgelehnt, da so eine Eskalation der Gewalt und eine Gefahrenerhöhung für das Leben der Besatzungen befürchtet wurde. Nachdem zwischenzeitlich die Intensität der Gewaltanwendungen gegenüber den Besatzungen mit einhergehenden Verlusten von Menschenleben gestiegen ist, wird ein Schutz mit Waffengewalt als erforderlich angesehen und zum Teil bereits praktiziert. Trotz des Vorliegens verschiedener Ausarbeitungen besteht jedoch vielfach weiterhin Unsicherheit in der Frage, inwieweit ein solcher Einsatz von Waffen zur Abwehr von Piratenangriffen von der Rechtsordnung gebilligt wird. Die vorliegenden Ausführungen sollen deshalb keine weitere wissenschaftliche Untersuchung dieser Frage darstellen, sondern die Ergebnisse der bisherigen Untersuchungen zusammenfassen und sowohl den diesbezüglichen Entscheidungsträgern als auch denjenigen, die vor Ort mit der Problematik konfrontiert werden, den rechtlichen Rahmen für Schutzmaßnahmen vorstellen.

Da der Einsatz von Waffen auf Handelsschiffen durch das jeweilige Recht des Flaggenstaates geregelt wird, kann hier nur die Rechtslage für Schiffe unter deutscher Flagge beschrieben werden, die aber auch eine mögliche Strafverfolgung eines deutschen Kapitäns auf einem Schiff unter ausländischer Flagge in der Bundesrepublik umfasst.

Bevor auf die rechtliche Zulassung des Einsatz privater Sicherheitsdienste eingegangen wird, drängt sich die Frage auf, in wie weit ein Anspruch auf Schutzmaßnahmen für deutsche Schiffe durch den Hoheitsträger gegeben ist. Obwohl eine Pflicht des Staates, Rechtsgüter wie Leben und körperliche Unversehrtheit zu schützen, aus den Grundrechten des Grundgesetzes abgeleitet werden kann, ist ein individueller Anspruch auf spezielle Schutzmaßnahmen nicht gegeben. Wie das Bundesverfassungsgericht mehrfach festgestellt hat, steht die Ausführung der Schutzpflicht für das Leben und die Gesundheit im Ermessen des Staates. Bei der Erfüllung seiner Schutzpflicht kommt dem Staat ein weiter Gestaltungsspielraum zu. So wurde beispielsweise die Bundesregierung durch eine Entscheidung des Bundesverfassungsgerichts nicht verpflichtet, Strafgefangene freizulassen, um das Leben einer Geisel zu retten (Schleyer-Urteil vom Oktober 1977). Die Teilnahme hoheitlicher Einsatzkräfte an den Einsätzen der Völkergemeinschaft wie der Operation ATALANTA ist als Beitrag zur Erfüllung des Schutzauftrages des Staates zu werten. Ein Anspruch auf hoheitlichen Schutz individuell für jedes Schiff wird deshalb nach Auslegung der Rechtsordnung verneint.

Dagegen wird der Einsatz privater Sicherheitsdienste zur Abwehr von Piratenangriffen im Rahmen des sogenannten Jedermannsrechts der Notwehr von der Rechtsordnung grundsätzlich gedeckt. Notwehr ist die Verteidigung, die erforderlich ist, um einen gegenwärtigen rechtswidrigen Angriff von sich oder einem anderen abzuwenden. Wer eine durch Notwehr gebotene Tat begeht, handelt nicht rechtswidrig (§ 32 StGB, § 227 BGB). Er kann also nicht bestraft werden und ist nicht verpflichtet, Schadensersatz zu leisten. Zu beachten ist aber, dass die Tatbestandsvoraussetzungen des Rechtssatzes erfüllt sein müssen, um eine Notwehrsituation feststellen zu können. So ist ein gegenwärtiger Angriff dann gegeben, wenn er unmittelbar bevorsteht, gerade stattfindet oder noch fortdauert. Hier drängt sich die Frage auf, ob der erste Schuss des Angreifers bereits gefallen sein muss, oder ob bei Annäherung eines möglichen Piratenschiffes auf Schussdistanz bereits die Gegenwärtigkeit des Angriffs zu bejahen ist. Da ein unmittelbar bevorstehender Angriff das Tatbestandsmerkmal der Gegenwärtigkeit erfüllt, kann also eine Notwehrsituation auch dann bereits gegeben sein, wenn der erste Schuss vom bedrohten Schiff aus gegeben wird. Als problematisch im Einzelfall kann sich auch das Vorliegen des Kriteriums der Erforderlichkeit erweisen. Darf beispielsweise der mit einem Schnellfeuergewehr ausgerüstete Angreifer mit einem gezielten, gegebenenfalls tödlichen wirkendem Schuss abgewehrt werden? Eine Maßnahme ist dann erforderlich, wenn sie geeignet ist, den Angriff abzuwehren, aber von den diesen Erfolg herbeiführenden Möglichkeiten das mildeste Mittel ist. Der in Notwehr Handelnde darf also keine andere Möglichkeit zur wirksamen Abwehr des Angriffs gehabt haben, die die Rechtsgüter des Angreifers wie Leben, körperliche Unversehrtheit und Eigentum mehr geschont hätte. Es ist damit ersichtlich, mit welcher Umsicht und Verantwortung Maßnahmen getätigt werden müssen, um die Voraussetzungen der Notwehr zu erfüllen. Da die Abwehr eines Angriffs nicht nur auf sich selbst, sondern auch auf andere durch Notwehr gerechtfertigt sein kann, würden die Maßnahmen eines Sicherheitsdienstes in Erfüllung der genannten Voraussetzungen zur Abwehr eines Angriffs auf die Besatzung als Notwehrrecht bestimmt werden können und damit keinen Verstoß gegen die Rechtsordnung darstellen. So besteht die Möglichkeit, private Sicherheitsdienste zur Abwehr von Angriffen einzusetzen. Sollte ein solcher privater Sicherheitsdienst in seinem Handeln die Tatbestandsmerkmale der Notwehr nicht erfüllen und damit die Grenzen des Notwehrrechts verletzten, muss sich der Reeder bzw. die für ihn handelnde Person insoweit verantworten, als dass er nachweist, dass er die Sicherheitsdienste sorgfältig ausgewählt hat und diese die Grenzen möglicher Abwehrhandlungen im Rahmen der Notwehr kannten. Der Reeder muss sich für den Fall rechtwidrigen Handelns der Sicherheitskräfte für ein mögliches Auswahlverschulden verantworten. Insofern stellt der Einsatz eines hoheitlich zertifizierten Sicherheitsdienstes eine wichtige Entlastungshilfe bei möglicher Verantwortung im Rahmen des Auswahlverschuldens für den Reeder, aber auch für den Kapitän dar. Mit der gesetzlichen Regelung zur Zertifizierung von privaten bewaffneten Sicherheitskräften an Bord von Schiffen unter deutscher Flagge (§ 31 Gewerbeordnung, See-Eigensicherungsverordnung mit Verweis auf die IMO-Leitlinien für Reeder und Schiffsführer über den Einsatz von bewaffnetem privaten Wachpersonal an Bord von Schiffen im Hochrisikogebiet) ist eine wichtige Voraussetzung zum Schutz von Reeder und Kapitän gegen einen möglichen Vorwurf des Auswahlverschuldens geschaffen worden.

Der Kapitän behält die oberste Anordnungsbefugnis, die ihm durch das Seemannsgesetz vom Hoheitsträger übertragen wurde (§ 121 Seearbeitsgesetz). Sicherheitsdienste dürfen also nicht ohne den ausdrücklichen Befehl des Kapitäns Angriffe abwehren. Sie müssen den Anweisungen des Kapitäns Folge leisten und können Maßnahmen zur Piratenabwehr nicht eigenständig ergreifen. Gibt der Kapitän die Anweisung, einen vermeintlichen Angriff von einem Fahrzeug abzuwehren, das sich im Nachhinein als unbeteiligtes Fischereifahrzeug herausstellt, so muss er sich bei Verletzung von Rechtsgütern (Körperschäden, Sachschäden) für fahrlässiges Verhalten sowohl zivil- als auch strafrechtlich verantworten. Unter fahrlässigem Handeln wird die Außerachtlassung der im Verkehr erforderlichen Sorgfalt verstanden (§ 276 Absatz 2 BGB). Damit könnte bereits ein kleiner Fehler ein fahrlässiges Verhalten indizieren und den Kapitän für Schäden, die nicht im Rahmen einer Notwehrsituation verursacht wurden, verantwortlich machen. Dagegen ist bei Vorliegen einer Notwehrsituation eine zivil- und strafrechtliche Verantwortung des Kapitäns nicht gegeben.

Zu berücksichtigen bleibt schließlich die Regelung des § 33 StGB, wonach der Täter im Rahmen der Notwehrhandlung nicht bestraft wird, wenn er die Grenzen der Notwehr aus Verwirrung, Furcht oder Schrecken überschreitet. In jedem Fall sollte eine genaue Dokumentation der Abläufe durchgeführt werden, um nach einer Abwehrhandlung nachweisen zu können, dass eine Notwehrsituation vorlag und die Abwehrhandlung im Rahmen der Rechtsordnung erfolgte.

Zu beachten ist weiter, dass auch zwecks Abwehr von Angriffen für den Umgang mit Waffen eine Erlaubnis nach dem Waffengesetz erforderlich ist. Da das im Gesetz geforderte Bedürfnis für den Umgang mit Waffen hier glaubhaft gemacht werden kann, können private Sicherheitsdienste auf Handelsschiffen nach erteilter Erlaubnis mit Waffen ausgerüstet werden.

Problematisch dagegen ist die Anwendung von Waffen, die unter das Kriegswaffenkontrollgesetz fallen. Der Erwerb dieser Waffen (Maschinengewehre, Kanonen, Handgranaten) erfordert eine Genehmigung, die bisher Privaten grundsätzlich nicht erteilt wurde (vergl. § 2 ff. Kriegswaffenkontrollgesetz). Sollte sich zeigen, dass eine wirksame Verteidigung von Piratenangriffen nur mit diesen Waffen möglich ist, wäre die bisherige Genehmigungspraxis zu überdenken. Eine Gesetzesänderung wäre dafür nicht erforderlich.

Schließlich ist das im Rahmen der Abwehrmaßnahmen ggf. erforderliche Einführen von Waffen in das Hoheitsgebiet fremder Küstenstaaten insofern mit Unsicherheiten behaftet, als dass das Recht des Küstenstaates gilt und die diesbezüglichen rechtlichen Voraussetzungen u.U. nicht erfüllt sind. Eine diesbezügliche Mitteilung der Bundesregierung über die deutsche Rechtslage zur Bewaffnung der Handelsschiffe sollte deshalb gegenüber der IMO erfolgen und gegebenenfalls als Richtlinie ausgeführt werden. Des weiteren könnten die Küstenstaaten durch eine völkerrechtliche Note darauf hingewiesen werden, dass Schiffe unter deutscher Flagge über bewaffnetes Personal verfügen dürfen und Angaben zur erlaubten Bewaffnung erhalten. Damit würde durch den Flaggenstaat deutlich gemacht, dass das Verhalten auf den Schiffen seiner Rechtsordnung entspricht.

Schließlich ist noch festzustellen, dass der Kapitän eines deutschen Schiffes kein Hilfsbeamter der Staatsanwaltschaft wie z.B. ein Polizeibeamter ist und damit nicht nach dem Legalitätsprinzip (§ 163 StPO) der Verpflichtung unterliegt, Strafverfolgungsmaßnahmen zu treffen.

Zusammenfassung

Der Einsatz privater Sicherheitsdienste auf Handelsschiffen unter deutscher Flagge ist nicht verboten beziehungsweise regelt sich nach dem Recht des jeweiligen Flaggenstaates. Die Erlaubnis zum Führen von Waffen nach dem Waffengesetz kann erteilt werden, der Erwerb von Kriegswaffen nach den Kriegswaffenkontrollgesetz wurde bisher Privaten nicht genehmigt.

Private Sicherheitsdienste dürfen Angriffe nur in Wahrnehmung des Notwehrrechts abwehren. Sie haben keine eigenständigen Eingriffsbefugnisse. Die Voraussetzungen einer Notwehrsituation, also die Gegenwärtigkeit des Angriffs und die Erforderlichkeit der Abwehrmaßnahme, müssen stets vorliegen.

Der Kapitän behält die oberste Anordnungsbefugnis nach dem Seearbeitsgesetz, Maßnahmen zur Abwehr von Gefahren müssen vom Kapitän angeordnet werden. Die Verantwortung des Kapitäns im Rahmen der Abwehr von Piratenangriffen erstreckt sich auf die allgemeinen Regeln des Zivil- und Strafrechts. Bei Vorliegen einer Notwehrsituation ist eine zivil- und strafrechtliche Verantwortung nicht gegeben.

Eine hoheitliche Zertifizierung der Sicherheitsdienste wird bei einem möglichen Vorwurf eines Auswahlverschuldens gegenüber dem Reeder und dem Kapitän eine wesentliche Entlastung bewirken. Die Voraussetzungen sind mit Änderung der Gewerbeordnung und der See-Eigensicherungsverordnung zur Zertifizierung von privaten bewaffneten Sicherheitskräften an Bord von Schiffen unter deutscher Flagge geschaffen worden.

Literaturverzeichnis

Hawxwell, Anne: „Schutz vor Piraten durch private Sicherheitsdienste“, Wissenschaftliche Dienste des Bundestags, WD 3 – 3000 – 258/11

Jenisch, Uwe: „Probleme bewaffneter Sicherheitsdienste auf Handelsschiffen“, HANSA, 10/2011, S. 74

Mitopoulos, Efthimios, Interview, HANSA, 11/2011, S. 64

Rüttgen, Horst: „Piratenabwehr – Die Wahl der Waffen und Formulare“, HANSA, 11/2011, S. 66

Claudia Topp

Kapitel 7.2: Einführung des Zulassungsverfahrens für Bewachungsunternehmen auf Seeschiffen gemäß § 31 GewO

Editorial abstract: Acknowledging the shipping community's desire for greater substantial protective measures against the violent threat of maritime piracy, German parliament passed a set of laws establishing a legal framework for the use of registered and officially licensed private armed security providers. These laws apply to all ships sailing under the German flag and for companies providing their security services under German jurisdiction. The aim of the new set of regulations, entered into force on 01.12.2013, is to reconcile a desire for protection and the interests of private commercial security providers on the one hand, with the public interest of limiting the use of violent means and preserving the governmental monopoly on the use of force.

7.2.1 Einleitung

Piraterie stellt international eine massive Bedrohung für Leib und Leben von Seeleuten dar und verursacht darüber hinaus erhebliche wirtschaftliche Schäden.[1] Davon ist auch die exportorientierte deutsche Wirtschaft in erheblichem Maße betroffen. Mit seiner weltweit drittgrößten Handelsflotte[2] wickelt Deutschland den Großteil seines Außenhandels über den Seeweg ab.[3] Allein im Jahr 2011 gab es 64 Angriffe von Piraten auf Schiffe deutscher Reeder.[4] Zum Schutz dieser Schiffe gehört ein Bündel von Maßnahmen, wie die technische Sicherung der Schiffe gegen Angriffe[5] oder

1 BT-Drs. 17/10960, S. 1.
2 BT-Drs. 17/10960, S. 1.
3 Ennuschat, GewArch 2014/9, S. 329.
4 BMWi, PM vom 22.03.2012, S. 1.
5 Vgl. „Beste Strategien und Verhaltensweisen zum Schutz gegen somalische Piraten" (Best Management Practices for Protection against Somalia Based Piracy)

Militäroperationen in den gefährdeten Seegebieten.[6] Ergänzend können private Bewachungsunternehmen eingesetzt werden, um Angriffe abzuwehren. Der Erfolg spricht für sich: Kein durch private Bewachungsunternehmen geschütztes Seeschiff wurde in der Vergangenheit gekapert.[7] Allerdings müssen die eingesetzten privaten bewaffneten Sicherheitskräfte in hohem Maße zuverlässig sowie sach- und insbesondere rechtskundig sein. Denn ihr Einsatz findet maßgeblich in Hochrisikogebieten statt und diese befinden sich regelmäßig in den sensiblen Regionen dieser Welt. Der Umgang mit Waffen und entsprechendem Equipment hat gerade hier nur unter Beachtung äußerster Sorgfalt sowie im Rahmen der Einhaltung der strengen existierenden Rechtsvorschriften auf nationaler und internationaler Ebene zu erfolgen. Dies stellt einerseits eine der größten Herausforderungen für die Unternehmen und andererseits eines der gravierenden Risiken der Sicherheitspolitik unserer Zeit dar.

Darüber hinaus haben bereits zahlreiche Negativbeispiele das Bild privater Sicherheitsdienste international geprägt.[8] Sowohl über die Internationale Seeschifffahrtsorganisation (IMO) in Form von Leitlinien für Reeder, Schiffsbetreiber und Schiffsführer über den Einsatz von bewaffnetem privaten Wachpersonal an Bord von Schiffen im Hochrisikogebiet[9] als auch über die Erarbeitung internationaler Standards[10] wird bereits auf

---

in der Fassung der Bekanntmachung des Bundesministeriums für Verkehr, Bau und Stadtentwicklung vom 22. Mai 2013 BMP; VkBl. 2013 S. 655.

6 z.B. die Antipiraterieoperation EUNAVFOR ATALANTA, siehe hierzu mit weiteren Verweisen http://www.auswaertiges-amt.de/DE/Europa/Aussenpolitik/GSVP/Missionen/EUNAVFOR_Atalanta.html?nn=363308.

7 PM Verband Deutscher Reeder, 21.06.2013; BT-Drs. 17/10960, S. 1.

8 Koschnitzke, FAZ (www.faz.net), Wirtschaft, 30.09.2014 „Wenn Beschützer Täter werden“; Meyer, Spiegelonline, 24.10.2010 „Blackwater-Söldner im Irak – Schattenkrieger unter Beschuss“; kes, Spiegelonline, 30.06.2014 „Irak-Besetzung der USA – Blackwater-Manager soll US-Ermittler mit Tod bedroht haben“.

9 Überarbeitete vorläufige Leitlinien für Reeder, Schiffsbetreiber und Schiffsführer über den Einsatz von bewaffnetem privaten Wachpersonal an Bord von Schiffen im Hochrisikogebiet in der Fassung des Bundesministeriums für Verkehr, Bau und Stadtenwicklung vom 15. Mai 2013, VkBl. 2013, S. 640.

10 ISO PAS 28007: 2012, Ships and marine technology – Guidelines for Private Maritime Security Companies (PMSC) providing contracted armed security personnel (PCASP) on board ships.

internationaler Ebene versucht, die Voraussetzungen für eine Qualitätssicherung zu schaffen.

Auf der Grundlage der Leitlinien der IMO[11] entsprach die Bundesregierung dem verständlichen Wunsch der Reeder nach mehr Rechtssicherheit beim Einsatz von privaten Sicherheitsdiensten.[12] Mit der Einführung des § 31 GewO wurden die Anforderungen an die Sicherheitsunternehmen und ihre Mitarbeiter gesetzlich klar und detailliert formuliert. Die Bundesregierung legte dem Gesetz maßgeblich Sicherheitsinteressen zugrunde. So heißt es in der Begründung des Gesetzesentwurfs:

> *„Der Einsatz von Bewachungsunternehmen als Schutzmaßnahme gegen Piraterie stellt gegenüber dem herkömmlichen Bewachungsgewerbe eine Sondersituation dar, die einer besonderen Regelung bedarf. Die Leistungen werden auf der Hohen See erbracht, wo im Notfall anders als in Deutschland selbst nicht mit der schnellen Unterstützung durch hoheitliche Kräfte gerechnet werden kann. Ferner muss das Sicherheitspersonal über ausreichende maritime Kenntnisse verfügen. Die Bundesregierung möchte mit der Einführung eines speziellen Zulassungsverfahrens für Bewachungsunternehmen, die auf Seeschiffen Bewachungsleistungen erbringen wollen, diesen besonderen Erfordernissen Rechnung tragen. Es soll sichergestellt werden, dass nur zuverlässige und qualifizierte Sicherheitskräfte zum Einsatz kommen, um das Risiko von Gewalteskalationen zu senken.“*[13]

---

11 „Die Internationale Seeschifffahrtsorganisation (IMO – International Maritime Organization) hat die Interimsleitlinien „Revised Interim Guidance to shipowners, ship operators and shipmasters on the use of privately contracted armed security personnel on board ships in the High Risk Area“ (MSC.1/Circ. 1405/Rev.2) sowie die Interimsleitlinien „Interim Guidance to private maritime security companies providing privately contracted armed security personnel on board ships in the High Risk Area“ (MSC.1/Circ.1443) erstellt. Das geplante unternehmensbezogene Zulassungsverfahren orientiert sich an diesen Leitlinien.“, so im Gesetzentwurf der Bundesregierung, BT-Drs. 17/10960, S. 1.

12 Dazu erklärt Michael Behrendt, Präsident des Verbands Deutscher Reeder (VDR): „Wir begrüßen die Initiative der Bundesregierung, den Einsatz privater bewaffneter Sicherheitskräfte auf Schiffen unter deutscher Flagge gesetzlich zu regeln. Unsere Reeder brauchen klare Bedingungen, um die Seeleute effektiv vor der weiter andauernden Bedrohung durch Piraterie schützen zu können.“, aus der PM des Verbandes Deutscher Reeder vom 18.07.2012.

13 BT-Drs. 17/10960, S. 1 (10).

7.2.2 Gesetzliche Grundlage des Zulassungsverfahrens zum Schutz von Seeschiffen

Die Grundlage für das neu geschaffene Zulassungsverfahren bildet der unter der Federführung des Bundesministeriums für Wirtschaft und Energie (BMWi) eingeführte § 31 Gewerbeordnung (GewO). Damit wurde in dem für das Bewachungsgewerbe bislang geltenden § 34a GewO eine Bereichsausnahme für Bewachungsaufgaben auf Seeschiffen geschaffen. An Stelle der Erlaubnispflicht nach § 34a GewO wurde mit § 31 GewO ein spezielles staatliches Zulassungsverfahren eingeführt, das den Besonderheiten der Bewachung auf Seeschiffen Rechnung trägt[14]. Eine erworbene Zulassung stellt damit eine Berufszugangsberechtigung dar.

Da üblicherweise im Gewerberecht nicht sämtliche Verfahrensregelungen in der Gewerbeordnung selbst erfolgen, hat der Gesetzgeber dem BMWi in § 31 Abs. 4 GewO eine Ermächtigung zum Erlass einer Rechtsverordnung übertragen. Diese Rechtsverordnung ist im Einvernehmen mit dem Bundesministerium des Innern und dem Bundesministerium für Verkehr und digitale Infrastruktur zu erlassen. Gemäß § 31 Abs. 4 S. 2 GewO kann das BMWi wiederum diese Ermächtigung ganz oder teilweise auf das Bundesamt für Wirtschaft und Ausfuhrkontrolle (BAFA) übertragen.[15] Von dieser Verordnungsermächtigung haben die genannten Behörden mit Erlass der Verordnung über die Zulassung von Bewachungsunternehmen auf Seeschiffen (SeeBewachV) vom 11.06.2013[16] sowie der Verordnung zur Durchführung der Seeschiffsbewachungsverordnung (SeeBewachDV) vom 21.06.2013[17] Gebrauch gemacht. Die SeeBewachDV wurde dabei entsprechend der gesetzlichen Vorgabe im Einvernehmen mit dem Bundespolizeipräsidium und dem Bundesamt für Seeschifffahrt und Hydrographie (BSH) erlassen. Beide Verordnungen regeln die Einzelheiten des Zulassungsverfahrens.

14 BT-Drs. 17/10960, S. 1 (10).

15 Gem. § 31 Abs. 4 S. 2, 2. Teilsatz GewO bedürfen Rechtsverordnungen des Bundesamtes für Wirtschaft und Ausfuhrkontrolle in Abweichung von der Einvernehmensregelung nach Satz 1 nur des Einvernehmens des Bundespolizeipräsidiums und des Bundesamtes für Seeschifffahrt und Hydrographie.

16 SeeBewachV vom 11.06.2013, BGBl. I S. 1562.

17 SeeBewachDV vom 21.06.2013, BGBl. I S. 1623.

Parallel dazu wurde neben der vorgenannten gewerberechtlichen Regelung das Waffenrecht geändert. Durch die Einführung von § 28a WaffG wurden somit auch der Erwerb, der Besitz und das Führen von Schusswaffen und Munition durch nach § 31 GewO zugelassene Bewachungsunternehmen einer besonderen Regelung unterworfen.[18]

Die vorbenannten Regelungen werden letztlich durch eine seeschiffssicherheitsrechtliche Flankierung abgerundet.[19] Danach haben sich Reeder, die beabsichtigen private bewaffnete Sicherheitskräfte an Bord von Schiffen unter deutscher Flagge einzusetzen, einen entsprechenden Zusatz zum Gefahrenabwehrplan für das Schiff vom BSH genehmigen zu lassen, gemäß § 7 Abs. 1b i.V.m. Abs. 2a Nr. 2 lit. a und § 1 Abs. 3 SeeEigensichV. Hiernach dürfen ausschließlich vom BAFA zugelassene Bewachungsunternehmen zum Einsatz kommen.[20]

7.2.3 Das Zulassungsverfahren

Die SeeBewachV sowie die SeeBewachDV regeln detailliert das komplexe Zulassungsverfahren, das auf eine unternehmensbezogene Prüfung abstellt. Bei der Konzipierung des Verfahrens wurde in vielerlei Hinsicht gewerberechtliches Neuland beschritten. Grund hierfür ist unter anderem die Tatsache, dass bereits während der Regelungserarbeitung davon ausgegangen werden musste, dass neben inländischen in Deutschland ansässigen Unternehmen insbesondere auch ausländische Sicherheitsdienste einen Zulassungsantrag stellen werden.[21] Darüber hinaus musste den Besonderheiten dieses spezifischen Sicherheitsgewerbes Rechnung getragen werden, dessen Leistungen auf Hoher See erbracht werden, wo im Notfall anders als im Binnenland nicht mit der schnellen Unterstützung durch hoheitliche Kräfte gerechnet werden kann.[22]

Vor dem Hintergrund eines auslandsbezogenen Prüfansatzes wird daher im Rahmen der Erlaubnistatbestände des § 31 GewO i.V.m. der SeeBewachV nicht auf die Person des Gewerbetreibenden abgestellt, sondern

---

18 BT-Drs. 17/10960, S. 14 f.
19 Ennuschat, GewArch 2014/9, S. 329 (330).
20 Vgl. hierzu auch BT-Drs. 17/9278, S. 3.
21 BT-Drs. 17/9278, S. 3; BMWi, PM vom 18.07.2012.
22 BT Drs. 17/13308 S. 1 f.

auf einen unternehmensbezogenen Prüfungsansatz, der an die betriebliche Organisation und an Verfahrensabläufe anknüpft. Die Prüfung der betrieblichen Organisation nach § 4 Abs. 1 SeeBewachV orientiert sich dabei an den internationalen Standards zur betrieblichen Organisation des COSO (Committee of Sponsoring Organizations of the Treadway Commission, Internal Control – Integrated Framework) und dem vom Institut der Wirtschaftsprüfer entwickelten IDW Prüfstandard: Grundsätze ordnungsgemäßer Prüfung von Compliance Management Systemen[23]. Die dort herausgearbeiteten Prüfkriterien der Managementverantwortung, Aufbauorganisation, Ablauforganisation, Personalauswahl und Weiterbildung sowie nicht zuletzt der Überwachung wurden auf das Zulassungsverfahren übertragen. Diese Anforderungen tragen insbesondere der Rechtsprechung zur Organisationspflicht von Unternehmen im Zusammenhang mit § 130 des Gesetzes über Ordnungswidrigkeiten in der Fassung der Bekanntmachung vom 19.02.1987 (BGBl. I S. 602), das zuletzt durch Artikel 18 des Gesetzes vom 10. Oktober 2013 (BGBl. I S. 3786) geändert worden ist, Rechnung.[24]

Die Prüfung der Planungsunterlagen und Durchführungskonzepte von Einsätzen auf See erfolgt anhand der in § 5 SeeBewachV konkretisierten Anforderungen an die Planung und Durchführung von Einsätzen auf See. Die Regelung des Abs. 1 Nr. 2 lässt dabei die oberste Anordnungsbefugnis des Kapitäns nach § 121 Abs. 1 Seearbeitsgesetz (SeeArbG)[25] unberührt.

Die Bewachungsunternehmen müssen in ihren Konzepten darlegen, dass sie die Anforderungen an die betriebliche Organisation und Verfahrensabläufe erfüllen und aufrechterhalten können. Hervorzuheben sei auch an dieser Stelle die damit verbundene Darstellung der gesamten Lieferkette, samt eingeholter Ausfuhr-, Einfuhr- oder Durchfuhrgenehmigungen, für die erworbene, transportierte und gelagerte Ausrüstung. Dies umfasst selbstverständlich auch etwaige Genehmigungen für Handels- und Vermittlungsgeschäfte.[26] Der legale Umgang mit Waffen und

23 BT-Drs. 17/13308, S. 19; IDW PS 980 vom 11.03.2011.

24 BT-Drs. 17/13308, S. 19, insbesondere KG WuW 1981, 746, OLG Hamm JR 1971, 383 und OLG Stuttgart NJW 1977, 1410.

25 SeeArbG vom 20.04.2013 (BGBl. I S. 868) i.d.F.v. 26.06.2013.

26 § 12 Abs. 8 SeeBewachDV.

Munition in den sensiblen Regionen dieser Welt ist bei der Ausübung der Bewachungstätigkeit auf See Dreh- und Angelpunkt.

Ergänzend zur unternehmensbezogenen Prüfung findet allerdings eine personenbezogene Prüfung des vom Bewachungsunternehmen zu benennenden Verantwortlichen statt. Er ist für die Kontrollmechanismen und die Einhaltung der gesetzlichen Bestimmungen verantwortlich.[27] Seine Ernennung sowie die ihm übertragenen Aufgaben sind von zentraler Bedeutung. So ist er nicht nur verantwortlich für die Sicherstellung und Führung eines Prozesshandbuchs oder für die Überwachung des Personalauswahl-, -überprüfungs- und -weiterbildungsprozesses, sondern auch für die interne Kommunikation sowie die Kommunikation mit dem BAFA.

Die Prüfung des sogenannten Verantwortlichen im Rahmen des gestellten Zulassungsantrages umfasst daher neben seiner Zuverlässigkeit und persönlichen Eignung auch die gesamte Sachkunde.[28]

7.2.3.1 Zuständigkeit

Vor dem Hintergrund des auslandsbezogenen Unternehmensprüfungsansatzes sowie dem Erfordernis einer zentralen Bearbeitung erteilt das BAFA als Bundesoberbehörde gemäß § 31 Abs. 2 GewO i.V.m. § 1 SeeBewachV auf Antrag die Zulassung. Bei dieser Regelung handelt es sich um eine weitere für das Gewerberecht ungewöhnliche Regelung, da regelmäßig Landesbehörden für den Vollzug der Gewerbeordnung zuständig sind, § 155 Abs. 2 GewO. Dabei erstreckt sich die Zuständigkeit des BAFA nicht lediglich auf die Antragsprüfung und Zulassungserteilung, sondern ebenfalls auf die Kontrolle zugelassener Unternehmen über Auskunftsverlangen und Nachschau nach § 29 GewO, die Entgegennahme aller weiteren im Zusammenhang mit der Zulassung verbundenen Anzeige- und Meldepflichten der Bewachungsunternehmen,[29] die Verfolgung von Ordnungswidrigkeiten[30] sowie die Entscheidung über die Fortführung

---

27 § 4 Abs. 1 Nr. 1 SeeBewachV, so auch in der Begründung der SeeBewachV in der BT-Drs. 17/13308, S. 18.

28 gemäß § 11 Abs. 2 bis 4 SeeBewachV.

29 § 14 SeeBewachV.

30 § 144 Abs.5 i.V.m. § 36 Abs.1 OWiG.

des Gewerbes bei Betrieb des Gewerbes ohne Zulassung[31] oder Tod des Gewerbetreibenden.[32]

Die Regelung des § 31 Abs. 2 S. 1 GewO i.V.m. § 1 SeeBewachV bestimmt ferner, dass die Zulassung im Benehmen mit der festgelegten Behörde der Bundespolizei erteilt wird. Damit wird klargestellt, dass sogar zwei Bundesbehörden tätig werden.[33] Im Sinne einer antragstellerfreundlichen Organisation erfolgt die Zusammenarbeit des BAFA mit der Bundespolizei allerdings im internen Verwaltungsverfahren, so dass nach dem „Single Window-Prinzip“ das BAFA der zentrale Ansprechpartner für die Antragsteller ist.

7.2.3.2 Antragstellung

Antragsberechtigt sind gemäß § 2 Absatz 1 SeeBewachV natürliche und juristische Personen, die Bewachungsaufgaben auf Seeschiffen seewärts der Begrenzung der deutschen ausschließlichen Wirtschaftszone ausüben wollen.

Die Zulassungspflicht erstreckt sich dabei auf in- und ausländische Bewachungsunternehmen, die Bewachungsaufträge auf Seeschiffen unter deutscher Flagge wahrnehmen wollen, sowie auf sämtliche in Deutschland niedergelassene Bewachungsunternehmen, unabhängig davon, unter welcher Flagge sie tätig werden. Dies geht bereits aus dem klaren Wortlaut des § 31 Absatz 1 GewO sowie der SeeBewachV hervor, die nicht zwischen der Tätigkeit eines nach § 31 GewO zugelassenen Bewachungsunternehmens auf einem Seeschiff unter deutscher Flagge und einem Seeschiff unter ausländischer Flagge unterscheiden.

Die Antragstellung erfolgt ausschließlich elektronisch[34] über das vom BAFA bereitgestellte Portal. Hierüber sind auch die erforderlichen Unterlagen zum Nachweis der Zulassungsvoraussetzungen hochzuladen. Insbesondere für ausländische Antragsteller wird die Antragstellung hierdurch erheblich erleichtert.

---

31 § 31 Abs. 7 GewO i.V.m. § 15 Abs. 2 GewO.
32 § 31 Abs. 7 GewO i.V.m. §§ 46 Abs. 3 und 47 GewO.
33 Schönleiter, in: Landmann/Rohmer, GewO, 64. EL Juli 2013, § 31 Rn. 7.
34 § 2 Absatz 3 SeeBewachV.

7.2.3.3 Anforderungen an die eingesetzten Wachpersonen

Die Anforderungen an die Wachpersonen ergeben sich aus § 7 ff. SeeBewachV. Danach dürfen nur zuverlässige, persönlich geeignete und sachkundige Personen eingesetzt werden, die mindestens 18 Jahre alt sind.[35] Die Regelungen der Zuverlässigkeit und der Geeignetheit orientieren sich dabei eng an den jeweiligen Vorschriften des Waffengesetzes, hier § 5 Abs. 1 bis 3 und § 6 WaffG.[36] Dies hat eine weitestgehende Harmonisierung mit Blick auf das waffenrechtliche Prüfverfahren ermöglicht.[37] Auf einen bloßen Verweis auf die Normen des Waffengesetzes in der SeeBewachV hat der Gesetzgeber mit Blick auf die ausländischen Antragsteller verzichtet.[38] Vielmehr wurde mit der Wiederholung der Anforderungen in der SeeBewachV eine Bündelung der Rechtsvorschriften in eben dieser geschaffen, wodurch sich eine Vereinfachung der Handhabung für die Antragsteller zumindest in diesem Punkt ergab.

Die Zuverlässigkeit nach § 8 SeeBewachV umfasst allerdings auch Anforderungen, die sich aus Embargoverordnungen der Europäischen Union ergeben. Sie zum Bestandteil der Zuverlässigkeit zu machen war notwendig, da das Berufsbild Seeschiffbewachung den Außenwirtschaftsverkehr in Bezug auf Waffen mit sich bringt. Keinesfalls dürfen dabei die außen- und sicherheitspolitischen Interessen der Bundesrepublik Deutschland beeinträchtigt werden. Personen, gegen die eine Embargomaßnahme angeordnet wurde, sind daher automatisch als unzuverlässig einzustufen und dürfen vom Bewachungsunternehmen nicht eingesetzt werden.[39]

Ebenfalls als sehr anwenderfreundlich zu bewerten ist die detaillierte Regelung der von den Wachpersonen nachzuweisenden Sachkunde in § 10 SeeBewachV i.V.m mit der Anlage zu § 10 Absatz 1 SeeBewachV. Mit einem konkret definierten Inhalt der einzelnen Anforderungen in Verbindung mit klaren Zeitansätzen zur Unterrichtung und dem Verzicht auf die Benennung von Schulungsträgern ermöglicht dies den Wachpersonen, die entsprechenden Kenntnisse mit Nachweisen sowohl im Inland als auch

35 § 7 SeeBewachV.
36 BT-Drs. 17/13308, S. 20 f.
37 BT-Drs. 17/13308, S. 20.
38 BT-Drs. 17/13308, S. 20.
39 Begründung von § 8 Absätze 1 bis 3 SeeBewachV in BT-Drs. 17/13308, S. 20.

im Ausland zu erwerben. Dabei gehen die Anforderungen des § 10 Abs. 1 SeeBewachV deutlich über die von § 4 der Bewachungsverordnung für Bewachungstätigkeiten an Land hinaus. Dies trägt den Besonderheiten des Umgangs mit Waffen auf Seeschiffen sowie in wechselnden Gewässern und Seegebieten Rechnung. So umfasst die Norm die bei den jeweiligen Einsätzen wechselnden Schiffstypen, die rechtlichen Vorgaben, welche aufgrund der der Bewachungsaufgabe immanenten Reisetätigkeit in verschiedenen Küsten- und Hafengewässern unterschiedlicher Länder zu berücksichtigen sind, sowie die Rechtsgebiete im Zusammenhang mit der Vor- und Nachbereitung der Bewachungstätigkeit, etwa dem Erwerb, dem Be- und Entladen oder Aufbewahren der Ausrüstung. Als Basis für diese Regelung dienten die IMO-Seeschiffbewachungsleitlinien und die derzeit geltenden Best Management Practices.[40]

7.2.3.4 Befristete Zulassungserteilung

Abweichend von den sonstigen gewerberechtlichen Erlaubnissen[41] ist die Zulassung nach § 31 GewO immer zu befristen, gemäß § 31 Abs. 2 S. 2 GewO. Die Zulassung behält zwei Jahre Gültigkeit[42]. Hintergrund dieser Befristung sind die Gefahrgeneigtheit und Sensibilität der Tätigkeit, die nach Ansicht des Gesetzgebers eine regelmäßige Überprüfung der Unternehmen erfordern.[43]

7.2.4 Anerkennung ausländischer Zulassungen und Zertifizierungen

Ausgehend vom unionsrechtlichen Grundsatz der gegenseitigen Anerkennung ist eine vom Antragsteller bereits erworbene gleichwertige staatliche Zulassung oder staatlich anerkannte Zertifizierung aus einem anderen EU- oder EWR-Mitgliedstaat gemäß § 15 Abs. 1 SeeBewachV der inländischen

---

40 Begründung von § 10 Abs. 1 SeeBewachV in BT-Drs. 17/13308, S. 21.
41 Schönleiter, in: Landmann/Rohmer, GewO, 64. EL Juli 2013, § 31 Rn. 8.
42 § 3 SeeBewachV.
43 Begründung von § 3 SeeBewachV in BT-Drs. 17/13308, S. 19; so auch in Schönleiter, in: Landmann/Rohmer, GewO, 64. EL Juli 2013, § 31 Rn. 8.

Zulassung gleichzustellen.[44] Dies gilt ebenfalls gemäß § 15 Abs. 2 SeeBewachV für eine in einem Drittstaat erteilte staatliche Zulassung oder staatlich anerkannte Zertifizierung. Die Gleichwertigkeit wird dabei regelmäßig über einen Rechtsvergleich mit der der ausländischen Zulassung zugrunde liegenden ausländischen Rechtsgrundlage festgestellt werden müssen.

7.2.5 Mit der Zulassung verbundene weitere Unternehmenspflichten

Nach erfolgter Zulassung regeln die §§ 13 und 14 SeeBewachV die hiermit verbundenen über die Zulassungsanforderungen hinausgehenden Unternehmenspflichten. Diese teilen sich in Aufzeichnungs- und Aufbewahrungspflichten sowie Anzeige-, Melde- und Vorlagepflichten.

Während die in § 13 SeeBewachV geregelten Aufzeichnungs- und Aufbewahrungspflichten insbesondere auch eine Grundlage für eine spätere Kontrolle durch die Zulassungsbehörde darstellen, dienen die Anzeige-, Melde- und Vorlagepflichten nach § 14 SeeBewachV der sofortigen Überprüfung, ob die Anforderungen der Seeschiffbewachungsverordnung eingehalten werden. So sind der Zulassungsbehörde personelle oder wesentliche organisatorische Veränderungen im Bewachungsunternehmen unverzüglich anzuzeigen. Dies gilt insbesondere für den Wechsel des Verantwortlichen und die Prüfung seiner in diesem Zusammenhang vorzulegenden Nachweise. Basiert doch hierauf die Zulassung selbst.[45]

Ferner ist das Bewachungsunternehmen verpflichtet, seine Bewachungseinsätze auf Seeschiffen unverzüglich beim BAFA anzuzeigen, spätestens jedoch 24 Stunden nach der Einschiffung der Wachpersonen unter Angabe des Namens und der IMO-Schiffsidentifikationsnummer des Seeschiffes, des Reiseverlaufs und -zeitraums sowie einer Kopie der waffenrechtlichen Erlaubnis.[46]

Dabei gelten die Pflichten und Anforderungen des § 31 GewO i.V.m. der SeeBewachV und der SeeBewachDV für alle Bewachungsunternehmen, die unter deutscher Flagge tätig werden und darüber hinaus für

44 Vgl. Begründung von § 15 Abs. 1 SeeBewachV in BT-Drs. 17/13308, S. 22.
45 Vgl. Begründung von § 14 SeeBewachV in BT-Drs. 17/13308, S. 22.
46 § 14 Abs. 1 SeeBewachV.

Bewachungsunternehmen mit Sitz in Deutschland auch ungeachtet dessen, ob diese auf unter deutscher oder unter ausländischer Flagge fahrenden Seeschiffen im Einsatz sind. Dies geht, wie unter II.2. bereits ausgeführt, aus dem klaren Wortlaut von § 31 Abs. 1 GewO sowie der SeeBewachV hervor, die nicht zwischen der Tätigkeit eines nach § 31 GewO zugelassenen Bewachungsunternehmens unter deutscher und ausländischer Flagge unterscheiden. In der Begründung des Gesetzentwurfs der Bundesregierung vom 10.08.2012, der in dieser Form dem Bundesrat zugeleitet wurde (BR-Drs. 473/12) sowie auf Seite 12 der Begründung des dem Bundestag am 10.10.2012 zugeleiteten Gesetzentwurfs (BT-Drs. 17/10960) heißt es ferner:

> *„Die Zulassungspflicht nach Absatz 1 trifft neben den im Inland niedergelassenen Bewachungsunternehmen, die maritime Sicherheitsdienstleistungen durchführen, auch im Ausland niedergelassene Bewachungsunternehmen, sofern diese auf Seeschiffen unter deutscher Flagge Bewachungsaufgaben durchführen wollen, da auf Seeschiffen unter deutscher Flagge deutsches Recht anzuwenden ist."*

Daraus folgt, dass der Gesetzgeber bewusst die gewerberechtlichen Regelungen auf alle in Deutschland niedergelassenen Bewachungsunternehmen bezogen und keine Beschränkung auf Bewachungsaufgaben unter deutscher Flagge vorgenommen hat. In Deutschland niedergelassene Bewachungsunternehmen operieren auf Schiffen, die unter ausländischer Flagge fahren, (auch) im Geltungsbereich einer ausländischen Rechtsordnung. Dies schließt die Geltung deutschen Gewerberechts jedoch nicht aus. Zum einen sind Kollisionen mit dem Recht des jeweiligen Flaggenstaats nahezu ausgeschlossen. So dienen die deutschen gewerberechtlichen Regelungen dem Schutz der Allgemeinheit und des Auftraggebers und beinhalten vorwiegend Anzeige-, Melde- und Vorlagepflichten sowie Pflichten zur Betriebsorganisation, die das ausländische Recht nicht tangieren. Sollte im Einzelfall gleichwohl das deutsche Gewerberecht mit dem Recht des jeweiligen Flaggenstaats unauflösbar kollidieren, ist einzelfallbezogen zu entscheiden, welche nationale Regelung in diesem Fall Anwendung findet. Diese Einzelfallentscheidung kann ohne weiteres im Vorfeld eines Einsatzes getroffen werden und gewährleistet damit ein rechtssicheres Handeln des Bewachungsunternehmens.

7.2.6 Kontrollmöglichkeiten durch die Zulassungsbehörde

Der Zulassungsbehörde stehen auf der Grundlage der Zulassungsanforderungen sowie der bestehenden Pflichten des Unternehmens im Anschluss an dessen Zulassung unterschiedliche Kontroll- und Überprüfungsinstrumente zur Verfügung. Eines der wichtigsten Instrumente dürfte dabei das Auskunftsverlangen nach § 29 Abs. 1 Nr. 1 GewO sein, wonach sich das BAFA u.a. Unterlagen zu den einzelnen eingesetzten Wachpersonen, die Bewachungsverträge oder Dokumentationen der Einsätze vorlegen lassen kann.[47]

Daneben hat das BAFA – mindestens gegenüber den in Deutschland niedergelassenen Unternehmen – die Befugnis, zum Zwecke der Überwachung Grundstücke und Geschäftsräume des Betroffenen zu betreten, um dort Prüfungen und Besichtigungen vorzunehmen.[48]

Das BAFA kann sich jedoch nicht nur vom Bewachungsunternehmen sondern auch von der Seite der Auftraggeber Auskünfte einholen. So kann es sich im Rahmen von § 7 Abs. 2a S. 2 Nr. 3 SeeEigensichV durch den Beauftragten für die Gefahrenabwehr auf dem Schiff Berichte vorlegen lassen. Hierdurch ist gewährleistet, dass unter bestimmten Voraussetzungen neben der Berichterstattung durch das Bewachungsunternehmen ebenfalls auf die Berichte der Auftraggeber zurückgegriffen werden kann.

Weitere Kontrollmöglichkeiten ergeben sich für das BAFA aus ausfuhrrechtlichen Regelungen und für die Waffenbehörde aus dem Waffengesetz.

7.2.7 Sanktionsmöglichkeiten

Wesentlicher Bestandteil für die Durchsetzung der Regelung des § 31 GewO i.V.m. der SeeBewachV und der SeeBewachDV sind die in § 16 SeeBewachV eingeführten Ordnungswidrigkeitstatbestände, die die Blankettnorm des § 144 Abs. 2 Nr. 1 GewO ausfüllen. Durch ihre Festlegung wird die Beachtung der rechtlichen Vorgaben seitens der zugelassenen Unternehmen sichergestellt. Die einzelnen Ordnungswidrigkeiten können

---

47 Vgl. die Aufzeichnungspflichten gem. § 13 Abs. 1 SeeBewachV.
48 gemäß § 29 Abs. 2 GewO.

danach je mit einer Geldbuße in Höhe von bis zu fünftausend Euro geahndet werden.[49]

Dessen unbenommen stehen die Maßnahmen im Rahmen des allgemeinen Verwaltungsrechts zur Verfügung, insbesondere die Rücknahme oder der Widerruf der Zulassung gemäß der §§ 48, 49 VwVfG.

Bei einer Ausübung der Bewachungstätigkeit auf See ohne die erforderliche Zulassung kann das BAFA die Fortsetzung des Betriebes gemäß § 15 Abs. 2 GewO verhindern. Darüber hinaus kommt eine Ahndung als Ordnungswidrigkeit mit einer Geldbuße bis zu fünfzigtausend Euro in Betracht.[50]

Parallel hierzu sind die vollziehbaren und nicht mehr anfechtbaren Entscheidungen des BAFA, durch die wegen Unzuverlässigkeit oder Ungeeignetheit ein Antrag auf Zulassung abgelehnt oder eine erteilte Zulassung zurückgenommen oder widerrufen wurde sowie rechtskräftige Bußgeldentscheidungen bei einer Geldbuße von mehr als zweihundert Euro unter den Voraussetzung des § 149 Abs. 2 GewO in das Gewerbezentralregister einzutragen. Diese Eintragungen können dann bei später erforderlichen Beurteilungen der Zuverlässigkeit eines Gewerbetreibenden herangezogen werden.[51]

Unabhängig davon können selbstverständlich die Vorschriften des Strafgesetzbuches, des Außenwirtschaftsrechts oder beispielsweise des Waffenrechts Anwendung finden. Nicht zuletzt vor dem Hintergrund, dass den eingesetzten Wachpersonen beim Einsatz lediglich nur sogenannte Jedermann-Befugnisse zur Verfügung stehen, bleibt eine Beurteilung von Vorfällen dem jeweiligen Einzelfall überlassen. Die Vorschriften der §§ 31 Abs. 2 S. 4 i.V.m. § 34a Abs. 5 GewO legen vielmehr fest, dass den eingesetzten Wachpersonen keine hoheitlichen Befugnisse übertragen werden und sie nur im Rahmen von beispielsweise Notwehr oder Selbsthilfe tätig werden können[52]. Gemäß § 12 Abs. 4 S. 1 und 2 SeeBewachDV hat das Bewachungsunternehmen grundsätzlich die Anwendung körperlicher Gewalt

---

49 § 144 Abs. 4 GewO i.V.m. § 144 Abs. 2 Nr. 1 GewO und § 16 SeeBewachV.
50 § 144 Abs. 4 i.V.m. Abs. 1 Nr. 2 GewO.
51 Ennuschat in: Tettinger/Wank/Ennuschat, GewO, 8. Auflage München 2011, Vor §§ 149 ff, Rn. 1.
52 So auch Ennuschat, GewArch 2014/9, S. 329 (332).

und den Gebrauch von Waffen zu vermeiden. Ausnahmen hiervon können nur im Einklang mit den maßgeblichen deutschen Rechtsvorschriften, insbesondere den §§ 32 bis 35 des Strafgesetzbuchs – z.B. Notwehr, Nothilfe – erfolgen, unter besonderer Beachtung der Geeignetheit, Erforderlichkeit und Angemessenheit.

7.2.8 Fazit

Das neu eingeführte Zulassungsverfahren beschreitet in vielerlei Hinsicht Neuland. Sei es der Ansatz einer unternehmensbezogenen Prüfung, der mit Hilfe von Compliance Regelungen den Spagat wagt zwischen Unternehmensverantwortung und staatlicher Kontrolle, oder die Übertragung gewerberechtlicher zentraler Zuständigkeiten an eine Bundesbehörde – dem BAFA – in Verbindung mit einer eng angelegten internen Zusammenarbeit mit der Bundespolizei. Das Verfahren verbindet dabei eine Vielzahl von bereits existierenden Regelungen, wie aus dem Waffenrecht und dem Außenwirtschaftsrecht. Es bietet erstmals eine gebündelte Übersicht der für die tätigen Bewachungsunternehmen relevanten und zu beachtenden zahlreichen Rechtsvorschriften. Nicht zuletzt hat dies überhaupt erst bei allen Beteiligten zu einer Bewusstseinsschärfung hinsichtlich des komplexen Handlungsrahmens der Branche geführt.

Das Zulassungsverfahren nimmt damit in jeder Hinsicht eine internationale Vorreiterrolle bei der Einführung hoher Standards für die Auswahl von Sicherheitspersonal zur Bewachung von Seeschiffen ein, deren Überprüfung sowie die Sanktionierung der Nichteinhaltung von Regelungen.[53] Auch die jüngsten Ereignisse[54] haben erneut verdeutlicht, dass die Gefahrgeneigtheit einer bewaffneten Bewachungstätigkeit immanent ist und einer herausgehobenen Kontrolle bedarf. Die Anforderungen zur Qualitätssicherung dieser Dienstleistung basieren daher zu Recht maßgeblich auf Sicherheitsinteressen.

---

53 BMWI PM, 24.04.2013, S. 1, Verbesserter Schutz gegen Piraten – Bundeskabinett beschließt Zulassungsverfahren für bewaffnete Sicherheitsunternehmen auf Seeschiffen.

54 Koschnitzke, FAZ (www.faz.net), Wirtschaft, 30.09.2014 „Wenn Beschützer Täter werden".

Literaturverzeichnis

Gesetzestexte und Offizielle Dokumente

BT-Drucksache 17/10960 vom 10.10.2012: Gesetzesentwurf der Bundesregierung, Entwurf eines Gesetzes zur Einführung eines Zulassungsverfahrens für Bewachungsunternehmen auf Seeschiffen (BT-Drucksache 16/10067).

BT-Drucksache 17/13308 vom 25.04.2013: Verordnung des Bundesministeriums für Wirtschaft und Technologie, Verordnung über die Zulassung von Bewachungsunternehmen auf Seeschiffen (Seeschiffbewachungsverordnung – SeeBewachV) (BT-Drucksache 17/13308).

Gesetz über Ordnungswidrigkeiten in der Fassung der Bekanntmachung vom 19. Februar 1987 (BGBl. I S. 602), zuletzt geändert durch Artikel 18 des Gesetzes vom 10. Oktober 2013 (BGBl. I S. 3786)

Gewerbeordnung in der Fassung der Bekanntmachung vom 22. Februar 1999 (BGBl. I S. 202), zuletzt geändert durch Artikel 11 des Gesetztes vom 11. August 2014 (BGBl. I S. 1348)

Seearbeitsgesetz vom 20. April 2013 (BGBl. I S. 868), zuletzt geändert durch Artikel 3 des Gesetztes vom 26. Juni 2013 (BGBl. 2013 II S. 763)

Seeschiffbewachungsverordnung vom 11. Juni 2013 (BGBl. I S. 1562)

Verordnung zur Durchführung der Seebewachungsverordnung (Seeschiffbewachungsdurchführungsverordnung – SeeBewachDV) vom 21. Juni 2013

„Beste Strategien und Verhaltensweisen zum Schutz gegen somalische Piraterie“ in der Fassung der Bekanntmachung des Bundesministeriums für Verkehr, Bau und Stadtentwicklung vom 22.05.2013 (VkBl. 2013, S. 655)

„Überarbeitete vorläufige Leitlinien für Reeder, Schiffsbetreiber und Schiffsführer über den Einsatz von bewaffnetem, privaten Wachpersonal an Bord von Schiffen im Hochrisikogebiet“ in der Fassung der Bekanntmachung des Bundesministeriums für Verkehr, Bau und Stadtentwicklung vom 15.05.2013 (VkBl. 2013, S. 640)

BT-Drucksache 17/9278 vom 10.04.2012: Antwort der Bundesregierung auf die Kleine Anfrage der Abgeordneten Katja Keul, Volker Beck (Köln), Agnes Brugger, weiterer Abgeordneter und der Fraktion Bündnis

90/DIE GRÜNEN. Bewaffneter Schutz von Handelsschiffen unter deutscher Flagge (BT-Drucksache 17/10960).

International Organization for Standardization, ISO/PAS 28007:2012 Ships and marine technology – Guidelines for Private Maritime Security Companies (PMSC) providing contracted armed security personnel (PCASP) on board ships, 01.07.2013.

International Maritime Organization, MSC.1/Circ.1405/Rev.2 Revised interim guidance to shipowners, ship operators and shipmasters on the use of privately contracted armed security personnel on board ships in the High Risk Area, 25.05.2012

International Maritime Organization, MSC.1/Circ.1443 Interim Guidance to private maritime security companies providing contracted armed security personnel on board ships in the High Risk Area, 25.05.2012

Kommentare und Artikel

Ennuschat, Der neue § 31 GewO – ein Schritt zur Privatisierung der öffentlichen Sicherheit? GewArch 2014/9

Landmann, Rohmer: GewO, Kommentar, Band 1 und 2, München 2014

Tettinger, Wank, Ennuschat: GewO, Kommentar, München 2011

Zeitungs- und Onlinenachrichten, Pressemitteilungen

Auswärtiges Amt, 2013. EUNAVFOR Atalanta. Onlineartikel, 13.02.2013. Verfügbar unter: http://www.auswaertiges-amt.de/DE/Europa/Aussenpolitik/GSVP/Missionen/EUNAVFOR_Atalanta.html?nn=363308 [zuletzt abgerufen am 27.10.2014]

Bundesministerium für Wirtschaft und Energie, 2012. Zulassungsverfahren für private Sicherheitsunternehmen auf Seeschiffen. Pressemitteilung, 22.03.2012. [zuletzt abgerufen am 03.04.2012]

Bundesministerium für Wirtschaft und Energie, 2013. Verbesserter Schutz gegen Piraten – Bundeskabinett beschließt Zulassungsverfahren für bewaffnete Sicherheitsunternehmen auf Seeschiffen. Pressemitteilung, 24.04.2013. Verfügbar unter: http://www.bmwi.de/DE/Presse/pressemitteilungen,did=572536.html [zuletzt abgerufen am 28.10.2014]

kes, 2014. Irak-Besetzung der USA: Blackwater-Manager soll US-Ermittler mit Tod bedroht haben. Onlineartikel, 30.06.2014. Verfügbar unter:

http://www.spiegel.de/politik/ausland/irak-krieg-blackwater-manager-bedrohte-offenbar-us-chefermittler-a-978245.html [zuletzt abgerufen am 27.10.2014]

Koschnitzke, Lukas, 2014. Wenn Beschützer Täter werden. Onlineartikel, 29.09.2014. Verfügbar unter: http://www.faz.net/aktuell/wirtschaft/asylbewerberunterkunft-burbach-der-fall-des-privaten-sicherheitsdienstes-ski-13180440.html [zuletzt abgerufen am 27.10.2014]

Meyer, Cordula, 2010. Blackwater-Söldner im Irak: Schattenkrieger unter Beschuss. Onlineartikel, 24.10.2010. Verfügbar unter: http://www.spiegel.de/politik/ausland/blackwater-soeldner-im-irak-schattenkrieger-unter-beschuss-a-724478.html [zuletzt abgerufen am 27.10.2014]

Verband deutscher Reeder, 2013. Schutz vor Piraten für Seeschiffe unter deutscher Flagge. Pressemitteilung, 21.06.2013. Verfügbar unter: http://www.reederverband.de/presse/pressemitteilung/artikel/schutz-vor-piraten-fuer-seeschiffe-unter-deutscher-flagge.html [zuletzt abgerufen am 27.10.2014]

Verband deutscher Reeder, 2012. Endlich gesetzliche Initiative zum Einsatz privater Sicherheitskräfte auf Schiffen unter deutscher Flagge, 18.07.2012. Verfügbar unter: http://www.reederverband.de/presse/pressemitteilung/artikel/endlich-gesetzliche-initiative-zum-einsatz-privater-sicherheitskraefte-auf-schiffen-unter-deutscher.html [zuletzt abgerufen am 28.10.2014]

Dirk Siebels

Kapitel 7.3: Praxis und Regulierung von privaten maritimen Sicherheitsdienstleistungen in internationaler Perspektive

Editorial abstract: In this contribution, Dirk Siebels looks beyond the situation applying to vessels flying the German flag or security companies operating under German jurisdiction. Indeed, most of the world's shipping is conducted under flags other than Germany's. Consequently, a majority of contracts in the global private maritime security industry are concluded and serviced outside German jurisdiction. Therefore, analysing the regulations concerning Private Maritime Security Companies (PMSC) requires an international approach in order to provide practitioners on board and ashore with the background necessary to make informed decisions. Furthermore, comparing the German legal framework with the international situation allows academics, policymakers and practitioners alike to form a more substantiated opinion about the potential and challenges concerning the regulation of private maritime security services.

7.3.1 Einleitung

Private Sicherheitsfirmen haben in den vergangenen Jahren für viel Aufmerksamkeit gesorgt. Das geht nicht nur auf den umfangreichen Einsatz solcher Unternehmen im Irak und in Afghanistan zurück, sondern auch auf die Beschäftigung von privaten Wachleuten für den Schutz von Schiffen, Besatzungen und Fracht vor Angriffen durch Piraten im Indischen Ozean. Oft fanden solche Tätigkeiten jedoch in einer rechtlichen Grauzone statt. Internationale Standards für die Regulierung von privaten Sicherheitsfirmen wurden vor allem auf der Grundlage von Erfahrungen aus deren Einsätzen entwickelt.

Dieser Artikel bietet einen Überblick über Herausforderungen beim Einsatz von privaten Sicherheitsfirmen auf See. Dabei geht es im ersten Teil besonders um Standards sowie um rechtliche Vorgaben, die in jüngster Vergangenheit entwickelt wurden. Der internationale Charakter des maritimen Bereichs und Vorstellungen verschiedener Flaggenstaaten sind hier besonders wichtig.

Im zweiten Teil geht es vor allem um einen Ausblick auf die mögliche Rolle privater Firmen im Bereich maritimer Sicherheit. Obwohl der Schwerpunkt der Diskussion, sowohl in den Medien als auch unter Akademikern, auf Angriffen durch Piraten liegt, ist dieses Problem nur ein sehr kleiner Bereich der Herausforderungen, die in den kommenden Jahren anstehen.

Ein Blick auf den afrikanischen Kontinent ist in diesem Zusammenhang aufschlussreich. Wesentlich drängender als Piraterie ist dort das Problem der illegalen Fischerei durch europäische und asiatische Hochseeflotten. Darüber hinaus werden in vielen Ländern enorme Summen in die Öl- und Gasförderung auf hoher See investiert. Um wirtschaftliche Chancen, die die See bietet, tatsächlich zu nutzen, ist jedoch ein Mindestmaß an Sicherheit notwendig.

Für viele afrikanische Staaten, in denen maritime Fragen traditionell eine untergeordnete Rolle gespielt haben, ergeben sich somit Fragen, die möglichst schnell beantwortet werden sollten. Private Sicherheitsdienste bieten in diesem Zusammenhang Unterstützung, allerdings wollen Regierungen nicht auf ihre souveränen Rechte verzichten. In diesem Spannungsfeld sind internationale Standards ebenfalls von Bedeutung.

7.3.2 Hintergrund: Diskussionen über private Sicherheitsfirmen

Im Laufe der vergangenen Jahre haben viele Akademiker und Autoren mit praktischer Erfahrung einen Blick auf unterschiedliche Aspekte der Arbeit von privaten Sicherheitsfirmen geworfen. Darunter finden sich Diskussionen über ethische Fragen[1] ebenso wie über die möglichen Wirkungen von Regulierung auf nationaler oder auf EU-Ebene[2]. Aspekte, die im Alltag entscheidend sind, werden ebenfalls behandelt, etwa die Vertragsgestaltung sowie die Kosteneffizienz von privaten Dienstleistern[3], zudem

---

1 Vgl. z.B. van Buuren und den Boer 2009 sowie Dutton 2014.
2 Vgl. z.B. White 201o sowie Chestermann und Lehnardt 2007.
3 Vgl. z.B. Tzifakis 2012 sowie Brooks und Stanley-Mitchell 2007.

werden Regeln für den Einsatz und die Anwendung von Gewalt durch bewaffnetes Personal privater Unternehmen erläutert[4].

Gesetze und Vorschriften, die für den Einsatz von privaten Sicherheitsfirmen existieren, sind oft umstritten. Nathaniel Stinnett betont etwa, dass das existierende internationale Recht mit Blick auf diese Unternehmen nicht adäquat sei[5]. Caroline Holmqvist unterstreicht, dass wichtige Fragen nicht reguliert werden können und dass es zu signifikanten Einschränkungen staatlicher Souveränität kommen kann, wenn private Firmen in diesem sensiblen Bereich eingesetzt werden[6].

Zwar stammen diese Aussagen aus dem Jahr 2005, trotzdem ist die Regulierung noch immer sehr lückenhaft. Zugleich sollte die zunehmende Bedeutung von bewaffneten Zivilisten mit Sicherheitsaufgaben eine deutlich breitere Diskussion auslösen. Schließlich könnten sorgfältig überwachte Anbieter zahlreiche Leistungen erbringen. Das gilt vor allem im maritimen Bereich, der bislang in vielen Ländern vernachlässigt wurde.

7.3.3 Zunehmende Bedeutung privater Anbieter

Vor allem seit dem Ende des Kalten Krieges haben Debatten über Sicherheitsfragen auch Bezug auf private Unternehmen genommen. Einerseits trugen Entwicklungen in den 90er Jahren zur Skepsis gegenüber diesen Firmen bei, vor allem in Afrika. Executive Outcomes, ein privates Unternehmen, bei dem vor allem ehemalige südafrikanische Soldaten beschäftigt waren, sorgte durch das Engagement in den Bürgerkriegen in Angola und Sierra Leone für Aufmerksamkeit. Diese Aktivitäten wurden oft kritisiert, waren jedoch enorm effektiv und bewahrten beide Regierungen vor dem Sturz durch Rebellen.[7]

Andererseits führte das Versagen der internationalen Gemeinschaft während des Völkermords in Ruanda und der Kriege auf dem Balkan den damaligen UN-Generalsekretär Kofi Annan zu einer interessanten Aussage. Bereits 1998 betonte Annan, dass private Sicherheitsfirmen eine wichtige Rolle bei künftigen UN-Missionen übernehmen könnten. Zugleich

---

4 Vgl. z.B. Petrig 2013 sowie Abrahamsen und Williams 2011.
5 Stinnett 2005, S. 212.
6 Holmqvist 2005, S. 58.
7 Vgl. Howe 1998.

sagte er jedoch voraus, dass es dabei zahlreiche Hindernisse geben werde: „The world may not be ready to privatise peace."[8]

Kofi Annan konnte nicht wissen, dass die Vereinigten Staaten schon bald dazu bereit sein würden, zumindest den Krieg zu privatisieren. In Afghanistan und im Irak wurden private Auftragnehmer für zahlreiche Dienstleistungen eingesetzt. Laut einer vom US-Verteidigungsministerium herausgegebenen Übersicht lag die Zahl der US-Soldaten im Irak im März 2011 bei 45.660, zur gleichen Zeit wurden dort 64.253 Angestellte von privaten Firmen durch das US-Militär beschäftigt. In Afghanistan lag das Verhältnis bei 90.339 Zivilisten gegenüber 99.800 Soldaten.[9]

Das gleiche Dokument gibt Aufschluss darüber, wofür Zivilisten eingesetzt wurden. In erster Linie ging es um – unbewaffnete – Unterstützungsleistungen wie Logistik, Wartungsarbeiten oder Transport. Etwa 16 Prozent der im Irak eingesetzten Zivilisten waren allerdings bewaffnet. Im März 2011 gab es somit mehr als 10.000 Personen, die von der US-Regierung für Aufgaben bezahlt wurden, die traditionell als militärisch bezeichnet werden.

Durch die Reduzierung der Zahl aktiver Soldaten ergaben sich politische Vorteile. Außerdem sorgen getötete Zivilisten für weniger Aufmerksamkeit in den Medien als mit Flaggen drapierte Särge gefallener Soldaten. Trotzdem führte der umfangreiche Einsatz solcher Firmen zu vielen Fragen, vom rechtlichen Status bis zu Regeln für den Gebrauch von Schusswaffen.[10]

Private Sicherheitsfirmen scheuen von jeher die Öffentlichkeit. Verschiedene Vorfälle haben jedoch zu einem schlechten Ruf solcher Anbieter geführt. Der wahrscheinlich bekannteste Fall ereignete sich im September 2007, als 17 irakische Zivilisten von Blackwater-Angestellten erschossen wurden.[11] Etwa zwei Jahre später betonte eine Kommission des US-Kongresses, dass in Afghanistan aus diesem Vorfall keine Lehren gezogen worden seien. Die Kommission stellte bei privaten Sicherheitsfirmen, die durch

---

8 United Nations 1998.

9 Vgl. Schwartz und Swain 2011.

10 Vgl. z.B. Stinnett 2005 sowie Singer 2004.

11 Roberts 2014; im Oktober 2014 wurden vier Wachleute von einem US-Gericht zur Rechenschaft gezogen. Paul Slough, Evan Liberty und Dustin Heard wurden wegen Totschlags in 13 Fällen und wegen versuchten Totschlags in 17 Fällen verurteilt. Nicholas Slatten wurde wegen Mordes verurteilt.

die USA in Afghanistan eingesetzt wurden, schwere Mängel in vielen Bereichen fest.[12]

7.3.4 Erste Schritte zu besserer Kontrolle

Nach dem Blackwater-Massaker begann vor allem in den USA ein Umdenken. Um eine bessere Kontrolle zu gewährleisten, wurde im November 2010 der *International Code of Conduct for Private Security Service Providers* (ICoC) präsentiert. Zum Start unterzeichneten 58 Firmen aus 15 Ländern dieses Dokument, seitdem ist die Zahl auf mehr als 700 Unternehmen gestiegen[13].

Verantwortlich für die Überwachung ist die *ICoC Association*, eine unabhängige Organisation mit Sitz in der Schweiz. Laut der Aussagen von Mitverfassern des Dokuments hat die US-Regierung jedoch von Beginn an großen Druck ausgeübt.[14] Zudem basiert der ICoC auf den Erfahrungen privater Sicherheitsfirmen an Land, in erster Linie im Irak und in Afghanistan. Für den maritimen Bereich sind die Vorgaben somit nur in sehr begrenztem Umfang sinnvoll.

Auf der Suche nach einem Vorteil im Wettbewerb halfen viele Sicherheitsfirmen kurze Zeit darauf bei der Erstellung eines Branchenstandards. Dieser wurde durch das American National Standards Institute (ANSI) and ASIS International, eine in den USA ansässige Organisation für Firmen und Angestellte im Bereich Sicherheit, herausgegeben. Der Standard – ANSI/ASIS PSC.1 – gilt seit März 2012 und basiert zu einem großen Teil auf dem ICoC.

Bereits zuvor hätten private Sicherheitsfirmen jedoch durch richtige Gestaltung und Überwachung entsprechender Verträge strenger kontrolliert werden können. Im Irak und in Afghanistan wurden diese Firmen schließlich fast ausschließlich durch Regierungen beauftragt, in den USA etwa durch das Verteidigungs- oder das Außenministerium. Auf der Grundlage von Verträgen hätten Firmen also, zumindest in der Theorie, für Handlungen ihrer Angestellten zur Rechenschaft gezogen werden können.

12 Commission on Wartime Contracting in Iraq and Afghanistan 2009.

13 Stand: November 2014.

14 Persönliche Interviews des Autors mit Politikern und Branchenvertretern zwischen September und November 2013.

7.3.5 Besondere Bedingungen auf See

Im maritimen Bereich üben bewaffnete Wachleute quasi-militärische Aufgaben aus.[15] Beauftragt werden sie jedoch in aller Regel durch private Unternehmen, nicht durch Regierungen. Reedereien sind die wichtigsten Auftraggeber der von der International Maritime Organization (IMO)[16] offiziell als *Private Maritime Security Companies* (PMSCs) bezeichneten Unternehmen. Regierungen können somit den Status dieser Wachleute an Bord durch Gesetze und Vorschriften regeln, haben jedoch keinen Einfluss auf einzelne Verträge.

Darüber hinaus ist die Struktur der Schifffahrtsbranche ein wichtiger Faktor für Sicherheitsdienstleistungen auf See. Aufgrund des internationalen Charakters müssen Vorgaben verschiedener Staaten befolgt werden. So kann ein Schiff einem griechischen Eigner gehören, von einer japanischen Reederei gechartert werden und in Liberia registriert sein. Knapp über die Hälfte der Welt-Handelsflotte (genau 50,25 Prozent) fährt unter der Flagge von vier Schiffsregistern: Panama (21,52 Prozent), Liberia (12,16 Prozent), Marshall Islands (8,6 Prozent) und Hong Kong (7,97 Prozent). Fast alle dort registrieren Schiffe gehören ausländischen Unternehmen (etwa 88 Prozent in Hong Kong, mehr als 99 Prozent in den drei anderen Registern).[17]

Rechtlich gilt das Land, in dem ein Schiff registriert ist, als Flaggenstaat (*Flag State*). Auf hoher See wird ein Schiff dadurch sozusagen zu einer souveränen Insel dieses Landes. Sobald das Schiff die Territorialgewässer (die sogenannte Zwölf-Meilen-Zone) eines Staates erreicht, kann dieser Hafenstaat (*Port State*) weitere Vorschriften erteilen.

---

15 Dabei handelt es sich um Schutzaufträge, die auf dem Recht zur Selbstverteidigung beruhen. Hoheitliche Befugnisse werden nicht auf private Wachleute übertragen.

16 Die IMO ist eine Unterorganisation der UNO, zuständig für die Sicherheit der Schifffahrt und die Vorbeugung von Verschmutzung der maritimen Umwelt. Sie wurde 1948 gegründet und hat derzeit 170 Mitgliedsstaaten sowie drei assoziierte Mitglieder.

17 UNCTAD S. 56; Hong Kong betreibt aus historischen Gründen ein eigenes Schiffsregister, das gegenüber dem chinesischen Register eigenständig ist.

PMSCs agieren somit in einem Umfeld, in dem sich Vorschriften von Flaggenstaat, Hafenstaat und von dem Land, in dem das Unternehmen registriert ist, überschneiden. Für eine Route von Sri Lanka durch den Golf von Aden zum Suezkanal gelten somit Regelungen von mindestens zwei Hafenstaaten (Ägypten und Sri Lanka), des Flaggenstaats (zum Beispiel Panama) sowie des Landes, in dem die Sicherheitsfirma registriert ist (zum Beispiel Großbritannien). Zudem können von vier Wachleuten zwei aus Großbritannien und zwei aus Indien stammen, was unter anderem verschiedene Visumsbestimmungen zur Folge hat.

Dieses auf den ersten Blick komplexe Beispiel ist in der Praxis weit verbreitet. Tatsächlich wird die Lage noch komplizierter, wenn das Schiff weitere Häfen anläuft, zum Beispiel im Oman und in Saudi-Arabien. Zudem agieren PMSCs in der Regel auf den Schiffen verschiedener Flaggenstaaten, sodass Firmen auf die entsprechenden Vorschriften achten müssen.

Verschiedene Regeln in Flaggen- und Hafenstaaten wirken sich stark auf den Alltag aus. Einige Hafenstaaten erlauben beispielsweise keinen Transport von Waffen durch ihre Territorialgewässer. Das führte dazu, dass bewaffnete Wachleute ihre Waffen teilweise vor dem Einlaufen in diese Gewässer über Bord warfen. Mittlerweile wurde das Problem durch schwimmende Arsenale (*floating armouries*) behoben. Auf solchen Schiffen werden auf hoher See Waffen, Munition und militärische Ausrüstung gelagert. Diese Praxis wurde bislang wenig beachtet, allerdings gibt es Diskussionen über die Regulierung schwimmender Arsenale.[18]

Regulierung durch Flaggenstaaten wird durch den internationalen Charakter der Schifffahrtsbranche verkompliziert. Die wichtigsten Flaggenstaaten sind offene Register (*open registries*), in denen Schiffe unabhängig von der Nationalität des Eigners registriert werden können. Die International Transport Workers' Federation (ITF), ein Zusammenschluss von rund 700 Gewerkschaften aus über 150 Ländern, bezeichnet viele dieser

---

18 Im Rahmen des *Maritime Safety Committee* der IMO im November 2014 wurde durch ein Dokument der indischen Delegation die Diskussion über Richtlinien für den Betrieb von *floating armouries* angeregt. Die IMO-Mitgliedsstaaten wurden dazu aufgefordert, bis zur nächsten Zusammenkunft des *Maritime Safety Committee* im November 2015 vorläufige Richtlinien zu erarbeiten, die dann im Rahmen dieses Forums diskutiert werden und gegebenenfalls verabschietet werden sollen.

Register als *Flags of Convenience* (auf Deutsch in der Regel als „Billigflaggen" übersetzt). Derzeit befinden sich auf dieser Liste 34 Flaggen, darunter die drei größten Schiffsregister sowie das internationale Schiffsregister in Deutschland[19].

Ausgeflaggte Schiffe befahren schon seit Jahrhunderten die Weltmeere. In Großbritannien nutzten Reeder bereits während der Kontinentalblockade durch die Truppen Napoleons andere Flaggen, auch bei Sklaventransporte wurde auf diese Praxis Mitte des 19. Jahrhunderts zurückgegriffen. Bis zum Zweiten Weltkrieg wurden Schiffe allerdings vor allem aus politischen oder strategischen Gründen in anderen Ländern registriert. Heutzutage geht es hingegen eher um wirtschaftliche Überlegungen.[20]

Die Kampagne der ITF gegen *Flags of Convenience* läuft bereits seit 1948. Tatsächlich scheuen offene Register oft vor strengen Regeln zurück. Dahinter steckt die Befürchtung, dass diese als zu bürokratisch gelten und Schiffseigner dazu bringen könnten, sich für eine andere Flagge zu entscheiden, was innerhalb von weniger als 24 Stunden möglich ist. In Staaten wie Panama oder Liberia, aber auch auf den Marshall Islands oder den Bahamas, machen die Einnahmen der Register jedoch einen großen Teil des Staatshaushalts aus. Deshalb herrscht ein scharfer Wettbewerb, in dem Flaggenstaaten sich kaum auf die Loyalität von Reedern verlassen können, die ständig auf der Suche nach dem günstigsten Gesamtpaket sind.

7.3.6 Regulierung von privaten maritimen Sicherheitsfirmen

Piraterie vor der somalischen Küste wurde innerhalb kürzester Zeit zu einem ernsten Problem. Laut der Statistiken des International Maritime Bureau gab es 111 erfolgreiche und versuchte Angriffe auf Schiffe im Jahr 2008. In den Folgejahren war die Zahl schon fast doppelt so hoch (2009: 212 Angriffe, 2010: 217 Angriffe).[21]

Reedereien waren auf der Suche nach einer schnellen Lösung des Problems. Bewaffnete Wachleute sowie Maßnahmen, die das Entern durch Piraten erschweren sollten, wurden weithin als effektive Abschreckung

---

19 International Transport Workers' Federation 2014.
20 Vgl. Alderton und Winchester 2002.
21 ICC International Maritime Bureau 2012, S. 5.

angesehen. Allerdings war die Beschäftigung bewaffneter Zivilisten auf Handelsschiffen sehr umstritten. Viele Reeder waren gegen Waffen auf ihren Schiffen, während Analysten befürchteten, dass Piraten bessere Ausrüstung nutzen und noch aggressiver vorgehen würden.[22]

Im Februar 2009 veröffentlichten internationale Schifffahrtsverbände und einige der Marineverbände, die vor Somalia im Einsatz waren, Empfehlungen für Handelsschiffe in der Region: *Best Management Practices to deter piracy in the Gulf of Aden and off the coast of Somalia* (BMP). In der dritten Auflage dieser Empfehlungen, veröffentlicht im Juni 2010[23], waren bewaffnete Wachleute noch nicht einmal erwähnt. Zu diesem Zeitpunkt entsprach das der Sicht der meisten IMO-Mitgliedsstaaten.

Als klar wurde, dass selbst umfangreiche Operationen von Marineverbänden nicht ausreichen würden, Piratenangriffe zu stoppen, änderte sich die Meinung der Schifffahrtsbranche. Die vierte Version der BMP, veröffentlicht im August 2011, enthielt daher einen Passus zu bewaffneten Wachleuten.[24] Demnach liegt deren Beschäftigung in der Verantwortung des Reeders oder des Charterers, der das Risiko auf einer Route einschätzen und die Vorgaben des jeweiligen Flaggenstaates beachten sollte.

In der Praxis waren die wichtigsten Flaggenstaaten den Forderungen der Schifffahrtsbranche gefolgt. Viele Reeder und Charterer wollten Schiffe mit bewaffneten Wachleuten schützen, auch Besatzungen fühlten sich mit bewaffneten Teams an Bord deutlich sicherer. Diese galten als bessere Abschreckung als Kriegsschiffe, die auf hoher See meist weit entfernt waren. Tatsächlich ging die Zahl der erfolgreichen Kaperungen ab Herbst 2011 zurück, obwohl die Zahl der Angriffe in diesem Jahr auf 236 stieg.[25]

Die Beschäftigung von PMSCs zeigte also schnell Wirkung, allerdings gab es zunächst praktisch keine rechtlichen Vorgaben. Eines der wenigen bedeutsamen Dokumente war zu diesem Zeitpunkt der bereits angesprochene ICoC. Dieser basierte jedoch vor allem auf den Erfahrungen von Sicherheitsfirmen an Land und war auf See somit wenig relevant.

---

22 Vgl. z.B. Saul 2009 sowie Bradsher 2009.
23 UK Maritime Trade Operations 2010.
24 UK Maritime Trade Operations 2011, S. 39.
25 ICC International Maritime Bureau 2012, S. 5.

Der *Baltic and International Marine Council* (BIMCO)[26] veröffentlichte im März 2012 einen standardisierten Vertrag („*Guardcon*„), mit dem die Beschäftigung von PMSCs vereinfacht werden sollte. Aus Sicht der Schifffahrtsbranche war das ein wichtiger Schritt, da die Administration der entsprechenden Verträge deutlich erleichtert wurde.[27]

Staatliche Vorgaben waren – und sind – ein ganz anderes Thema. Sicherheitsfirmen wünschen sich die gleichen Regeln in allen Flaggenstaaten.[28] Das gilt auch für Reedereien, deren Schiffe oft unter verschiedenen Flaggen zur See fahren.[29] Allerdings war es von vornherein sehr schwierig, die Interessen von Ländern wie Panama, Singapur, Zypern oder Deutschland unter einen Hut zu bringen.

Parallel zur Tätigkeit einiger Flaggenstaaten begannen deshalb Vertreter der Schifffahrtsindustrie – nach Diskussionen im Rahmen der IMO und der Veröffentlichung mehrerer sogenannter *Circulars*[30] – mit der Entwicklung eines internationalen Standards für die Zertifizierung von PMSCs. Nach einer mehrmonatigen Pilotphase trat dieser Anfang 2014 als ISO/PAS 28007 in Kraft.[31] Die Einführung von ISO/PAS 28007 ist ein wichtiger

---

26 BIMCO ist bei der IMO als Beobachter akkreditiert. Mitglieder von BIMCO sind in erster Linie Reedereien, die rund zwei Drittel der weltweiten Tonnage kontrollieren.

27 *Guardcon* ist nur für BIMCO-Mitglieder zugänglich und somit nicht öffentlich verfügbar. Eine umfangreiche Erklärung der einzelnen Klauseln (in englischer Sprache) bietet Askins 2012.

28 Persönliches Interview des Autors mit Peter Cook, CEO der Security Association for the Maritime Industry (SAMI), August 2013.

29 Persönliche Interviews des Autors mit Verantwortlichen von Reedereien und Schifffahrtsverbänden, Juli bis September 2013.

30 Wichtig sind in diesem Zusammenhang vor allem die folgenden Dokumente: MSC.1/Circ. 1405, MSC.1/Circ. 1406, MSC.1/Circ. 1408 und MSC.1/Circ. 1443, die als Grundlage für die Regulierung in vielen Flaggenstaaten dienten.

31 Der Standard wurde als *Publicly Available Specification* (PAS) zusammengestellt. Ein solcher Standard wird von der *International Organization for Standardisation* (ISO) herausgegeben, wenn es dafür auf dem Markt eine dringende Nachfrage gibt. Nach einer Überarbeitung kann ein PAS dann zu einem normalen ISO-Standard umgewandelt werden. Für ISO/PAS 28007 hat diese Überarbeitung im November 2014 begonnen, dabei werden die Erfahrungen der Anbieter ausgewertet, die die Zertifizierung ausstellen oder die diese Unternehmen dafür zunächst akkreditieren.

Schritt, da Firmen sich von unabhängigen Anbietern zertifizieren lassen können. Zugleich behalten Regierungen die Kontrolle über Aspekte, die von ihnen als kritisch betrachtet werden.

Parallel zu diesen Anstrengungen entwickelten auch ANSI und ASIS International einen Standard, der im April 2013 veröffentlicht wurde.[32] Dessen Vorgaben basieren auf dem bereits erwähnten PSC.1-Standard und sollten diesen für den maritimen Bereich relevant machen.

In den USA und in Großbritannien wurde die Zertifizierung gemäß des PSC.1-Standards zur Pflicht für private Sicherheitsfirmen, die sich um landbasierte Aufträge bemühen. Im maritimen Bereich gibt es jedoch auch in diesen beiden Ländern keine vergleichbaren Vorgaben. Darüber hinaus sind Vertreter der Schifffahrtsbranche davon überzeugt, dass die Entwicklung eines ISO-Standards besonders effektiv ist, wenn es darum geht, den administrativen Aufwand für Reedereien und Charterer gering zu halten. Die Zusammenarbeit mit ISO-zertifizierten Unternehmen ist für viele Reedereien in ganz unterschiedlichen Bereichen wichtig, von der Ausrüstung der eigenen Schiffe bis hin zu IT-Anbietern für die Koordination der Aktivitäten an Land und auf See.

7.3.7 Nationale Lösungen zur Regulierung

Als mit Abstand wichtigster Flaggenstaat der Welt war Panama sehr daran interessiert, Reedern schon möglichst früh Richtlinien für den Umgang mit privaten Sicherheitsfirmen zu bieten. Im März 2012 veröffentlichte das Register daher ein Rundschreiben, demzufolge Firmen, deren Angestellte als bewaffnete Wachleute auf in Panama registrierten Schiffen arbeiten, dafür eine Lizenz des Registers benötigen.[33]

Für diese Lizenz mussten Sicherheitsfirmen eine Reihe von Dokumenten vorlegen, unter anderem Prozeduren für die Lagerung und den Transport von Waffen, Versicherungspolicen sowie persönliche Daten der Wachleute. Diese Informationen müssen aktuell gehalten werden, allerdings werden Qualifikationen der Wachleute nicht durch das Register überprüft. Alles

32 Der Standard wird im Internet nur zum kostenpflichtigen Download angeboten (siehe ASIS International 2014).

33 Panama Maritime Authority 2012.

in allem handelt es sich bei den Vorgaben in erster Linie um bürokratische Maßnahmen, die für Sicherheitsfirmen zwar aufwändig sind, für sich genommen allerdings keine effektive Regulierung bedeuten.

Für Schiffe, die unter der Flagge der Marshall Islands fahren, gelten etwas andere Regelungen. Hier müssen Reeder oder Charterer das Register bei jedem Transit informieren, bevor bewaffnete Wachleute an Bord gehen. Dabei werden unter anderem persönliche Daten der Wachleute sowie Informationen zu Waffen, Munition und zur übrigen Ausrüstung übermittelt. Die geplante Route wird ebenfalls genannt.

Auf der Grundlage dieser Daten wird ein sogenannter *Letter of Non-Objection* ausgestellt. Damit erlaubt das Register den Einsatz der Wachleute, zugleich wird dem Reeder oder Charterer ein Fragebogen zugestellt. Darin haben die Auftraggeber die Chance, die Leistungen der Wachleute in verschiedenen Bereichen zu bewerten. Solche Rückmeldungen können wiederum dazu führen, dass bestimmte Sicherheitsfirmen nicht mehr zum Einsatz auf Schiffen, die auf den Marshall Islands registriert sind, zugelassen werden.[34]

Zypern ist ein weiteres Beispiel für die nationale Regulierung von PMSCs. Als Mitgliedsland der Europäischen Union gehört Zypern zu den zehn wichtigsten Flaggenstaaten der Welt, darüber hinaus gilt die zweitgrößte Stadt des Landes, Limassol, als eines der wichtigsten maritimen Zentren weltweit. Alles in allem ist die maritime Industrie für mehr als fünf Prozent des zypriotischen Bruttosozialprodukts verantwortlich.[35] Dementsprechend hatten Fragen rund um den Einsatz privater Wachleute auf Schiffen einen hohen politischen Stellenwert.

---

34 Zwischen April 2012 und Dezember 2013 wurden vom Register der Marshall Islands pro Monat zwischen 111 und 185 *Letters of Non-Objection* für bewaffnete Transits ausgestellt. Im gleichen Zeitraum lag die Rücklaufquote der Fragebögen für die Bewertung von PMSCs, die freiwillig erfolgt, zwischen 23 und 52 Prozent pro Monat (zwischen 32 und 74 ausgefüllte Fragebögen pro Monat). Auf dieser Grundlage waren ausführliche Analysen zum Einsatz bewaffneter Wachleute auf See sowie zur Qualität einzelner PMSCs möglich, die zum Teil im Bericht *The State of Maritime Piracy* (Oceans Beyond Piracy 2014, S. 16 ff) veröffentlicht wurden. Zahlen für das Jahr 2014 werden im nächsten Jahresbericht von Oceans Beyond Piracy veröffentlicht, der voraussichtlich im zweiten Quartal 2015 erscheint.

35 Cyprus Shipping Chamber 2013.

Bereits im Mai 2012 wurde im Parlament ein entsprechendes Gesetz verabschiedet. Darin finden sich zwar keine genauen Regelungen über die nötige Ausbildung bewaffneter Wachleute. Mit Blick auf den Transport und die Lagerung von Waffen wird jedoch versucht, Sicherheitsfirmen möglichst großen Spielraum zu lassen. Zudem ist ausdrücklich auch der Einsatz von Soldaten anderer Staaten gesetzlich geregelt, der zum Beispiel in Westafrika von Reedern häufig genutzt wird. Alles in allem erhalten Reeder und Charterer also Rechtssicherheit, während zugleich ein Höchstmaß an Flexibilität gewährleistet ist.

Auch in Deutschland wurde ein gesetzlicher Rahmen geschaffen. Seit Dezember 2013 dürfen auf Schiffen, die unter deutscher Flagge fahren, nur Wachleute von Firmen beschäftigt werden, die ein relativ strenges Lizenzierungsverfahren durchlaufen haben. Dieses Verfahren gilt außerdem für alle PMSCs, deren Firmensitz in Deutschland liegt. Obwohl es für Firmen aufwändig und vor allem teuer ist, die geforderten Prozeduren und internen Abläufe zu belegen, geht es auch in Deutschland vor allem um eine Kontrolle auf dem Papier. Überprüfungen vor Ort sind nur bei Firmen mit Sitz in Deutschland möglich.

Obwohl die Verantwortlichen betonen, dass man sich bei der Gesetzgebung an den Vorgaben der ISO/PAS 28007 orientiert habe[36], unterscheidet sich die deutsche Lizenz davon an wichtigen Stellen. In der Praxis ergibt vor allem die Vorgabe, dass Wachleute an Bord mit Pistolen ausgestattet sein müssen, wenig Sinn. Ein als Wachmann eingesetzter ehemaliger Marinesoldat bringt es auf den Punkt: „Wenn Piraten in Reichweite unserer Pistolen gelangen, haben wir unseren Job nicht erledigt."[37] Da zudem nur rund ein Prozent der Welt-Handelsflotte unter deutscher Flagge fährt[38], lohnt es sich nur für wenige private Sicherheitsfirmen, sich um eine deutsche Lizenz zu bemühen.[39] Die Kosten für die international anerkannte Zertifizierung gemäß ISO/PAS 28007 bewegen sich etwa im gleichen Rahmen.

---

36 Dieser Aspekt wurde beispielsweise im Rahmen einer Präsentation der deutschen Lizenzierung bei der IMO im November 2014 noch einmal betont.

37 Persönliches Interview des Autors, Januar 2014.

38 UNCTAD S. 56.

39 Die Liste der in Deutschland zugelassenen Unternehmen ist auf der Website des Bundesamts für Wirtschaft und Ausfuhrkontrolle zu finden (siehe BAFA 2014). Knapp ein Jahr nach der Einführung der deutschen Lizenz hatten erst

Die Beispiele aus Zypern und Deutschland zeigen, dass es innerhalb der Europäischen Union derzeit keine einheitliche Linie für den Einsatz bewaffneter Wachleute an Bord gibt. Allerdings betonen Verantwortliche der Europäischen Kommission, dass nationale Alleingänge in Brüssel nicht gern gesehen werden. Aus Sicht der Kommission ist es wichtig, für Reedereien, Charterer und private Sicherheitsfirmen gleiche Bedingungen in allen 28 Mitgliedsstaaten zu schaffen.

Während eines Seminars der *Security Association for the Maritime Industry* (SAMI) im Januar 2014 betonte ein hochrangiger Vertreter der Kommission, dass der ISO/PAS 28007-Standard eine hervorragende Basis für einen allgemeinen EU-Standard sei.[40] Allerdings kann die Kommission lediglich dafür sorgen, dass das Thema im Rahmen von Verhandlungen auf die Agenda gelangt. Entsprechende Beschlüsse müssen die Mitgliedsstaaten fassen. Aus Sicht der Schifffahrtsbranche ist ein internationaler Standard ebenfalls wünschenswert, wie Vertreter internationaler Verbände vor allem im Rahmen von IMO-Diskussionen immer wieder betonen.[41]

7.3.8 Neue Aufgaben für private Sicherheitsfirmen?

Im Laufe der vergangenen Jahre sind private Sicherheitsfirmen immer wichtiger geworden. Diese Entwicklung wurde schon oft analysiert, sowohl in den Medien als auch in akademischen Fachzeitschriften. Unabhängig davon, ob die Einschätzung positiv oder negativ ausfällt, dürften diese Unternehmen auch künftig eine bedeutende Rolle spielen.

Verteidigungshaushalte in den meisten NATO-Staaten sind im Laufe der vergangenen Jahre reduziert worden, was sich unter anderem auf die Zahl der aktiven Soldaten innerhalb des Bündnisses auswirkt. In anderen Regionen, vor allem in Asien und im Mittleren Osten, etwas weniger ausgeprägt auch in Afrika, nehmen Militärausgaben zu. Allerdings wollen nur

---

elf Unternehmen diese erhalten (Stand: 28. November 2014), nur vier davon waren Firmen mit Geschäftssitz außerhalb Deutschlands. Alle dieser Lizenzen wurden zwischen November 2013 und Juli 2014 vergeben.

40 Security Association for the Maritime Industry 2013.

41 Persönliche Interviews des Autors mit Verantwortlichen von Reedereien und internationalen Verbänden, August bis November 2014.

wenige Länder eine ähnlich globale Rolle wie der Westen in den vergangenen Jahrzehnten übernehmen.

Probleme im Rahmen von internationalen Militäreinsätzen, zeigen, dass private Anbieter hier eine wichtige Rolle spielen könnten. Ein aktuelles Beispiel dafür ist das Engagement afrikanischer Staaten bei der Stabilisierung der Lage in der Zentralafrikanischen Republik. Einheiten aus mehreren Ländern waren am ursprünglichen Einsatz MICOPAX beteiligt, der im Dezember 2013 in eine internationale Unterstützungsmission (MISCA) unter Führung der Afrikanischen Union umgewandelt wurde.

Während die beteiligten afrikanischen Länder nicht über die nötigen Ressourcen verfügten, um den Frieden effektiv zu sichern, waren westliche Regierungen – mit Ausnahme der ehemaligen Kolonialmacht Frankreich – nicht daran interessiert, sich mit eigenen Soldaten zu beteiligen. Private Sicherheitsfirmen könnten solche Missionen in verschiedenen Bereichen unterstützen, etwa bei der Logistik oder der Ausbildung von militärischen Kräften unter einem multinationalen Mandat. Es wäre eine späte Bestätigung für Kofi Annans Aussage aus dem Jahr 1998.

7.3.9 Maritimes Potenzial in Afrika

Im maritimen Bereich ist das Engagement von privaten Sicherheitsfirmen ebenfalls auf verschiedenen Gebieten denkbar. Bislang ging es in den meisten Diskussionen vor allem um bewaffnete Wachleute, die zum Schutz gegen Piratenangriffe eingesetzt werden. Während Piraterie für Reedereien und Versicherungen tatsächlich ein ernstes Problem ist, haben Regierungen und internationale Organisationen meist andere Prioritäten.

Fast überall in Afrika ist zum Beispiel illegale Fischerei[42] ein enormes Problem. Senegal ist dafür ein gutes Beispiel. Laut einer Anfang 2014 veröffentlichten Studie liegt der Wert der illegalen Fänge in den Gewässern des Landes bei bis zu 300 Millionen US-Dollar pro Jahr. Zudem ist der Anteil lokaler Fischer am gesamten Fang innerhalb von zwei Jahrzehnten von

42 Der englische Fachbegriff *Illegal, Unreported and Unregulated Fishing (IUU Fishing)* beschreibt die Probleme bei der Definition. In Bereichen, in denen Fischerei nicht reguliert ist, sind Fänge beispielsweise nicht illegal, in der Regel sind diese jedoch nicht nachhaltig und Tragen dazu bei, dass Lebensräume im Meer zerstört und der Wettbewerb und Bestände überfischt werden.

80 auf 50 Prozent zurückgegangen.[43] Fischer und deren Familien verlieren also ihre Lebensgrundlage, während der Preis für Fisch – eine wichtige Proteinquelle für weite Teile der Bevölkerung – steigt.

Auch auf Madagaskar sind Fisch und andere Meerestiere traditionell eine wichtige Nahrungs- und Einkommensquelle. Statistiken über den Umfang der Fänge sind unzuverlässig, meist handelt es sich eher um Schätzungen. Eine umfangreiche Analyse aus dem Jahr 2011 zeigt jedoch, dass die tatsächlichen Fänge in den vergangenen Jahrzehnten etwa doppelt so hoch wie die offiziellen Zahlen lagen.[44] Kapazitäten zur Überwachung der riesigen Wirtschaftszone um die Insel sind jedoch kaum vorhanden. Die Autoren der Studie betonen deshalb, dass es schon bald zu Konflikten innerhalb des Landes und zu Übergriffen gegen internationale Fischereifahrzeuge kommen könnte.[45]

Öl- und Gasvorkommen auf hoher See sind ein weiterer Aspekt, der für viele afrikanische Staaten großes Potenzial bietet. Hohe Investitionen sind ein Indikator für die Bedeutung, die dieser Sektor in den kommenden Jahren gewinnen wird. Angola darf beispielsweise mit Investitionen von rund 16 Milliarden US-Dollar durch Total rechnen. Mit dieser Summe wird der französische Konzern das Kaombo-Feld erschließen, in dem ab 2017 Öl gefördert werden soll.[46] Chevron investiert weitere 5,6 Milliarden US-Dollar in das Mafumeira Sul-Projekt[47], im September gab der italienische Ölkonzern Eni zudem einen großen Fund rund 140 Kilometer vor der Küste bekannt.[48]

Weiter nördlich interessieren sich Ölfirmen für Gebiete vor der Küste von Gabun, Äquatorial-Guinea und Kamerun. In Nigeria gibt es bereits eine etablierte Offshore-Industrie, Ghana exportiert seit 2010 Öl aus dem Jubilee-Feld vor der Küste. Die tägliche Produktion in Ghana hat bereits die Marke von 100.000 Barrel pro Tag erreicht, dieser Wert soll im Laufe eines Jahrzehnts verfünffacht werden.[49] Darüber hinaus plant

43 Siehe Belhabib, Koutob, Sall et. al. 2014.
44 Siehe Le Manach, Gough, Harris et. al. 2011.
45 Ibid, S. 218.
46 Siehe Stothard 2014.
47 Siehe Carroll 2014.
48 Siehe Jewkes 2014.
49 Siehe Dontoh 2014.

Eni, für rund sechs Milliarden US-Dollar Gasvorkommen vor der Küste zu erschließen.[50]

An der Ostseite des Kontinents konzentrieren sich Investitionen bislang vor allem in Mosambik und Tansania. Vor der Küste im Norden Mosambiks liegen riesige Gasvorkommen, in den kommenden Jahren bauen Anadarko Petroleum und Eni dort das zweitgrößte LNG-Terminal der Welt.[51] Darüber hinaus suchen verschiedene Konzerne nach Öl, dessen Produktion und Verarbeitung deutlich einfacher ist. Auch das Nachbarland Tansania dürfte in den kommenden Jahren zu einem wichtigen Erdgasproduzenten werden. Zwischen zehn und 20 Milliarden US-Dollar werden dort voraussichtlich innerhalb der nächsten zehn Jahre investiert, vor allem durch Statoil und ExxonMobil.[52]

Neben dem wirtschaftlichen Potenzial, das reiche Fischgründe sowie Öl- und Gasvorkommen vor der Küste bieten, wollen afrikanische Staaten auch den Seehandel fördern und dadurch für Wachstum und wirtschaftliche Entwicklung sorgen. Wichtige Dokumente in diesem Zusammenhang sind die *African Maritime Transport Charter*[53] sowie die *African Integrated Maritime Strategy 2050*[54], aber auch der im Juni 2013 von 25 west- und zentralafrikanischen Staaten unterzeichnete *Code of Conduct*[55].

In der Praxis zeigt sich das Interesse afrikanischer Regierungen für die *Blue Economy* besonders an der Privatisierung von Häfen und an hohen Investitionen in Infrastruktur. Côte d'Ivoire etwa plant für den Hafen von Abidjan bis 2020 Investitionen von rund 2,5 Milliarden US-Dollar, die in neue Terminals sowie Infrastruktur im Hinterland fließen.[56] Tema (Ghana)[57] und Lomé (Togo)[58] werden ebenfalls stark erweitert und modernisiert. In

---

50 Siehe Kpodo 2014.
51 Siehe Gismatullin und Humber 2012.
52 Siehe East African Business Week 2014.
53 Siehe African Union 2009.
54 Siehe African Union 2012.
55 Der vollständige Titel des Dokuments lautet: *Code of Conduct concerning the repression of piracy, armed robbery against ships, and illicit maritime activity in west and central Africa* (siehe IMO 2014).
56 Siehe Monnier 2014.
57 Siehe Egan 2014.
58 Siehe Port Finance International 2013.

Ostafrika sollen in Bagamoyo (Tansania) sowie in Lamu (Kenia) sogar komplett neue Häfen entstehen. Die Investitionen dafür liegen jeweils im zweistelligen Milliardenbereich, da neben den Terminals auch die nötige Infrastruktur für die Anbindung von Ländern ohne eigene Küstenlinie gebaut werden soll.[59]

7.3.10 Sicherheit auf See sorgt für Herausforderungen

Die Zahlen im vorangegangenen Absatz zeigen, dass viele afrikanische Regierungen das enorme Potenzial ihrer Lage am Meer erkannt haben. Allerdings lässt sich dieses Potenzial nur dann realisieren, wenn Konzerne ihre Investitionen in einem sicheren Umfeld tätigen können. Für Küstenstaaten in Afrika – und darüber hinaus – ist die effektive Kontrolle der eigenen Gewässer, die bislang fast komplett vernachlässigt wurde, von entscheidender Bedeutung.

In diesem Zuge ergeben sich für private Sicherheitsfirmen enorme Chancen. Partnerschaften zwischen öffentlichen und privaten Partnern könnten zu schnellen Lösungen beitragen. Voraussetzung dafür ist jedoch ein neues Geschäftsmodell. Firmen in dieser Branche haben sich in den vergangenen Jahren fast ausschließlich auf bewaffnete Transits im Indischen Ozean spezialisiert, zudem haben viele Verantwortliche in Unternehmen ihre militärischen Erfahrungen vor allem an Land gesammelt.

Bewaffnete Wachleute, die von privaten Firmen beschäftigt werden, sind in den eigenen Territorialgewässern für die meisten Staaten nicht akzeptabel. Dazu tragen unter anderem die schon angesprochenen Erfahrungen mit Firmen wie Executive Outcomes bei. Zugleich gibt es für viele Länder in Afrika gute Gründe dafür, sich vor bewaffneten Gruppen innerhalb der eigenen Grenzen zu fürchten. Bewaffnete Zivilisten sind somit ein gefährlicher Präzedenzfall. Andere Lösungen sind daher gefragt, die in begrenztem Rahmen bereits umgesetzt werden.

In Kenia und Tansania helfen beispielsweise Ausbilder einer britischen Sicherheitsfirma dabei, dass das Militär die Anforderungen der Konzerne erfüllt, die vor der Küste nach Öl und Gas suchen.[60] Da solche Investitionen

59 Siehe Jorgic 2014 sowie Elinaza 2014.
60 Siehe Yuen 2014.

aus der Sicht von Regierungen in der Regel einen sehr hohen Stellenwert genießen, sind schnelle und unbürokratische Lösungen oft möglich.

Eine andere Form der Partnerschaft ist in Nigeria zu finden. Dort arbeiten die Marine, ein nigerianisches Unternehmen und eine britische Firma, die als Berater agiert, zusammen. Vor Nigerias größtem Hafen Lagos haben die drei Partner eine sichere Reede (*Secure Anchorage Area*) eingerichtet, gesichert von Patrouillenbooten. Diese Boote gehören der Marine, werden aber durch die nigerianische Sicherheitsfirma gewartet, versorgt und zum Teil bemannt.[61] Repräsentanten der Schifffahrtsbranche haben sich besorgt über dieses Modell geäußert. Sie befürchten, dass die nigerianische Marine teilweise privatisiert werde.[62] Andererseits ist die Marine in der Lage, trotz eines sehr eingeschränkten Budgets ihre Fähigkeiten deutlich aufzuwerten.

7.3.11 Ausblick für private Sicherheitsfirmen

Die Regulierung von privaten Sicherheitsfirmen im maritimen Bereich basiert bislang fast ausschließlich auf den Erfahrungen mit dem Einsatz von bewaffneten Wachleuten an Bord von Schiffen im Indischen Ozean. Die damit verbundenen Fragen waren ausschlaggebend im Rahmen der Entwicklung von nationalen Zulassungsverfahren, aber auch bei internationalen Standards wie ISO/PAS 28007. Daher passt beim Blick auf die Zukunft maritimer Sicherheit eine alte militärische Weisheit: Generäle bereiten sich meistens auf die letzte Operation vor, wenn sie die nächste planen.

Trotzdem sollten die Bemühungen um internationale Standards von Regierungen in Afrika – und in anderen Regionen – als Chance gewertet werden. Die Expertise, die private Sicherheitsfirmen zu bieten haben, kann eine große Hilfe beim Aufbau eigener Fähigkeiten sein. Selbst mit einem unbegrenzten Budget wäre es schließlich nicht sofort möglich, die eigenen Gewässer zu schützen. Um nachhaltige Ergebnisse zu erzielen, müssen verschiedene Aspekte beachtet werden, unter anderem:

---

61 Persönliches Interview des Autors mit einem Verantwortlichen eines beteiligten Unternehmens, September 2014.

62 Diskussion im Rahmen eines Seminars während der *Danish Maritime Days*, Oktober 2014.

- Formulierung nationaler Strategien für maritime Sicherheit
- Definition von Fähigkeiten auf der Grundlage dieser Strategie
- Ausbildung des Personals von Marine, Küstenwache und ähnlichen Organisationen
- Kooperation mit Partnern auf nationaler Ebene (zum Beispiel Fischereiverbände, Öl- und Gaskonzerne, Hafenbetreiber)
- Zusammenarbeit auf regionaler Ebene
- Rechtliche Rahmenbedingungen

Für Regierungen ist die Zusammenarbeit mit privaten Firmen im Bereich Sicherheit oft kontrovers. Dieser Kernbereich staatlicher Souveränität wird in Afrika – ebenso wie in Europa und anderswo – als kritisch betrachtet. Um jedoch souveräne Rechte in der ausschließlichen Wirtschaftszone, mehr als 350 Kilometer vor der Küste, durchzusetzen, sind unter anderem Schiffe, Personal und ein ausreichendes Budget nötig. Andernfalls handelt es sich bestenfalls um virtuelle Souveränität, kriminelle Organisationen können diesen Raum zu ihrem Vorteil nutzen.

Der private Sektor kann nicht alle Fragen zur maritimen Sicherheit beantworten. Gemeinsam mit privaten Firmen haben Regierungen jedoch die Chance, besonders dringende Fähigkeitslücken schnell zu schließen und eigene Kapazitäten aufzubauen. Dazu sind transparente Verträge nötig, die zudem laufend überwacht werden müssen. Unternehmen, die bereits über eine international anerkannte Zertifizierung in einem zumindest verwandten Bereich verfügen, sollten diesen Wettbewerbsvorteil nutzen. Zudem ist es für diese Firmen vergleichsweise einfach, ähnliche Verfahren zu durchlaufen. Das gilt besonders für verschiedene ISO-Standards, die international anerkannt sind und auf vergleichbaren Prinzipien beruhen.

Ob private Sicherheitsfirmen ihr Potenzial im maritimen Bereich erfüllen, wird somit vor allem von der Effektivität internationaler Regulierung und Standardisierung abhängen.

7.3.12 Fazit

Im Rahmen der Regulierung privater Sicherheitsfirmen ist es speziell im maritimen Bereich wichtig, internationale Lösungen zu finden. Nationale Sonderwege wie in Deutschland sind aus Sicht der Anbieter entsprechender

Dienstleistungen, aber auch für Reedereien und Charterer wenig hilfreich. Aufgrund der internationalen Struktur der Branche erreichen nationale Lösungen eher das Gegenteil des gewünschten Effekts. Sie bringen viele Unternehmen dazu, nach Möglichkeiten zu suchen, um den Aufwand möglichst gering zu halten.

Speziell mit Blick auf das deutsche Zulassungsverfahren ist zudem festzustellen, dass es sich um eine sehr bürokratische Lösung handelt. Zwar findet eine umfassende Bewertung der Abläufe innerhalb von Sicherheitsfirmen statt, allerdings basiert diese vor allem auf den vorgelegten Dokumenten. Im Gegensatz dazu spielt etwa bei der ISO-Zertifizierung auch der Alltag eine Rolle, der über Bewertungen der Leistungen von Sicherheitsteams an Bord in die Zertifizierung einfließt. Besonders kontroverse Fragen, vor allem die Nutzung von – unregulierten und nicht lizenzierten – schwimmenden Arsenalen, spielen bei der deutschen Zulassung ebenfalls keine Rolle.

Allgemein sollte maritime Sicherheit nicht auf die Abwehr von Piratenangriffen reduziert werden. Sowohl in den Medien als auch in der akademischen Debatte dominiert dieser Aspekt bereits seit einigen Jahren. Tatsächlich haben andere Probleme, vor allem illegale Fischerei, viele gravierende Auswirkungen, die allerdings weniger schlagzeilenträchtig sind.

Private Unternehmen sind in der Lage, Dienstleistungen anzubieten, die zu mehr Sicherheit im maritimen Bereich beitragen. Solche Leistungen sind nicht auf bewaffnete Wachleute an Bord von Handelsschiffen beschränkt. Vielmehr geht es um die Kooperation mit Staaten, sowohl in Afrika als auch in anderen Regionen, die beim schnellen Aufbau bestimmter Fähigkeiten helfen kann. Aus Sicht von nationalen Regierungen hat das den Vorteil, dass sie nicht auf Unterstützung von Geberländern angewiesen sind, die ihre eigenen Vorstellungen einbringen wollen. Zunächst müssen jedoch die benötigten Fähigkeiten ermittelt und mögliche Schwachpunkte identifiziert werden.

Für den privaten Sektor ergeben sich durch Partnerschaften mit Behörden und Ministerien interessante Möglichkeiten. Im Indischen Ozean verdienen viele private Sicherheitsfirmen mit ihrem traditionellen Geschäftsmodell, bei dem bewaffnete Wachleute für einige Tage auf einem Handelsschiff für die Abschreckung von Piratenangriffen sorgen, nicht mehr viel Geld.

Obwohl die Nachfrage für solche Teams von Seiten der Reeder und Charterer praktisch ungebrochen ist, wollen diese weniger Geld für die zusätzliche Sicherheit ausgeben. Statt Vier-Mann-Teams kommen daher nur noch zwei oder drei Wachleute zum Einsatz, die zudem immer häufiger aus Ländern wie Indien, Thailand oder der Ukraine stammen. Für dieses Personal werden deutlich niedrigere Tagessätze als für Briten fällig, die den Markt lange Zeit dominiert haben.[63] Darüber hinaus sind erste Ansätze zu einer Konsolidierung der Branche zu beobachten.[64]

Aufträge, die Regierungen an private Sicherheitsfirmen vergeben, gelten oft als kontrovers, können jedoch viele positive Effekte mit sich bringen. Das reicht vom Verkauf und der effektiven Überwachung von Fischereilizenzen bis hin zu kaum quantifizierbaren Einflüssen verbesserter Sicherheit auf See. Höhere Investitionen aus dem Ausland in Häfen oder in den Ausbau der Öl- und Gasförderung vor der Küste sind typische Beispiele. Besonders in afrikanischen Ländern haben Regierungen die Chance, Fähigkeitslücken mit Hilfe von privaten Sicherheitsfirmen kurzfristig zu schließen, um auf lange Sicht eigene Fähigkeiten aufzubauen. Auf diese Weise lässt sich das Potenzial des maritimen Umfelds für Entwicklung und wirtschaftliches Wachstum endlich nutzen.

Literaturverzeichnis

Bücher

Abrahamsen, Rita und Williams, Michael C., „Security Beyond the State: Private Security in International Politics“, Cambridge University Press, Cambridge, 2011

---

63 Persönliche Analysen des Autors, die zum Teil im Bericht *The State of Maritime Piracy* (Oceans Beyond Piracy 2014, S. 16 ff) veröffentlicht wurden. Zahlen für das Jahr 2014 werden im nächsten Jahresbericht von Oceans Beyond Piracy veröffentlicht, der voraussichtlich im zweiten Quartal 2015 erscheint.

64 Im Juli 2014 musste Gulf of Aden Group Transits (GoAGT) praktisch über Nacht Insolvenz anmelden (siehe Gallagher und Owen 2014). Anfang November 2014 gab die Drum Cussac-Gruppe den Verkauf ihrer Aktivitäten im Bereich bewaffneter Transits an den Wettbewerber Ambrey Risk bekannt, um sich auf das Kerngeschäft der Risikoberatung zu konzentrieren (siehe Tovey 2014).

Brooks, Risa und Stanley-Mitchell, Elizabeth (Hrsg.), „Creating Military Power: The Sources of Military Effectiveness“, Stanford University Press, Stanford, 2007

Chestermann, Simon und Lehnardt, Chia (Hrsg.), „From Mercenaries to Markets: The Rise and Regulation of Private Military Companies“, Oxford University Press, Oxford, 2007

Artikel und Studien

Alderton, Tony und Winchester, Nik, „Globalisation and De-Regulation in the Maritime Industry“, *Marine Policy*, Vol. 26, No. 1: 35-43, 2002

Askins, Stephen, „BIMCO publishes Guardcon standard contract for the employment of security guards on vessels“, zuletzt eingesehen am 28.11.2014 unter: http://incelaw.com/en/documents/pdf_library/strands/shipping/article/bimco-publishes-guardcon-standard-contract-for-the-employment-of-security-guards-on-vessels.pdf

Belhabib, Dyhia; Koutob, Viviane; Sall, Aliou et. al., „Fisheries catch misreporting and its implications: The case of Senegal“ *Fisheries Research*, Vol. 151: 1-11, 2014

Dutton, Yvonne M., „Gunslingers on the High Seas: A Call for Regulation’, *Duke Journal of Comparative & International Law*, Vol. 24: 107-160, 2014

Holmqvist, Caroline, „Private Security Companies: The Case for Regulation“, SIPRI Policy Paper No. 9, Stockholm, 2005

Howe, Herbert M., „Private Security Forces and African Stability: The Case of Executive Outcomes“, *Journal of Modern African Studies*, Vol. 36, No. 2: 307-331, 1998

ICC International Maritime Bureau, „Piracy and Armed Robbery against Ships – Report for the Period 1 January to 31 December 2011”, London, 2012

Le Manach, Fréderic; Gough, Charlotte; Harris, Alasdair et al., „Unreported fishing, hungry people and political turmoil: the recipe for a food security crisis in Madagascar?“ *Marine Policy*, Vol. 36, No. 1: 218-225, 2011

Oceans Beyond Piracy, „The State of Maritime Piracy 2013”, One Earth Future Foundation, 2014

Petrig, Anna, „The Use of Force and Firearms by Private Maritime Security Companies Against Suspected Pirates“, *International Law and Comparative Law Quarterly*, Vol. 62, No. 3: 667-701, 2013

Singer, Peter W., „War, Profits, and the Vacuum of Law: Privatized Military Firms and International Law“, *Columbia Journal of Transnational Law*, Vol. 42, No. 2: 521–50, 2004

Stinnett, Nathaniel, „Regulating the Privatization of War: How to Stop Private Military Firms from Committing Human Rights Abuses“, *Boston College International and Comparative Law Review*, Vol. 28, No. 1: 211-223, 2005

Tzifakis, Nikolaos, „Contracting Out to Private Military and Security Companies“, Center for European Studies, Brussels, 2012

van Buuren, Jelle und den Boer, Monica, „A Report on the Ethical Issues Raised by the Increasing Role of Private Security Professionals in Security Analysis and Provision“, International Peace Research Institute, Oslo, 2009

White, Adam, „The Potential Impact of National-level or EU-level Regulation on PMSC Activities“, *EU Working Papers*, AEL 2010/4, European University Institute, Florenz, 2010

Offizielle Dokumente

African Union, „African Maritime Transport Charter“, Durban, 2009, zuletzt eingesehen am 28.11.2014 unter: http://pages.au.int/sites/default/files/African%20mariteme%20Transport%20Charter.pdf?q=pages/sites/default/files/African%20mariteme%20Transport%20Charter.pdf

African Union, „African Maritime Transport Charter“, Addis Abeba, 2012, zuletzt eingesehen am 28.11.2014 unter: http://pages.au.int/sites/default/files/2050%20AIM%20Strategy%20%28Eng%29_0.pdf

Commission on Wartime Contracting in Iraq and Afghanistan, „At What Cost? Contingency Contracting in Iraq and Afghanistan – Interim Report to Congress“, Washington, D.C., 2009

IMO (International Maritime Organization), „Code of Conduct against illicit maritime activity“, zuletzt eingesehen am 28.11.2014 unter: http://www.imo.org/OurWork/Security/WestAfrica/Pages/Code-of-Conduct-against-illicit-maritime-activity.aspx

Panama Maritime Authority, „Resolution No. 106-13-DGMM“, Panama, 2012

Schwartz, Moshe und Swain, Joyprada, „Department of Defense Contractors in Afghanistan and Iraq: Background and Analysis“, Congressional Research Service, Washington, D.C., 2011

UK Maritime Trade Operations, „BMP3 – Best Management Practice 3 – Piracy Off the Coast of Somalia and Arabian Sea Area“, Whiterby, Edinburgh, 2010

UK Maritime Trade Operations, „BMP4 – Best Management Practices for Protection against Somalia Based Piracy“, Whiterby, London, 2011

United Nations, „Secretary-General Reflects on ‘Intervention’ in Thirty-Fifth Annual Ditchley Foundation Lecture“, press release, SG/SM/6613, New York, 1998

United Nations Conference on Trade and Development (UNCTAD), „Review of Maritime Transport 2013”, UN Publications, New York und Genf, 2013

Homepages

ASIS International, „Quality Assurance and Security Management for Private Security Companies Operating at Sea – Guidelines“, zuletzt eingesehen am 28.11.2014 unter: https://www.asisonline.org/Standards-Guidelines/Standards/published/Pages/Quality-Assurance-and-Security-Management-for-Private-Security-Companies-Operating-at-Sea-Guidance.aspx?cart=d0acd583a37a4f9ebdd0adde423f08bf

BAFA (Bundesamt für Wirtschaft und Ausfuhrkontrolle), „Liste zugelassener Unternehmen“, zuletzt eingesehen am 28.11.2014 unter: http://www.bafa.de/bafa/de/weitere_aufgaben/seeschiffbewachung/zugelassene_betriebe/index.html

Cyprus Shipping Chamber, „Cyprus: A Leading Maritime Centre“, zuletzt eingesehen am 28.11.2014 unter: http://www.csc-cy.org/cyprus-shipping/2012-01-05-07-34-48.html

International Code of Conduct for Private Security Service Providers (IcoC), „About the ICoC“, zuletzt eingesehen am 28.11.2014 unter: http://www.icoc-psp.org/About_ICoC.html

International Transport Workers' Federation, „Flags of Convenience", zuletzt eingesehen am 28.11.2014 unter: http://www.itfglobal.org/en/transport-sectors/seafarers/in-focus/flags-of-convenience-campaign/

Security Association for the Maritime Industry (SAMI), „Setting Maritime Security Standards – ISO/PAS 28007: Lessons Learned", zuletzt eingesehen am 28.11.2014 unter: http://www.seasecurity.org/wp-content/uploads/SAMI-Briefing-ISO28007-Lessoms-Learned-Seminar-Report-2.pdf

Blogs und Online-Nachrichten

Bradsher, Keith, „Captain's Rescue Revives Debate Over Arming Crews", The New York Times, 12.04.2009, zuletzt eingesehen am 28.11.2014 unter: http://www.nytimes.com/2009/04/13/world/13shipping.html?pagewanted=all&_r=0

Carroll, Joe, „Chevron's Watson Sees Secure Future in Global Oil Thirst", Bloomberg, 17.10.2014, zuletzt eingesehen am 28.11.2014 unter: http://www.bloomberg.com/news/2014-10-17/chevron-s-watson-sees-secure-future-in-global-oil-thirst.html

Dontoh, Ekow, „Ghana Expects Hess Offshore Oil Field to Join Project Lineup", Bloomberg, 20.08.2014, zuletzt eingesehen am 28.11.2014 unter: http://www.bloomberg.com/news/2014-08-20/ghana-expects-hess-offshore-oil-field-to-join-project-lineup.html

East African Business Week, „Tanzania Gas Projected to Hit U.S. $20 Billion", All Africa, 21.06.2014, zuletzt eingesehen am 28.11.2014 unter: http://allafrica.com/stories/201406240352.html

Egan, Corianne, „Ghana port to triple capacity with $1.5 billion expansion", JOC.com, 18.11.2014, zuletzt eingesehen am 28.11.2014 unter: http://www.joc.com/port-news/international-ports/ghana-port-triple-capacity-15-billion-expansion_20141118.html

Elinaza, Abduel, „Bagamoyo Port construction starts this year", Daily News Tanzania, 26.08.2014, zuletzt eingesehen am 28.11.2014 unter: http://www.dailynews.co.tz/index.php/biz/35280-bagamoyo-port-construction-starts-this-year

Gallagher, Paul und Owen, Jonathan, „Exclusive: Anti-pirate security staff all at sea after major firm suddenly goes bust", The Independent, 29.07.2014, zuletzt eingesehen am 28.11.2014 unter: http://www.independent.co.uk/

news/world/exclusive-antipirate-security-staff-all-at-sea-after-major-firm-suddenly-goes-bust-9636217.html

Gismatullin, Eduard und Humber, Yuriy, „Eni-Anadarko African LNG Plant to Be World's Second-Largest“, Bloomberg, 21.12.2012, zuletzt eingesehen am 28.11.2014 unter: http://www.bloomberg.com/news/2012-12-21/eni-anadarko-plan-world-s-second-largest-lng-plant-in-africa.html

Gismatullin, Eduard, „Oil Hunted in Mozambique After World's Largest Gas Discoveries“, Bloomberg, 14.06.2013, zuletzt eingesehen am 28.11.2014 unter: http://www.bloomberg.com/news/2013-06-14/oil-hunted-in-mozambique-after-world-s-largest-gas-discoveries.html

Jewkes, Stephen, „Eni finds new oil discovery in Angola‘s offshore Block 15/06”, Reuters Africa, 17.09.2014, zuletzt eingesehen am 28.11.2014 unter: http://af.reuters.com/article/commoditiesNews/idAFI6N0RA001 20140917

Jorgic, Drazen, „Analysis: Grand Kenya port plan faces headwinds despite oil finds“, Reuters, 30.08.2014, zuletzt eingesehen am 28.11. 2014 unter: http://www.reuters.com/article/2013/08/30/us-kenya-port-analysis-idUSBRE97T0CM20130830

Kpodo, Kwasi, „Ghana Gives Eni Green Light for $6B Offshore Gas Project“, Rigzone, 24.11.2014, zuletzt eingesehen am 28.11.2014 unter: http://www.rigzone.com/news/oil_gas/a/136053/Ghana_Gives_Eni_Green_Light_For_6B_Offshore_Gas_Project

Monnier, Olivier, „Côte d'Ivoire : Abidjan port aims for regional supremacy“, The Africa Report, 14.03.2014, zuletzt eingesehen am 28.11.2014 unter: http://www.theafricareport.com/West-Africa/cote-divoire-abidjan-port-aims-for-regional-supremacy.html

Port Finance International, „IFC secures funding for Togo box terminal, its largest port investment in Africa“, 15.01.2013, zuletzt eingesehen am 28.11.2014 unter: http://www.portfinanceinternational.com/categories/finance-deals/item/671-ifc-secures-funding-fortogo-box-terminal,-its-largest-port-investment-in-africa

Roberts, Dan, „US jury convicts Blackwater guards in 2007 killing of Iraqi civilians“, The Guardian, 23.10.2014, zuletzt eingesehen am 28.11.2014 unter: http://www.theguardian.com/us-news/2014/oct/22/us-jury-convicts-blackwater-security-guards-iraq

Saul, Jonathan, „Shippers weigh armed response to Somali piracy“, Reuters, 03.06.2009, zuletzt eingesehen am 28.11.2014 unter: http://www.reuters.com/article/2009/06/03/idUSL31024866

Stothard, Michael, „Total to invest $16bn in Angola ultra-deep offshore project“, Financial Times, 14.04.2014, zuletzt eingesehen am 28.11.2014 unter: http://www.ft.com/cms/s/0/c4f17e62-c3b0-11e3-a8e0-00144feabdc0.html#axzz3KYtBCoYZ

Tovey, Alan, „Somali pirates face new forces as Drum Cussac sells to Ambrey Risk“, The Telegraph, 03.11.2014, zuletzt eingesehen am 28.11.2014 unter: http://www.telegraph.co.uk/finance/newsbysector/industry/defence/11203344/Somali-pirates-face-new-forces-as-Drum-Cussac-sells-to-Ambrey-Risk.html

Yuen, Sarah, „Piracy Offshore Africa: Securing a Continent“, MarineLink.com, 26.06.2014, zuletzt eingesehen am 28.11.2014 unter: http://www.marinelink.com/news/continent-offshore371874.aspx

Kapitel 8
Der konkrete Fall: Nigeria und der Golf von Guinea zunehmend im Fokus

Dirk Steffen

Kapitel 8: Herausforderungen und Perspektiven für die Maritime Sicherheit im Golf von Guinea

Editorial abstract: In this in-depth account and assessment by Dirk Steffen, a maritime security analyst with substantial regional experience in the Gulf of Guinea, the differing operational characteristics of West African piracy and related maritime crimes – namely oil-theft – are explored in detail and very enlightening case-studies. Furthermore, in looking into the often neglected occurrence of kidnap-cases for ransom, the differences to the „Somali business model" are made clear and the reader gets a good impression of risks, average ranges of ransoms and the criminal networks behind the assaults. Highlighting the intensive political interconnection with organised crime in West Africa – with Nigeria as the pivot of insecurity in the region – this contribution provides a wealth of detailed knowledge. As seemingly legitimate business partners in the region pose a significant risk for leaking inside information about ships and cargo to criminal networks, shipping companies and crews operating in the region find advice here about where to get trustworthy information and which strategies of (self-) protection promise success – and which do not. In appealing to shipping operators and political decision-makers alike, this article offers a broad range of information which to this extent – especially in providing a direct comparison of the quality of IMB data with other (private) sources – has not been otherwise available to a broad audience.

8.1 Einleitung

„Das maritime Sicherheitsproblem im Golf von Guinea, da muss man nicht um den heißen Brei herumreden, heißt Nigeria." Dieses sowohl knappe als auch zutreffende Fazit fällte der Chef des Afrikaprogramms der Londoner Denkfabrik Chatham House auf einer Konferenz in Kopenhagen im

Oktober 2014.[1] Es ist zutreffend in Bezug auf Piraterie, doch verbirgt sich hinter der Fassade des öffentlichkeitswirksamen Phänomens „Piraterie“ eine tiefergreifende Problematik der Region. Diese ist sowohl zum Verständnis als auch für die Suche nach Lösungsansätzen relevant. Dieser Beitrag soll daher die Piraterie im Golf von Guinea in seinen regionalen und kulturellen Kontext setzen, die Vorgehens- und Wirkungsweisen erklären und schließlich einige Elemente privatwirtschaftlicher sowie staatlicher Lösungsansätze und deren Grenzen und Möglichkeiten skizzieren.

Piraterie[2] ist mit wenigen Ausnahmen nicht das zentrale Problem westafrikanischer Staaten. Hier verwechseln westliche Beobachter gerne die eigenen mit den Interessen der Staaten der Region. Vielmehr ist Piraterie ein Symptom der gravierenden Probleme, angefangen von Governance bis hin zu einer historisch und politisch gewachsenen Seeblindheit der Region. Piraterie ist auch lediglich eine Ausprägung krimineller Tätigkeit im maritimen Umfeld Westafrikas allgemein und des Golf von Guinea im speziellen. Wenngleich jüngste Aktivitäten zur Verbesserung der maritimen Sicherheit nominell Bezug auf die Piraterie-Resolutionen der UN[3] nehmen, so erkennt man an der Zielsetzung des im Juni 2013 in Yaoundé verabschiedeten „Gulf of Guinea Code of Conduct“ sowie an dem Entwurf für eine afrikanische maritime Strategie „2050 African Integrated Maritime Strategy“ (2050 AIMS), dass die Schwerpunktsetzung eine andere ist: Transnationale Kriminalität –Drogenhandel; illegaler Ölexport; Kraftstoff-, Waffen- und Menschenschmuggel sowie Raubfischerei und Terrorismus – beherrscht die Agenda der afrikanischen Staaten.[4] Bis auf letzteres, haben diese Kriminalitätsformen im Golf von Guinea mehr oder

---

1 Alex Vines anlässlich eines Seminars zur maritime Sicherheit auf den „Danish Maritime Days“, Kopenhagen, 7. Oktober 2014.

2 Der Begriff „Piraterie“ wird in diesem Beitrag weit gefasst und nicht auf die Definitionen gemäß UNCLOS oder IMB beschränkt; er umfasst hier jegliche wirtschaftlich-motivierte kriminelle Betätigung mit Gewaltanwendung oder -androhung im maritimen Raum.

3 UN Resolutionen 2018 (2011) and 2039 (2012).

4 Gulf of Guinea Code of Conduct, Yaoundé, 25 Juni 2013 insbesondere Article 2 – Purpose and Scope; 2050 AIMS, S. 9.

weniger ausgeprägte maritime Komponenten.[5] Der Schaden ist schwer zu beziffern;[6] allein Nigeria, der Hauptölexporteur der Region, verliert jährlich zwischen drei und acht Milliarden US-Dollar an Einnahmen durch Rohöl, das an den Büchern vorbei, zumeist über See, exportiert wird.[7] Der Schaden der Raubfischerei in der Region wird mit zwischen US$ 300 Millonen und 1 Milliarde US-Dollar pro Jahr beziffert, doch verbirgt sich dahinter auch eine existentielle Bedrohung der Nahrungsmittelsicherheit für die rasant wachsenden Bevölkerungen der Region.[8]

8.2 Maritime Sicherheit in Westafrika

Jenseits der oben geschilderten Probleme im Zusammenhang mit maritimer Sicherheit hat das Thema Westafrika, oder der Brennpunkt Golf von Guinea, insbesondere seit dem vorübergehenden Ende des Konflikts im Nigerdelta im Jahr 2009, bisher wenig Resonanz in der Konfliktforschung gefunden. Dies gilt insbesondere für den deutschsprachigen Raum, in dem das Thema zumeist unter der generellen Rubrik „Piraterie“ zusammen mit anderen Seegebieten, und dann auch oft nur symptomatisch oder im Hinblick auf mögliche Gegenmaßnahmen, untersucht wurde.[9]

Die maritime Dimension der Sicherheit im Golf von Guinea ist aber ebenso bei den afrikanischen Eliten unterbelichtet. Diesen Umstand führt der Mitautor der 2050 AIMS, Samuel Kamé-Domguia, besonders in

5 Definiert man „Terrorismus“ vernünftigerweise eng, käme aktuell in Nigeria nur Boko Haram als Akteur in diesem Sinne in Frage. Diesbezüglich aber sind keine maritimen Verknüpfungen bekannt.

6 Zur Problematik verlässlicher Daten i.b. auf organisierte Kriminalität, vgl. Etannibi E.O. Alemika (2013).

7 Chatham House, 2013, S. 17.

8 Catherine Novelli sowie 2050 AIMS, S. 8.

9 So konstatiert auch Kerstin Petretto im Rahmen eines PiraT Arbeitspapiers (2011) den Mangel an wissenschaftlicher Auseinandersetzung mit der Ausprägung der Piraterie im Golf von Guinea. Erschwerend kommt hinzu, dass bestehende Analysen, wie Petretto bemerkt, auf die unzureichenden Datensätze des IMB zurückgreifen. Siehe hierzu Abschnitt 8.1.3. Lediglich in der Studie „Piraterie und Maritime Sicherheit“, Stiftung Wissenschaft und Politik (SWP), 2010, S. 29–35, befaßt sich Denis M. Tull mit dem Thema Westafrika und dort mit den Ursachen der speziellen Phänotypen der Golf-von-Guinea Piraterie.

Westafrika auf das kulturelle Trauma der Sklaverei zurück; seitdem wird die See von vielen Afrikanern als Bedrohung empfunden.[10]

Wenigstens ebenso bedeutsam für die Abwesenheit einer intensiveren Befassung mit der Problematik durch die afrikanische Politik ist jedoch, dass Ressourcenkämpfe und Herrschaftssicherung in Afrika seit der Entkolonialisierung ausschließlich an Land stattfinden und eine Abzweigung von Mitteln für „maritime Sicherheit“ für die meisten afrikanischen Eliten bisher wenig sinnvoll erschien.[11] Dies gilt umso mehr, als ein Verständnis eines Gemeinwohls oder kollektiven Interesses auf See, so wie es dem westlich geprägten Seevölkerrecht zugrunde liegt, vielen in der Regel auf Patronage und Stammesloyalitäten aufgebauten Gesellschaften Westafrikas abgeht.

Es sind daher die aufgeklärteren Staatswesen Westafrikas und deren Verständnis für die Notwendigkeit, private oder staatliche (aber im Zugriff der Eliten befindliche) Ressourcen in den Küstengewässern sowie ihre Ausbeutung vor kriminellen Zugriff zu schützen, die seit wenigen Jahren eine embryonale Form des maritimen Sicherheitsverständnisses in Afrika hervorbringen. Gleichzeitig wecken die zunehmenden Verdienstmöglichkeiten einer westafrikanischen „Blue Economy“ Begehrlichkeiten, die, wie im Falle Nigerias, den Charakter maritimer Kriminalität in der Region verändern.

Die wachsende Unsicherheit an Land veranlasst viele westliche Ölfirmen mittlerweile, ihre Ölfelder im Nigerdelta aufzugeben und in die vermeintliche Sicherheit der Tiefwasser- und Ultratiefwasserbereiche der nigerianischen Schelfgewässer abzuwandern.[12] Gleichzeitig verlagern und verändern sich die Ladungsströme über See von und nach Westafrika. Zwar ist die Region, insbesondere der Golf von Guinea, nach wie vor eine geographische Sackgasse – produzierte Waren und Industriegüter werden dort gelöscht, Rohstoffe werden geladen, doch hat sich der Kreis der an der Region strategisch und wirtschaftlich Interessierten mit dem zunehmenden

---

10 Gespräch des Autors mit Samuel Kamé-Domguia am 7. Oktober 2014.

11 Vgl. John Olukayode Fayemi, „Threats, Military Expenditure and National Security: Analysis of Trends in Nigeria’s Defence Planning, 1970–1990”, insbes. S. 140–43 und 240–45.

12 U.K. Chamber of Shipping, S. 3.

Auftreten asiatischer Firmen in den letzten zehn bis fünfzehn Jahren stark vergrößert.[13]

Demgegenüber steht nach wie vor eine vollkommen unzureichende Fähigkeit der Staaten der Region, jenseits punktueller Maßnahmen, für eine Sicherung des maritimen Raumes, inklusive Küsten und Binnengewässer, zu sorgen. Die meisten westafrikanischen Staaten verfügen nur über Patrouillenboote für den küstennahen Einsatz oder über Hafenschutzboote. Einige wenige Marinen, wie die Nigerias oder Äquatorialguineas, verfügen über leichte Seestreitkräfte oder, wie Ghana und Kamerun, erhalten in naher Zukunft Hochseeküstenwachboote, die theoretisch zum Einsatz in der ausschließlichen Wirtschaftszone in der Lage wären. Jedoch fehlen für deren effektiven Einsatz die notwendige Infrastruktur, Lagebilder, Vernetzung und nicht zuletzt eine klare rechtliche Grundlage für die Strafverfolgung von auf See aufgegriffenen Tatverdächtigen.[14] Erschwerend kommt hinzu, dass einige Marinen, allen voran die Nigerias, von Korruption durchsetzt sind und nicht selten Handlanger der Kriminellen sind.[15]

---

13 Zur Verschiebung der geostrategischen Interessen hinsichtlich der Öl- und Gasreserven: Rolake Akinkugbe, „Africa's place in the global hydrocarbons industry".

14 Das Unvermögen der Marinen der Region sowohl im nationalen als auch regionalen Kontext vernetzt zu arbeiten und Lagebilder zu erstellen und auszutauschen trat während der Übung OBANGAME EXPRESS 2014 im April 2014 eklatant zutage. Hinsichtlich der effektiven Strafverfolgung ist insbesondere in Nigeria neben einer überlasteten Justiz eine unklare Gesetzgebung ein Haupthindernis. Zwar hat Nigeria die einschlägigen internationalen Konventionen ratifiziert, jedoch ist eine Umsetzung lediglich bruchstückhaft und nur auf nationaler Ebene (nicht auf Ebene der Bundesstaaten) erfolgt. Hinzu kommt, dass der Großteil der Delikte keine Pirateriedelikte im strafrechtlichen Sinne darstellen. Bisher ist kein einziger Tatverdächtiger, der seit 2009 im Zusammenhang mit Entführungen auf See in Nigeria festgenommen wurde, rechtskräftig verurteilt worden. Dazu äußerte sich auch jüngst der Chef der nigerianischen Seefahrtsbehörde NIMASA auf einer Konferenz von Seerechtsexperten in Nigeria: vgl. Ships & Ports (Nigeria), 20 November 2014.

15 Auf den besonderen Charakter der Verflechtung von Staat und Staatsorganen und ölbasierter Kriminalität in Nigeria wird verschiedentlich hingewiesen, z.B. allgemein als Resultat des rentier-Staates: Paul G. Adogamhe, S. 236–40, 43 oder als Phänomen schwacher Institutionen: Freedom C. Onuoha, S. 33. Öldiebe berichten analog dazu über Schutzgeldzahlungen, die sie an die Streitkräfte im Nigerdelta abführen müssen. Vgl. Chatham House 2013 oder SDN (2013).

Kurzum: dem Anstieg maritimer wirtschaftlicher Aktivitäten stehen keine ausreichenden Werkzeuge zum Schutz derselben gegenüber.

8.3 Piraterie im Golf von Guinea

Die enormen Bereicherungsmöglichkeiten im Öl- und Gassektor sowie ausgeprägte Schwäche (und mangelnder Wille) einiger Anrainer des Golfs von Guinea, insbesondere Nigerias, bilden die Grundlage der heutzutage in der Region wahrgenommenen Seepiraterie. Diese hat nur wenig gemeinsam mit den Berichten der Seeleute über Überfälle auf Lagos-Reede (sowie einigen anderen Reeden in Westafrika), die immerhin Schweden, Norwegen, Westdeutschland, die Niederlande und Großbritannien 1983 dazu veranlassten, sich im Rahmen der International Maritime Organization (IMO) mit der Thematik zu befassen und das erste Rundschreiben zu diesem Thema herauszubringen.[16] Im Nigerdelta war bis in die 90er Jahre hinein die „Schutzgelderpressung“ von lokalem Verkehr gang und gäbe; auch dieses ein Relikt der Ära der Sklaverei, in der Stämme des Deltas von passierenden Fahrzeugen einen Wegezoll (comey) erhoben.[17]

Dieses Bild der armutsgetriebenen „Subsistenzpiraterie“ beherrscht noch heute die öffentliche Wahrnehmung der Piraterie in der Region. Diese Situation hat sich seit den 1990er Jahren grundlegend gewandelt, abgesehen von der eingangs geschilderten Tatsache, dass Nigeria nach wie vor von zentraler Bedeutung für die Piraterieproblematik ist. Neben den dargestellten neuen Bereicherungsmöglichkeiten haben der technische Fortschritt, eine bessere Qualifizierung des kriminellen Personals und nicht zuletzt die Kriminalisierung von Politik und Wirtschaft in Nigeria eine Rolle in der jüngsten Entwicklung gespielt. Allerdings kann man nicht von einem plötzlichen Anstieg der Seepiraterie im Golf von Guinea reden[18] – zumindest nicht seit 2006/7, seitdem sind die Fallzahlen auf

---

16 MSC/Circ. 367.

17 Marc Antoine Pérouse de Montclos, „Maritime Piracy in Nigeria: Old Wine in New Bottles?“, 532–3.

18 Siehe hierzu auch: Insbesondere Sicherheitsfirmen, die vormals im Indischen Ozean tätig waren, taten sich in den Jahren 2013 und 2014 durch eine systematische Übertreibung der Bedrohung hervor, ohne dabei jedoch qualitative Differenzierungen vorzunehmen, Auswertung von Pressemitteilungen, Op-eds

hohem Niveau nahezu konstant geblieben.[19] Wesentlicher als die quantitative Betrachtung ist jedoch die qualitative Bewertung der Piraterie im Golf von Guinea.[20]

und Marketingunterlagen von Sicherheitsfirmen mit Zweig- oder Hauptniederlassungen in Nigeria, u.a. Port2Port, SSI, Guardian Global Resources, LGS Matrix, MAST, Actus International Security u.a., sowie entsprechende Veröffentlichungen in der Presse.

19 In der Öffentlichkeit sowie in der Konfliktforschung wird häufig auf die Zahlen des International Maritime Bureaus (IMB) zurückgegriffen, allerdings weist Pérouse de Montclos darauf hin, dass die Zahlen aufgrund der Art ihrer Erhebung (lediglich gemeldete Angriffe) für die wissenschaftliche Auswertung ungeeignet sind. Ölfirmen und private Sicherheitsdienstleister unterhalten dagegen Datenbanken, in denen sich sowohl zahlreichere als auch besser recherchierte Vorfälle finden, die zum Teil zu völlig anderen Auswerteergebnissen führen.

20 Alexandra Fouilloux, S. 106–9. Siehe hierzu auch: UNITAR, „UNOSAT Global Report on Maritime Piracy a geospatial analysis 1995–2013", 2014, S. 32–4; allerdings ist die Analyse durch die Verwendung von IMB-Daten verzerrt.

Vergleiche der Fallzahlen

Registrierte Vorfälle von Piraterie und Überfällen auf Schiffe in Nigeria (Hoheitsgewässer und hohe See) 1. Jan. 2007 – 23. Nov. 2014

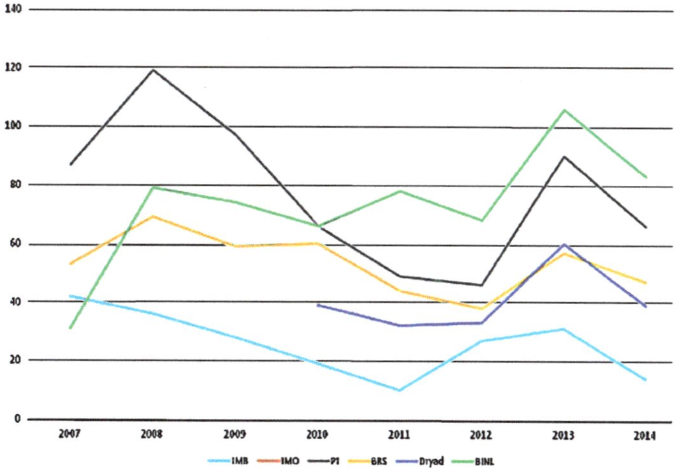

Registrierte Vorfälle von Piraterie und Überfällen auf Schiffe in Westafrika (Senegal-Angola, Hoheitsgewässer und hohe See) 1. Jan. 2007 – 23. Nov. 2014

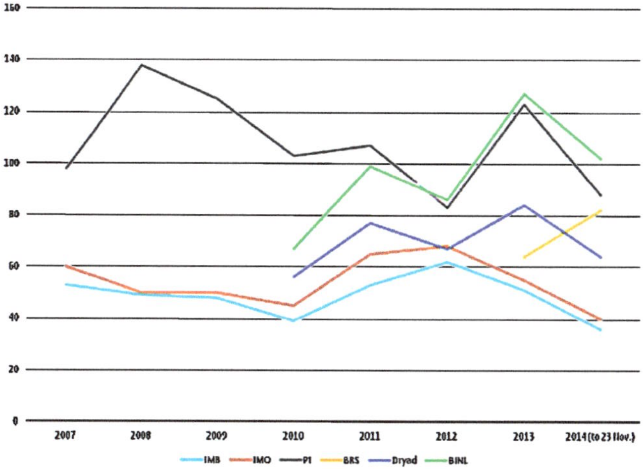

Die registrierten Fallzahlen für Westafrika und Nigeria unterscheiden sich erheblich zwischen verschiedenen Organisationen: so registrieren IMO und IMB jeweils nur die ihnen gemeldeten Fälle. Informationsdienstleister wie Bergen Risk Solutions (BRS), Dryad Maritime und Risk Intelligence (RI) registrieren auch selbst recherchierte und verifiziert Fälle; im Falle von BRS und Dryad beschränkt sich die Statistik jedoch auf Fälle mit internationalem Bezug. RI registriert auch Fälle, die nach Ansicht der Analysten einen Einfluss auf die lokale Sicherheitssituation haben. Bourbon Interoil Nigeria (BINL) ist ein in der Region agierendes Unternehmen, das ab 2007 mit dem Aufbau eines eigenen Informationsnetzwerkes in der Region begann, grundsätzlich alle maritimen Zwischenfälle als relevant ansieht allerdings einen Schwerpunkt auf dem Niger Delta hat.

Der Weg zur modernen Piraterie im Golf von Guinea erfolgte über mehrere Stationen: angefangen mit der kommerziellen Ausbeutung der Rohöhlvorkommen im Nigerdelta, sukzessive Militärregimes, die sich über die Auflösung traditioneller Gesellschaftsstrukturen die Hoheit über diese Ressource sicherten, bis hin zu einer mit der Jelzin-Ära in Russland vergleichbaren Selbstbereicherungswelle korrupter Eliten in der Folge des letzten nigerianischen Militärregimes, die den Nährboden für die Etablierung krimineller politischer und wirtschaftlicher Verhaltensweisen in Nigeria bereitete. Als Reaktion darauf entwickelte sich aus dem Aktivismus im Nigerdelta eine militante Widerstandsbewegung, die in zwei Aufständen 2003-4 (versammelt unter der Niger Delta Peoples' Volunteer Front – NDPVF) und 2006-9 (zumeist unter dem Banner des Movement for the Emancipation of the Niger Delta – MEND) mündete. Sie brachte eine Generation im maritimen Einsatz erprobter Krimineller sowie eine komplexe Verflechtung von Milizen, Politik, Sicherheitskräften und Ölwirtschaft hervor. Diese Gemengelage ist nach wie vor verantwortlich für die scheinbar unkontrollierte und unkontrollierbare, politisch gedeckte, Gewaltkriminalität im Nigerdelta.[21]

Die Expertise der Widerstandskämpfer und Milizen, die in verschiedenen Konstellationen für politische und kommerzielle Interessen tätig werden, ist auf zwei Geschäftsmodelle fokussiert: Entführungen – ursprünglich zur Durchsetzung politischer Forderungen, aber seit langem zur Selbstfinanzierung genutzt, sowie Sabotage, Schutzgelderpressung, Diebstahl und illegale Vermarktung im Öl- und Gassektor im schwer zu kontrollierenden

21 Human Rights Watch, „Criminal Politics: Violence, Godfathers and Corruption in Nigeria", Okt. 2007. Allerdings ist es wichtig zu betonen, dass der militante Widerstand und besonders die kriminellen Verflechtungen der sog. „Youth-Militias" im Nigerdelta von vielen Bewohnern der Region durchaus kritisch gesehen werden. Diese Gruppen sichern sich jedoch durch Einschüchterung politischer und gesellschaftlicher Gegner einen überproportionalen Einfluss auf den politischen Prozess im Nigerdelta. Dieser Umstand bewegt wiederum politische und kriminelle Eliten dazu, diese Milizen für ihre Interessen zu manipulieren. Vgl. Augustine Ikelegbe, „Beyond the threshold of civil struggle: youth militancy and the militia-ization of the resource conflicts in the Niger Delta region of Nigeria, S. 102–3 sowie William Ehwarieme, „Fishers of Men: The Political Economy of Kidnapping in the Niger Delta", S. 111–13.

Nigerdelta.[22] Der maritime Charakter des Nigerdeltas favorisiert einen entsprechenden maritimen Ansatz, der in der Zeit 2006-9 einen harten Kern von 800-1000 Kämpfern hervorgebracht hat, die über ausgeprägte Fähigkeiten im Flusskampf sowie im Einsatz von Kleinbooten im Küstenvorfeld verfügen.[23] Mehrere tausend Kämpfer verfügen zumindest über rudimentäre Kenntnisse auf diesem Gebiet. Lange Zeit konnten sich diese irregulären Verbände gegenüber den schlecht motivierten, geführten und ausgestatteten nigerianischen Sicherheitskräften der Joint Task Force (JTF) im Nigerdelta durchsetzen.[24] Hinzu kam, dass viele Offiziere der JTF in kriminelle Ölgeschäfte verwickelt waren[25] oder durch Schutzgelderpressung im Rahmen des „illegal bunkering" den besonderen Unmut der sich aus diesem Geschäft finanzierten Militanten zugezogen haben. Dieses besondere, gespaltene Verhältnis zwischen den Sicherheitkräften und dem Kern gewaltbereiter und kampferprobter „Piraten" in Nigeria ist essentiell für das Verständnis, warum gewisse Lösungsansätze die derzeit in der Region verfolgt werden, schlicht nicht erfolgversprechend sind.

---

22 Generell ist eine klare Abgrenzung politisch-motivierter und rein krimineller Entführungsmotive im Niger Delta nicht möglich. Siehe hierzu auch Marc Antoine Pérouse de Montclos, S. 534.

23 Freedom C. Onuoha, S. 31.

24 Nach Auswertungen des Autors behielten militante Widerstandskämpfer im Niger Delta 2007 bei 2/3 der Flußgefechte mit Regierungstruppen die Oberhand. 2008 entschieden die Widerstandskämpfer noch jedes zweite Gefecht für sich. Erst im Laufe des Jahres 2009 konnte die JTF durch massives militärisches Aufgebot punktuell Hoheit über einzelne Gebiete, z.B. Gbmaratu im Bundestaat Delta, im Niger Delta erzwingen.

25 Hierzu zählt insbesondere die Anklage im Jahr 2007 von 10 Marine- und JTF Offizieren, u.a. Vizeadmiral Ganiyu Adekeye, Brigadegeneral Illogho (ehem. JTF Befehlshaber), Major Ahmed, JTF, Kapitän zur See Ajibade, Korvettenkapitän Dogos u.a., überwiegend dem Bereichsbefehlshaber NNS Delta zuzuordnendes Personal. Noch kürzlich beklagte die nigerianische Marine das Öldiebe Marinepersonal im Niger Delta bestechen würden: Nigeria: Oil Thieves Bribing Our Men, JTF Boss Laments in: Daily Independent (Lagos), 28 Juli 2014. Allerdings ergaben Gespräche des Autors mit nigerianischen Offizieren und Behördenvertretern, daß Marineoffiziere nach wie vor Prämien für Versetzungen auf „lukrative Posten" im Niger Delta bezahlen. Öldiebe berichten analog dazu über Schutzgeldzahlungen, die sie an die Streitkräfte im Niger Delta abführen müssen, so z.B. Videointerview von John Vidal, Oktober 2013. Vgl. auch Chatham House (2013) oder SDN (2013).

Die Notwendigkeit vieler ehemaliger militanter Kämpfer, sich nach der Amnestie für Nigerdelta-Widerstandskämpfer durch die nigerianische Regierung im Jahre 2009 „nicht-militanten“ Aktivitäten zuwenden zu müssen und zugleich den Ausfall veruntreuter Amnestiezahlungen auszugleichen, traf sich mit der Etablierung vieler krimineller Eliten im sogenannten Downstream-Sektor Nigerias, also dem Handel und Export von Öl und Ölprodukten. Die Anzahl der nigerianischen Ölhandelsgesellschaften stieg von sechs im Jahre 2006 auf über 140 im Jahre 2011 an.[26] Es wird davon ausgegangen, dass ein Großteil dieser Firmen lediglich der Abwicklung krimineller Ölgeschäfte dient. Zahlreiche dieser Firmen haben Niederlassungen in der Schweiz; in ihren Vorständen und Aufsichtsräten finden sich namhafte ehemalige und aktive nigerianische Politiker – vorwiegend mit Verbindungen zu der seit 1999 regierenden People's Democratic Party.[27]

Aus der Symbiose dieser Geschäftsinteressen entstand im Laufe des Jahres 2010 das Konzept der Kurzzeit-Entführungen von Tankern zum Zwecke des Ladungsdiebstahls. Dieses kriminelle Modell richtet sich zumeist gegen Tanker, die raffinierte Erdölprodukte – Benzin, Diesel oder Kerosin – in die chronisch unterversorgte Region bringen. Hierbei macht man sich existierende kriminelle Infrastrukturen zunutze, aber auch die Intransparenz von Geschäften mit Erdöl und Erdölprodukten sowie die Abneigung der Schifffahrt, Transaktionen unter den Augen der Behörden der afrikanischen Küstenstaaten durchzuführen, teilweise aus rein kommerziellen Erwägungen, um etwa Hafen- oder Zollgebühren zu vermeiden.

Das Modell dieser Delikte ist relative einheitlich, auch wenn es mittlerweile einige Nachahmer gibt. Ein politisch vernetzter nigerianischer Geschäftsmann bekommt durch eigene Tätigkeit oder Insider-Kontakte Kenntnis über eine für ihn interessante Ladung oder signalisiert schlicht Interesse. Über seine Kontakte im Nigerdelta (zumeist sind dieses universitäre „Verbindungen“, sog. *Confraternities*, die Verbindungen zu den Gangs, bestehend aus militanten Kämpfern haben) versichert er sich der Verfügbarkeit eines Angriffsteams; über geschäftliche Kontakte wirbt er zusätzliche Expertise in Form von unterbeschäftigten nigerianischen Seeleuten an. Wenn das Bewegungsmuster des Zielschiffs (zumeist ein Schiff,

26 Nigeria Subsidy Report (2012), S. 75.
27 Nigeria Subsidy Report 2012, S. 182–4, Berne Declaration, 12-15.

das sich längerfristig in der Region aufhält und dort regelmäßig Ladungstransfers durchführt) bekannt ist, wird das Angriffsteam mit der „Handelschiffskomponente“ zum Einsatz gebracht. Angriffe gegen Tanker finden, mit Ausnahme opportunistischer Angriffe in unmittelbarer Nähe des Nigerdeltas, ausschließlich bei Nacht, entlang der Küste zwischen Angola und Côte d'Ivoire statt. Erst nach erfolgreicher Kaperung und während der Überführung des gekaperten Schiffes in die Nähe nigerianischer Gewässer werden Abnehmer für die Ladung kontaktiert. Ebenso wird Tonnage zum Leichtern kurzfristig „gechartert“; hierbei kann es sich um ansonsten vollkommen legitime Tonnage handeln, die aber zumeist nigerianisch kontrolliert werden. Je nach Ausbildungsstand des Angriffsteams werden das Automatic Identification System (AIS), Long-Range Identification and Tracking (LRIT) sowie andere Tracking-Funktionen des Schiffes deaktiviert und der Löschvorgang zu einem großen Teil von den mitgebrachten Seeleuten durchgeführt. Im Idealfall werden Ladungspapiere glaubwürdig gefälscht, bevor das Angriffsteam, zumeist in der Nähe des Nigerdeltas, wieder von Bord geht. Da die Ausführenden nicht immer von den Auftraggebern bezahlt werden, wird der Lohn durch Plünderung an Bord aufgebessert. Die Ladung wird in der Regel in der Region vermarktet. Zudem gibt es Hinweise, dass Raffinerien und Tanklager wie Integrated Oil in Nigeria, die Societé Ivorienne de Raffinage in Côte d'Ivoire oder verschiedene Tanklager in Cotonou, Benin, sowohl in die Verarbeitung von illegalem nigerianischen Öl als auch in die „Wäsche“ von raffinierten Produkten verstrickt sind oder waren.[28] Lässt sich eine Ladung nicht „legalisieren“, so besteht immer noch die Möglichkeit, sie auf dem schwarzen Markt zu verkaufen, häufig gestreckt oder anderen Ladungen beigemengt.[29]

---

28 Um wenigstens den illegalen Export von nigerianischem Öl in die Elfenbeinküste zu unterbinden, überlässt die staatliche nigerianische Ölgesellschaft NNPC dem Land rund 30.000 Barrel Öl pro Tag zu einem Vorzugspreis. Vgl. auch „African approaches to Maritime Security“, S. 44.

29 Die Auswertung des Angriffsmusters beruht auf einer Studie an der der Autor beteiligt war, die im Zeitraum Dezember 2010-August 2013 93 Angriffe auf Produktentanker im Golf von Guinea untersuchte und dabei in 13 Fällen detaillierte Recherchen zu Hintergründen und Ablauf der Angriffe anstellte: Risk Intelligence, „Gulf of Guinea Tanker Hijacking Report“ (GOG THJR),

Diese Verbrechensform ist sehr lukrativ – bei rund 120 angegriffenen Produktentankern seit Ende 2010 ergaben sich 38 erfolgreiche Kaperungen.[30] Rund die Hälfte davon führte zu einem erfolgreichen Diebstahl der Ladung, in einem Fall – dem des Tankers KERALA, der am 18. Januar 2014 vor Luanda, Angola, entführt wurde – wurden 12.771 Tonnen Dieselöl geleichtert. Der Verkaufswert beträgt im Durchschnitt zwischen 50 Cent und einem US-Dollar pro Liter – für Benzin noch mehr, hinzu kommen bei Benzin erschlichene Subventionen in Nigeria in Höhe von rund 50 US-Cent pro Liter. Bei einer durchschnittlichen Haltedauer von rund fünf Tagen lassen sich mithin Gesamtgewinne zwischen einer Million und zehn Millionen US-Dollar realisieren, im Durchschnitt rund 30 bis 40 Millionen US-Dollar pro Jahr seit 2011.[31] Das Geschäftsmodell ist offensichtlich lukrativer als das der somalischen Piraterie und vergleichbar mit südostasiatischen Tankerentführungen, die bereits seit über 20 Jahren nach einem sehr ähnlichen Muster verlaufen.[32]

8.3.1 Fallstudie Tankerentführung: ANUKET EMERALD

Der Panama-geflaggte, britisch-betriebene Produktentanker ANUKET EMERALD befand sich im August 2012 seit seiner Indienstellung 2008 praktisch ununterbrochen im Einsatz im Golf von Guinea. Dort war der 7.415 Tonnen große Tanker im Pendelverkehr zwischen Cotonou und den nigerianischen Ölfeldern vor Warri und Escravos, deren Einrichtungen er mit Kraftstoff – Diesel und Schiffsdiesel – versorgte, eingesetzt.

Am Abend des 18. August 2012 trieb der Tanker vor Lomé (Togo) knapp außerhalb der Territorialgewässer und außerhalb einer von der togolesischen Marine im Juni 2012 verkündeten sicheren Reede. Diese Position wurde gewählt, um den seit 2011 stark angestiegenen Angriffen vor

Oktober 2013, sowie einem Nachtrag für den Zeitraum September 2013–September 2014.

30 Risk Intelligence, GOG THJR Nachtrag“, S. 6–12.

31 Vgl. UNODC, S. 44–51, sowie Auswertungen des Autors im Rahmen des „Gulf of Guinea Tanker Hijacking Report“.

32 Siehe hierzu: Karsten von Hösslin, S. 10–14 und T.B., A special analysis The star and the crescent: Piracy and international shipping in South East Asia, S. 4–8.

Cotonou auszuweichen. Am frühen Abend des 18. August verlor die Reederei den Kontakt zu dem Schiff; das AIS-Signal verschwand.

Sechzehn schwerbewaffnete Angreifer hatten die ANUKET EMERALD völlig überraschend eingenommen. Obwohl das Schiff mit Sperrdraht gesichert und Türen, Aufgänge und Fenster verstärkt waren, während sich zudem ein Posten an Deck befand, gelang es den Angreifern, das Schiff unbemerkt über das Heck zu entern und ohne Widerstand die Brücke zu erreichen.

Die Angreifer sicherten das Schiff (mit einem MG auf dem Kompassdeck) und versammelten die Besatzung in der Messe. Unter den Angreifern befand sich mindestens eine Person, die über weitreichende nautische Kenntnisse verfügte. Die Angreifer setzten sich nach Aussagen der Besatzung aus Nigerianern, Ghanaern und Togolesen zusammen.[33] Die Nigerianer trugen rituelle Gesichtsnarben, die sie als Angehörige eines Stammes der Yoruba-Volksgruppe[34] auswiesen. Während der fünftägigen Kaperung konsumierten sie nach Aussagen der Besatzung Kokain und andere Drogen.

Die Angreifer deaktivierten AIS und LRIT, übermalten den Schornstein und änderten den Namen des Schiffes in „RALD", bevor sie sich mit einem anderen Fahrzeug (später als der nigerianisch-geflaggte Tanker UNION GRACE identifiziert) etwa 60 Seemeilen vor Escravos trafen. Es wurden 3.450 Tonnen Diesel geleichtert; dieses Manöver wurde von der Besatzung der ANUKET EMERALD, aber unter Aufsicht der Angreifer durchgeführt. Die Angreifer erwarteten für den Kraftstoff einen Erlös von rund 300 bis 500 US-Dollar pro Tonne. Die Übergabe dauerte rund 12 Stunden, danach verließen die Angreifer zügig die ANUKET EMERALD. Einige schifften

33 Diese Aussage ist glaubwürdig, da im Stammesgebiet der Yoruba im Bundestaat Ondo eine große Anzahl ghanaischer Staatsbürger lebt, die dort von der Einwanderungsbehörde der illegalen Fischerei und anderer krimineller Aktivitäten verdächtigt wird. Gespräche des Autors mit Vertretern des Nigerian Immigration Service in Akure, Ondo (August 2014).

34 Die Yoruba bilden die vorherrschende Volksgruppe im Südwesten Nigerias, insbesondere in den Bundesstaaten Ekiti, Lagos, Ogun, Ondo, Osun, Kwara and Oyo; weitere Siedlungsgebiete befinden sich in Benin. In Togo gibt es große Minderheiten eingewanderter Yoruba.

sich auf der UNION GRACE ein, andere verließen in einem der beiden Boote das Schiff. Das zweite Boot wurde zurückgelassen.

Die ANUKET EMERALD kehrte nach Cotonou als Nothafen zurück, wo eine umständliche und zeitraubende Untersuchung erfolgte. Von den 18 Besatzungsmitgliedern wurden vier wegen leichter Verletzungen ambulant behandelt. Der Schaden für den Charterer belief sich auf etwa vier Millionen US-Dollar durch den Verlust der Ladung, für den Schiffseigner auf 200.000 US-Dollar, vorwiegend durch Beschädigungen, die während des Transfers mit der UNION GRACE entstanden.

Von einem privaten Ermittlungsdienst konnte die UNION GRACE zum Tanklager der Integrated Oil in Lagos zurückverfolgt werden. Dort wurde auch die Ladung sichergestellt. Der Inhaber, der ehemalige Innenminister Immanuel Iheanacho, wurde vorläufig festgenommen, aber kurze Zeit später wieder freigelassen. Weiterhin führte die Spur der Angreifer nach Ikbokoda im Bundestaat Ondo, wo die Polizei in der Nacht vom 13. auf den 14. September 2012 fünfzehn Mitglieder einer mutmaßlichen Piratengruppe im Zusammenhang mit der Entführung der ANUKET EMERALD festnahm. Einer der nach einem 35-minütigem Feuergefecht Festgenommenen war Aseluva Oluwariokami, ein in Ondo politisch vernetzter Geschäftsmann und Ex-Widerstandskämpfer, der unter dem Pseudonym „Wazioba“ für zahlreiche Überfälle auf Tanker sowie für Subventionserschleichung mit fingierten Benzinimporten verantwortlich gemacht wird.

Der Charterer der UNION GRACE stellte sich als die in Lagos ansässige Firma PVR Ventures eines Olugbemiga Moses Olagoke heraus; als Eigner der UNION GRACE wurde Andrew Prince Ohioze ermittelt, der wiederum über PVR und eine Mittelsfrau an die Capital Oil & Gas Ltd für den Verkauf des gestohlenen Diesels herantrat. Obwohl Capital Oil & Gas zu dem Zeitpunkt bereits wegen Verstößen gegen Importregulierungen untersucht wurde, wurde das Geschäft abgewickelt. Insgesamt bezahlte Capital rund 3,6 Millionen US-Dollar in mehreren Tranchen binnen 24 Stunden an Olagoke.[35]

Alle Verdächtigen wurden später wieder auf freien Fuß gesetzt. „Wazioba“ selbst gab an, von einflussreichen Personen in der NNPC und

---

35 This Day Live, 7. Dezember 2012.

traditionellen Herrschern angestiftet worden zu sein. Es sind bisher (November 2014) noch keine Urteile ergangen.

8.3.2 Geiselnahmen auf See

Ganz anders verlaufen hingegen Entführungen von Besatzungsangehörigen von Schiffen gegen Lösegeld. Dieses Delikt besitzt eine ausgeprägte lokale Dynamik und wird zudem stark durch politische Ereignisse, zum Beispiel Wahlen, lokalpolitische Ereignisse und Manipulationen nigerianischer Politiker beeinflusst. Es handelt sich zudem auf ein ausschließlich auf das Nigerdelta (in einem Radius von rund 100 Seemeilen) begrenztes Phänomen. Aus nigerianischer Sicht handelt es sich häufig um Kompensationsakte für durch internationale Ölförderung erlittene Schäden, zum Beispiel Ölverschmutzung und Fangausfälle. Tatsächlich verbergen sich seit 2009 dahinter zumeist rein kommerzielle Überlegungen oder wirtschaftliche Überlebensstrategien der Angreifer.[36] Die Entführungen verlaufen in der Regel nach einem Schema, bei dem die Geiseln an einflussreiche Ex-Widerstandskämpfer weiterverkauft werden, die sich um die Verhandlungen (über die Verbindungen durch die *Confraternities*) und die Logistik kümmern. Da die Ansprechpartner der Ölfirmen und ihrer Unterauftragnehmer meist bekannt sind, werden die Fälle in der Regel nach zwei bis vier Wochen abgewickelt. Trotz relativ hoher, aber in erster Linie ritueller, Anfangsforderungen hat sich ein Tarifsystem im Nigerdelta etabliert, bei denen Lösegelder nach „Wert" der Geiseln abgestuft werden. Diese Lösegelder liegen zumeist weit unter den zuletzt realisierten Lösegeldern in Somalia; so werden für Asiaten und Osteuropäer ab 40.000 US-Dollar verlangt; für Westeuropäer und Nordamerikaner hingegen bis zu 300.000 US-Dollar pro Geisel.[37] Nur selten, in der Regel durch Verhandlungsfehler der Reedereien oder Ölfirmen, wird dieses System durchbrochen, etwa im

36 Vgl. Pérouse de Montclos, S. 536–7 sowie Ehwarieme, „Fishers of Men", S. 117–8.

37 Vgl. Pérouse de Montclos, S. 537. Diese „Tarife" decken sich in etwa mit Beobachtungen des Autors, wenngleich Lösegelder für Osteuropäer in 2013 generell durch schlechte Verhandlungsführung höher – bis zu 100.000 US-Dollar pro Geisel – ausfielen.

Falle der C-RETRIEVER.[38] Wie in diesem Fall sind häufig Insider zumindest an der Entführung von Fahrzeugen im Öl- und Gassektor involviert. Diese wiederum sind Komplizen der Öl- und Kraftstoffdiebe, die wertvollen Kraftstoff von den Offshore-Schiffen bekommen.[39]

Wahlkämpfe haben im Nigerdelta einen nachweislichen Einfluss auf Geiselnahmen.[40] Zwar konzentriert sich der Großteil dieser Aktivitäten auf einheimische politische Gegner und deren Angehörige, aber die Entführung von Ausländern für die „Wahlkampffinanzierung" spielt ebenfalls eine, wenn auch kleinere, Rolle. Bei den maritim veranlagten Dorfgemeinschaften des Nigerdeltas, die zumeist Angehörige unter den Besatzungen der Plattformen und Versorgungsschiffe haben, sind die Wasserwege des Deltas und das Küstenvorfeld ein natürliches Betätigungsfeld. Zumeist mit Hilfe von Insidern aus ihren eigenen Reihen entführen diese Dorfgemeinschaften Ausländer, um mit dem Lösegeld „Schutz" durch militante Kämpfer zu erwerben oder um Kämpfer für den Wahlkampf „ihres" Kandidaten zu finanzieren.[41]

Nicht immer gelingen Angriffe wie geplant, so dass sich regelmäßig auch opportunistische Entführungen ergeben, wenn das Hauptziel nicht zu erreichen ist. Dennoch werden die oben schon beschriebenen Kanäle genutzt. So profitierte der Ex-Widerstandskämpfer Ikiba Sotonye „Obese" (genannt „Commander Obese" oder „Obeys") von dem „Weiterverkauf" von Geiseln der BBC POLONIA (angegriffen am 2. Juli 2010 vor Bonny) oder von dem gescheiterten Angriff auf eine Ölplattform im Ölfeld OML 126 (ADDAX PETROLEUM) am 22. September 2010 bei dem die Angreifer stattdessen drei französische Besatzungsmitglieder des Ankerziehschiffes BOURBON ALEXANDRE entführten. Ohne nennenswerten Einsatz erzielte „Obese" hiermit fast eine halbe Million US-Dollar an Lösegeld, von dem nur ein kleiner Teil an die Angreifer floss. Insgesamt verdiente „Obese" zwischen Juli und November 2010 (als er durch konkurrierende

38 Für die beiden nordamerikanischen Geiseln der C-RETRIEVER wurde ein Lösegeld von rund zwei Millionen US Dollar gezahlt.

39 Rob Alameida, 25., 27. Und 29. Oktober 2013.

40 Fishers of Men, S. 112–3 und aktuell: ICG (2014), 15–16.

41 Zur Rolle der Milizen vgl. Ikelegbe, S. 102 sowie zur Entführung von Ausländern: Ehwarieme, „Fishers of Men", S. 115.

Widerstandskämpfer an die nigerianischen Sicherheitskräfte verraten wurde) zwischen 1,2 und drei Millionen Dollar mit Lösegeldern aus neun Entführungen auf See.[42]

8.3.3 Subsistenzpiraterie

Am unteren Ende der Skala rangiert opportunistische und Subsistenzpiraterie. Sie ist nach wie vor in allen größeren Häfen und auf Reeden im Golf von Guinea anzutreffen, allerdings ist die Gewaltbereitschaft der Täter seit den 80er Jahren zurückgegangen. Ebenso bleiben die Schäden überschaubar; in der Regel wird Betriebsmaterial entwendet. Wenn ein Eindringen in die Unterkünfte möglich ist, werden auch Wertsachen und Geld geraubt.

Einzige Ausnahme bildet wiederum das Nigerdelta; hier treten insbesondere Angriffe auf lokal verkehrende Personenboote und kleine Fähren durch ein hohes Maß an Gewaltanwendung hervor. In vertrauter Umgebung schrecken Kriminelle, die hier durchaus deckungsgleich mit den oben beschriebenen Ex-Militanten sein können, auch nicht davor zurück, Patrouillenboote von Polizei und Marine anzugreifen und ihre Besatzungen zu töten oder als Geiseln zu nehmen, um sich Ausrüstung und Waffen zu sichern.[43] Diese Subsistenzpiraterie im Nigerdelta wird gerne als nicht relevant für die internationale Schifffahrt abgetan, doch gerade hier werden Kapital und Ausrüstung (zumeist Außenbordmotoren und Boote) für Pirateneinsätze „erworben". Ein Anstieg solcher Delikte weist in der Regel auf bevorstehende Einsätze militanter oder krimineller Gruppen hin.[44]

---

42 Recherchen des Autors im Fall BBC POLONIA sowie BOURBON ALEXANDRE, vgl. auch Pérouse de Montclos, S. 537.

43 So z.B. am 26. Oktober 2014, als ex-Militante ein Polizeiboot im Staat Bayelsa angriffen und 6 Polizisten entführten und später ermordeten: Thisdaylive, 26. Oktober 2014, oder am 17. Juni 2014, als Bewaffnete das Feuer auf ein Polizeiboot in Rivers eröffneten, wobei ein Polizist verwundet wurde. (Eigene Quelle). Allerdings läßt sich aus der Gesamtschau keine signifikant höhere Gewaltneigung gegenüber anderen Regionen der Welt, oder eine Zunahme der Gewaltneigung, bei der Piraterie im Golf von Guinea feststellen. Siehe hierzu auch: Dirk Steffen, „Challenging the Myths of Pirate Violence", S. 24–6.

44 Gespräche des Autors mit nigerianischen Sicherheitskräften sowie Sicherheitsbeauftragten der im Niger Delta tätigen Ölfirmen.

8.4 Möglichkeiten und Grenzen für Lösungsansätze

In Anbetracht des zuvor dargestellten Sachverhaltes muss man konstatieren, dass das Piraterieproblem im Golf von Guinea Teil einer komplexen Gemengelage ist, die sich einfachen und schematischen (aber populären) politischen Lösungsansätzen wie „Armutsbekämpfung" oder „Governance" weitestgehend entzieht. Besonders die Überlagerung von althergebrachten Interessenskonflikten macht den Komplex „maritime Sicherheit" zu einem „wicked problem"[45], also ein Problem, das sich insbesondere durch externe Lösungsversuche nur verschlimmert.

Das bedeutet nicht, dass ein Lösungsversuch von vornherein zum Scheitern verurteilt ist, man sollte jedoch darüber im Klaren sein, wessen Interessen durch die jeweiligen Lösungen gedient sind. Grundsätzlich, kann sich eine fundamentale Lösung nur aus einem selbst wahrgenommenen Interesse Westafrikas und seiner Eliten ableiten, auch wenn dies westlichen Beobachtern gelegentlich als wenig attraktiv und zielführend vorkommt. Extraregionale Akteure und die Wirtschaft selbst müssen sich damit abfinden, dass sie bestenfalls zu einer Bekämpfung der Symptome beitragen und so ihr eigenes Risiko in der Region mindern können. Hierbei sollte man allerdings nicht den Blick dafür verlieren, dass die praktizierte wirtschaftliche und politische Interaktion mit den Staaten der Region und den wirtschaftlichen Eliten nicht selten Bestandteil desselben Problems ist, das an anderer Stelle angeprangert wird. Nicht ganz zu Unrecht weisen westafrikanische Politiker – wenn auch manchmal übertrieben und unaufrichtig, da sie selbst davon profitieren – auf die komplizenhafte Rolle internationaler Konzerne in diesem Kontext hin.[46]

8.4.1 Regionale Lösungsansätze

Seit wenigen Jahren ist Bewegung in die regionale maritime und sicherheitspolitische Zusammenarbeit in West- und Zentralafrika gekommen, an deren Schnittstelle der Golf von Guinea liegt. Gewissermaßen als Vorreiter hat sich die regionale Zusammenarbeit bei der Bekämpfung der

45 Siehe hierzu: Horst W.J, Rittel, Marvin M. Webber, S. 155–169.

46 So zum Beispiel in: Saharareporters, 14. Mai 2013. Vgl. zur Rolle des einheimischen Personals der Ölfirmen: SDN (2013), 12.

extremistischen Boko Haram-Sekte im Norden Nigerias herauskristallisiert. Boko Haram besitzt ethnische Verbindungen nach Kamerun sowie Rückzugsgebiete und Unterstützer im Grenzgebiet zum Tschad und zu Niger. Seit etwa eineinhalb Jahren gibt es informelle Abkommen zwischen den Staaten, die die grenzübergreifende Verfolgung im Rahmen eines „Hot Pursuit“ ermöglichen. Insbesondere im Hinblick auf das notorisch gespannte Verhältnis und die latenten Grenzkonflikte zwischen Nigeria und Kamerun ist das alles andere als selbstverständlich.

Die Zusammenarbeit im maritimen Bereich ist von dieser Entwicklung weitgehend entkoppelt, doch auch hier ist hier zumindest ein Umdenken erkennbar. Dass Nigeria die zentrale Herausforderung darstellt, wird allgemein erkannt, wenn auch nicht immer offen ausgesprochen. Nigeria seinerseits unternimmt zumindest scheinbar Anstrengungen, den negativen Einfluss auf die Nachbarstaaten und die maritime Wirtschaft zu begrenzen. Im Jahr 2011, als die Übergriffe nigerianischer Krimineller auf Tanker vor Benin ihren Höhepunkt erreichten, unterstützte Nigeria die winzige Marine Benins im Rahmen der „Operation Prosperity“ bei der grenzübergreifenden Verfolgung von Öldieben und Piraten; allerdings wurde diese Zusammenarbeit 2012 wieder eingestellt. Ein Eingeständnis der begrenzten Möglichkeiten sind die Auflagen der nigerianischen Behörden, innerhalb der Territorialgewässer grundsätzlich das AIS eingeschaltet zu lassen sowie im stark befahrenen Bereich des Bonny River lediglich tagsüber zu fahren.[47] Diese Maßnahmen sind bei der Schifffahrt unbeliebt, aber sie weisen darauf hin, dass die Kernproblematik der illegalen Öltransfers bei Nacht eingedämmt werden soll.

In einem größeren Kontext ist die Entwicklung der ECCAS Maritime Strategy (CEEAC Stratégie de sécurité maritime) im Jahr 2009 sowie etwas später die Verabschiedung der 2050 AIMS und der ECOWAS Integrated Maritime Strategy (EIMS) zu sehen. Auch wenn es sich zur Zeit um bloße Absichtserklärungen handelt, so stellen diese Dokumente die ersten ihrer Art im Rahmen der Afrikanischen Union dar. Gleichzeitig stellt es die maritimen (Sicherheits-) Ambitionen der Mitgliedsstaaten vom Kopf

47 NIMASA Marine Notice (MN/7/14/SN02) mit Gültigkeit vom 1. Juli 2014 und Schreiben des Befehlshabers Eastern Naval Command an den Port Manager Nigerian Ports Authority, Bonny Island, vom 18 Oktober 2014.

auf die Füße. Es soll Schluss sein mit nutzlosen Prestigeprojekten; stattdessen werden Fähigkeiten und Kapazitäten über strategische Ziele und Bedarf definiert. Ein spürbarer Effekt dieses Umdenkens ist der gegenwärtig zu beobachtende Trend zu einfachen Hochseeküstenwachbooten (Offshore Patrol Vessels oder OPV) als Hauptkomponente viele afrikanischer Marinen.

Ebenso ist das Thema Informationsaustausch und multilaterale Zusammenarbeit auf der Agenda. Dieser Komplex findet hauptsächlich in dem im Juni 2013 unterzeichneten Gulf of Guinea Code of Conduct seinen Niederschlag. Zwar ist die Umsetzung noch unklar, doch existiert in Yaoundé bereits das Centre inter-régional de coordination pour la sûreté maritime dans le golfe de Guinée (CIC), das Informationen aus den (zum jetzigen Zeitpunkt) noch nicht einsatzbereiten Lagezentren von ECCAS und ECOWAS, Centre régional de sécurisation maritime de l'Afrique centrale (CRESMAC) in Pointe Noire (Kongo) und Centre Régional de Surveillance Maritime de l'Afrique de l'Ouest (CRESMAO) in Abidjan (Elfenbeinküste) zusammenführen soll. Die Ansätze für den Informationsverbund sind vielversprechend für eine Region, die im Wesentlichen bisher durch gegenseitiges Misstrauen geprägt ist. Innerhalb der beiden großen Wirtschaftsblöcke ECCAS und ECOWAS sind die Seegebiete in Zonen aufgeteilt, die eine multilaterale Zusammenarbeit auf taktischer Ebene ermöglichen. Dass das Reporting Centre der Zone E (Nigeria, Benin, Togo, Niger) in Benin und nicht in Nigeria angesiedelt ist, muss ebenfalls als bahnbrechende Einsicht gewertet werden, da Nigeria nur bedingt ein zuverlässiger Partner in der Kriminalitätsbekämpfung auf See ist. Die Lagezentren der jeweiligen Zonen wiederum sollen nach derzeitiger Planung jeweils mit CRESMAC und CRESMAO Informationen austauschen.

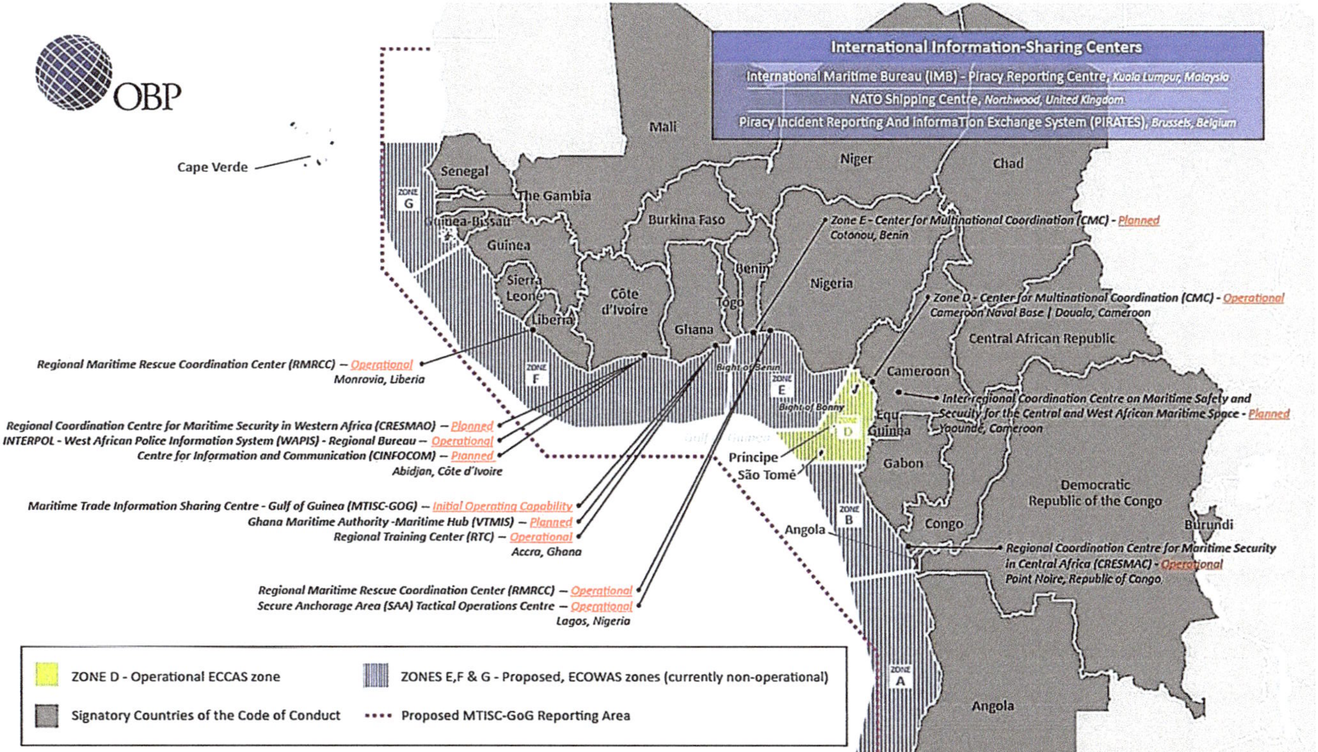

INFORMATION SHARING IN WEST AFRICA

8.4.2 Problem: Privatisierung staatlicher Sicherheit am Beispiel Nigeria

Eine besondere Ausprägung der nationalen Sicherheitsvorsorge auf See wird in Nigeria (und in geringerem Umfang auch in den Nachbarstaaten Kamerun, Benin und Togo) praktiziert. Aufgrund des Unvermögens der Seestreitkräfte, Ölfelder und Seeverkehr umfassend zu schützen, wird der Schutz von privaten Firmen organisiert. Letztere beschaffen etwa in Nigeria die Patrouillenboote, bilden Marinebesatzungen aus, warten die Fahrzeuge und führen Sicherungseinsätze durch. Die Boote unterstehen jedoch der nigerianischen Marine. Die Dienstleistung ist kostenpflichtig; so kostet ein Tag Begleitschutz durch ein Patrouillenboot bei der namhaftesten nigerianischen Firma Ocean Marine Security etwa 18.000 US-Dollar pro Tag zuzüglich Bunkerkosten. Das Problem, das sich hieraus ergibt, ist eine Zweiklassen-Marine, bei der die Gewinnung von Einkünften aus privatwirtschaftlicher Tätigkeit Vorrang vor der Durchführung hoheitlicher Aufgaben bekommt. Andererseits gewinnt die nigerianische Marine bei der Wahrnehmung von Schutzaufgaben Erfahrung, die anderenfalls mangels finanzieller Ausstattung ausbleiben würde.[48]

Es gibt zahlreiche Anläufe, dieses Modell durch eingeschiffte Polizei oder Marinekräfte kostengünstig zu ersetzen, jedoch sperrt sich die nigerianische Marine aus gutem Grund gegen solche Vorhaben Die Begründung dafür lautet, dass solche Teams durch Angreifer ohne weiteres überwältigt werden oder dass Teams und Besatzungen durch solch ein Vorgehen gefährdet werden können.

Fälle wie die PYXIS DELTA (angegriffen am 4. Februar 2013 vor Lagos, ein Toter nach Feuergefecht) oder die SP BRUSSELS (angegriffen am 29. März 2014 vor dem Nigerdelta) unterstreichen, dass diese Befürchtungen der Realität entsprechen. In letzterem Fall gelang zwei Angreifern das Anbordkommen gegen den Widerstand von zwei eingeschifften nigerianischen Polizisten. Ein Besatzungsangehöriger wurde getötet, ein weiterer schwer verletzt. Auch im Falle der SEA STERLING (angegriffen am 26. August 2014 vor dem Nigerdelta) gelang den Angreifern das Entern

48 Vgl. Dirk Steffen, Dirk Steffen, „Risks in Contracting Government Security Forces in the Gulf of Guinea".

trotz eines eingeschifften dreiköpfigen Marine-Trupps, allerdings zogen sich die Piraten nach In-Sicht-Kommen eines (privat beauftragten) Patrouillenbootes zurück. Am 5. November 2014 gelang es Piraten schließlich, den durch einen Marine-Trupp gesicherten Tanker SEA VOYAGER zu entern. Das Marine-Team erlitt Verluste und zog sich mit der Besatzung in den Schutzraum des Schiffes zurück. Waffen und Ausrüstung der Soldaten wurden von den Piraten erbeutet.[49]

8.4.3 Extraregionale Akteure

Auch wenn die EU jüngst durch die Veröffentlichung einer Strategie für den Golf von Guinea[50] in Erscheinung getreten ist, bleibt festzuhalten, dass ein essentielles strategische Interesse des Westens an der Region trotz seines Rohstoffreichtums nur bedingt vorhanden ist und sich zunehmend weg von wirtschaftlichen Interessen hin zu sicherheitspolitischen Interessen (im Sinne einer vorgelagerten Kriminalitätsbekämpfung) wandelt. Dabei ist die Region allerdings, insbesondere aus deutscher Sicht, als nachrangig gegenüber dem Sahel und Nordafrika zu betrachten. Eine Ausnahme innerhalb Europas bildet Frankreich, das daher mit nationalen Programmen sowie in führender Rolle bei EU-Missionen (EUCAP Sahel Niger, Mali sowie CRIMGO) seine wirtschaftlichen und politischen Interessen in der Region wahrt.[51]

Frankreich selbst unterhält Stationierungsabkommen für Marinestreitkräfte mit Senegal und Gabun. Dieses ermöglicht der französischen Marine eine ständige Präsenz in der Region. Die historisch gewachsene Vernetzung in seinen ehemaligen Kolonien verschafft Frankreich zudem einen erheblichen Informationsvorteil. Dieser wird allerdings kaum an EU-Partner weitergegeben. Über seinen Entwicklungsdienst „Direction de la Coopération, de sécurité et défense“ (DCSD) unterhält Frankreich zudem Projekte zur militärischen Entwicklungszusammenarbeit wie FSP ASECMAR, die keineswegs nur auf frankophone Länder der Region beschränkt sind.[52]

---

49 Verschiedene Quellen des Autors in den nigerianischen Sicherheitskräften sowie unter den im Nigerdelta tätigen Unternehmen aus der Öl- und Gas-Branche.

50 EU Strategy on the Gulf of Guinea, Foreign Affairs Council, Brussels, 17.03.2014.

51 Édouard Pflimlin und Louis-Arthur Borer, 12. Juni 2014, S. 3–4.

52 PSD no. 267, 2011 insbes. S. 25–29, sowie Édouard Pflimlin und Louis-Arthur Borer, no. 479, S. 4–5.

Der französische Ansatz ist zumindest von den Ergebnissen her vielversprechend, ist aber das Ergebnis eines dauerhaften und stetigen Engagements in der Region. Formuliert wurde die strategische Notwendigkeit in den 80er Jahren; seit 1990 ist Frankreich mit der Mission CORYMBE stets mit einem Stationsschiff in der Region vertreten, das bereits wiederholt bei versuchten oder erfolgten Kaperungen im Golf von Guinea interveniert hat.[53] Die beiden Stationierungspartner Senegal und Gabun verfügen zwar nur über bescheidene Mittel, aber über verhältnismäßig robuste Organisationen, die es zum Beispiel Gabun ermöglichen, seine lebenswichtigen Treibstofftransporte zwischen Libreville und Port Gentil zu sichern, aber auch, wie in jüngster Vergangenheit, auf Pirateriefälle vor der eigenen Küste zu reagieren.[54]

Von durchwachsenem Erfolg gekennzeichnet sind die amerikanischen, beim US-Afrikakommando (AFRICOM) angesiedelten Programme „African Law-Enforcement Partnership“ (AMLEP) und „African Partnership Station“ (APS). Gerade letzteres, von der US-Marine geführtes Programm, müht sich, nachhaltig zu arbeiten. Die fehlende (und größtenteils auch unerwünschte) dauerhafte Präsenz der USA in der Region erschwert dies. Das seit 2011 jährlich abgehaltene Manöver OBANGAME EXPRESS gibt dafür interessante Einblicke in die erheblichen Fähigkeitsunterschiede der westafrikanischen Staaten, so dass zumindest dieser Erkenntnisgewinn wertvoll für politische Entscheider außerhalb der Region ist.[55]

In der Grauzone zwischen staatlicher Entwicklungszusammenarbeit und Privatwirtschaft existieren eine Reihe von Initiativen und NGOs. Ein Großteil ist durch seine Erfahrung im Umgang mit dem Piraterieproblem im Indischen Ozean gekennzeichnet. Hierzu gehören „Oceans Beyond Piracy“ (OBP) der One Earth Future Foundation in den USA sowie diverse

53 So geschehen im Falle der OCEAN CENTURION, gekapert vor Lomé am 28. Oktober 2012 und der ADOUR, gekapert vor Lomé am 13. Juni 2013. Risk Intelligence, GoG THJR, S. 72–75 und 84–86.

54 Im Oktober 2014 unternahm die gabunische Marine einen Einsatz gegen das der Piraterie verdächtigte nigerianische Fahrzeug BIBIANA, das aber schließlich am 11. Oktober 2014 durch kamerunische Kräfte aufgebracht wurde. Quellen des Autors.

55 Eigene Beobachtungen während des Manövers OBANGAME EXPRESS 2014, Gespräche des Autors mit nigerianischen und ghanaischen Marineoffizieren.

Hilfsprogramme für Seefahrer, die jedoch eher Interessenvertretungs-, Informations- oder Aufmerksamkeitscharakter haben und nicht materiell zu einer Lösung beitragen. Auf eher politischer Ebene ist die Kontaktgruppe Friends of the Gulf of Guinea (FoGG) angesiedelt. Diese Gruppe bemüht sich vor allem im Rahmen der Umsetzung und Unterstützung des Gulf of Guinea Code of Conduct um die Koordinierung von militärischen und sicherheitspolitischen Entwicklungsprojekten in der Region. Sowohl NGOs als auch Industrieverbände arbeiten in dieser Kontaktgruppe mit. Über eine Webplattform wird versucht, die verschiedenen Projekte sichtbar zu machen. Ziel ist es, Duplizierung möglichst zu vermeiden.[56]

8.4.4 Privatwirtschaftliche Lösungsansätze

Als der bisher vielversprechendste und am wenigsten kontroverse Ansatz ist das Maritime Trade Information Sharing Centre (MTISC) in Ghana anzusehen. Auch wenn es zunächst nach einem weiteren Lagezentrum aussieht, hat dieses Zentrum den Vorteil, frei von politischen Zwängen und Vorgaben zu agieren. Zwar wird es durch eigens abkommandierte afrikanische Soldaten bemannt, finanziert wird es jedoch von Großbritannien, Norwegen, Dänemark und den Niederlanden sowie vom Oil Companies' International Marine Forum (OCIMF), über den auch ein Verbindungsoffizier der Handelsmarine für das Lagezentrum organisiert wurde. In der dezentralen Melde- und Informationsstruktur der Region stellt das MTISC eine zentrale Anlaufstelle für die Handelsschifffahrt nach dem Vorbild des UK Maritime Trade Operations (UKMTO) für den Indischen Ozean dar. Es gibt sogar ein freiwilliges Meldegebiet im Golf von Guinea, analog zur „Voluntary Reporting Area“ im Indischen Ozean, das auch auf einer eigens darauf zugeschnittenen Seekarte der Britischen Admiralität (Q6114) verzeichnet ist. Das MTISC bezieht Informationen aus verschiedenen staatlichen und privaten Quellen.[57]

Auf Ebene der Branchenverbände gibt es einen Verhaltenskodex, analog zu den „Best Management Practices for Protection against Somalia Based Piracy“ (BMP), der unter dem Titel „Guidelines for Owners, Operators

56 EU Strategy on the Gulf of Guinea, S. 7 sowie das „Hosting“ des Koordinationsportals durch „Oceans Beyond Piracy“: https://gog.oceansbeyondpiracy.org/.
57 MTISC-Webseite.

and Masters for Protection against Piracy in the Gulf of Guinea Region" propagiert wird. Dieser ist sozusagen eine regionale Erweiterung der zur Zeit gültigen Version BMP4. Aufgrund der oben geschilderten Komplexität des Pirateriephänomens im Golf von Guinea, der starken Insiderkomponente sowie dem Fehlen staatlicher Interventionsmöglichkeiten sind diese Hinweise jedoch nur bedingt nützlich. Zwar widmet sich ein Teil des Dokuments der Informationssicherheit, jedoch wird kaum dem Umstand Rechnung getragen, dass viele Schiffe in der Region dauerhaft eingesetzt sind und das Hauptrisiko bei Betriebszuständen und in Territorialgewässern zu finden ist, häufig in Interaktion mit potentiell kriminell unterwanderten Geschäftspartnern. Ein kompletter Eigenschutz nach althergebrachtem Muster ist somit nicht ohne weiteres möglich oder wirksam.

Die Grenzen privatwirtschaftlicher Sicherheitsvorsorge werden ebenso offensichtlich bei dem Versuch, das Modell der bewaffneten Sicherheitskräfte auf die Region zu übertragen. Zum einen verbieten die meisten Staaten der Region das Einfahren in die Territorialgewässer mit privaten bewaffneten Sicherheitskräften. Zum anderen gestaltet sich die Arbeit mit der als Alternative angebotenen Möglichkeit zur Anmietung von staatlichen Sicherheitskräften deutlich anders als mit privaten Sicherheitskräften. Erstere dürfen in der Regel nicht in die Territorialgewässer eines Nachbarstaates verbracht werden. Ein ständiges Auswechseln der eingeschifften Kräfte ist jedoch aus betrieblicher und wirtschaftlicher Sicht nicht praktikabel. Zudem gibt es eklatante Defizite bei der Ausbildung und Ausrüstung dieser staatlichen Sicherheitskräfte, die ihre Wirksamkeit bei der Abwehr von Piraten in Frage stellen. Dies ist insbesondere in Nigeria der Fall, wo Angreifer wie oben beschrieben wiederholt eingeschiffte Trupps von Marine oder Polizei überwältigt oder zumindest so in Bedrängnis gebracht haben, dass diese Schaden vom Schiff und der Besatzung nicht abwenden konnten.[58]

Diese Erkenntnis ist auch bei der nigerianischen Marine und Polizei gereift. So untersagt der Inspector General der nigerianischen Polizei grundsätzlich die Einschiffung von Polizeikräften außerhalb deren Zuständigkeitsbereichs, also außerhalb der Binnengewässer. Die Marine fordert

58 Siehe dazu auch: Dirk Steffen, „Risks in Contracting Government Security Forces in the Gulf of Guinea".

eine Mindesttruppstärke von sechs Mann im Nigerdelta; außerhalb ist der Schutz durch die Marine nur durch privat beauftragte Patrouillenboote möglich. Eine klare Rechtslage hierzu gibt es jedoch nicht.[59]

Eine Übertragung der im Indischen Ozean gewonnenen Erkenntnisse zum Selbstschutz von Handelsschiffen auf den Golf von Guinea ist größtenteils unmöglich. Insbesondere der hohe Anteil von Nachtangriffen, Angriffe auf stationäre Schiffe, der verbreitete Einsatz von Insidern (oder Geschäftspartnern) für die Zielauswahl und die beschriebene Unwirksamkeit eingeschiffter Schutzkräfte erfordern eine systematische, differenzierte Risikoanalyse mit Bezug auf den jeweiligen Charakter der Bedrohung. Dies unterscheidet sich stark von den zumeist generischen und wenig aussagekräftigen Risikoanalysen, die den Schiffssicherheitsplänen nach dem ISPS Code zugrunde liegen oder die zuletzt von privaten Sicherheitsfirmen als Grundlage für die Einschiffung von bewaffnetem Sicherheitspersonal im Indischen Ozean erstellt wurden.

Die Natur des Eigenschutzes hängt also stark davon ab, in welcher Form ein Schiff in der Region tätig ist. Ein Offshore-Fahrzeug vor Côte d'Ivoire wird sich primär mit Gelegenheitskriminalität auseinandersetzen müssen, vor Nigeria ist hingegen mit schwerem Raub oder Entführungen zu rechnen. Produktentanker sind in der gesamten Region gefährdet, doch die regionalen Schwerpunkte und die Vorgehensweisen wandeln sich ständig, so dass langfristige Festlegungen in Charterverträgen problematisch sind. Vor dem Nigerdelta müssen Tanker zudem mit Entführungen von Besatzungsmitgliedern rechnen, allerdings trifft es hier mit Masse kleine Tanker im lokalen Pendelverkehr. Ein Containerschiff hat vor der nigerianische Küste zwar mit gelegentlichem, opportunistischem Raub oder Entführungen zu rechnen, aber bei einer Distanz von über 150 Seemeilen zum Nigerdelta ist diese Gefahr auf See nicht mehr existent.[60]

Wenn man den Schutz der Besatzung in den Vordergrund stellt, sollte für die Handelsschifffahrt die Vermeidung von unnötigen Risiken, also das Treiben und Ankern in bekannten Gefahrengebieten, Vorrang haben. Es kann durch intelligente Nutzung von Information, etwa über das MTISC

59 S.o.

60 Auswertung des Autors auf Basis des Datensatzes, der der Firma Risk Intelligence zur Verfügung steht.

oder private Informationsdienstleister, Einfluss auf die Gestaltung von Charterverträgen genommen werden. Ein Großteil der entführten Tanker bemerkte zudem den Entervorgang nicht, was auf mangelhafte Fähigkeiten bei der Detektion bei Nacht hinweist. Dies kann organisatorisch und technisch verbessert werden. Als weitere Verteidigungsmöglichkeiten kommt ein Härten des Aufbaus in Frage, inklusive einer Zitadelle. Dies sollte jedoch mit entsprechenden Verfahren unterlegt sein. Erfahrungen hiermit in Nigeria seit Ende der 90er Jahre haben gezeigt, dass Zitadellen bei richtiger Umsetzung ausnahmslos erfolgreich waren, da Angreifer anders als in Somalia nicht auf einen unbedingten Erfolg angewiesen sind.[61] Als Ausnahme gelten hier einige Fälle während des Widerstandskampfes im Nigerdelta 2006-9, in denen militante Kämpfer Zitadellen aufbrachen.[62] Anders als im Indischen Ozean geht es bei der Zitadelle im Golf von Guinea schlicht um das „Aussitzen" der Angreifer. Mit einem wirkungsvollen Eingreifen staatlicher Organe ist nicht zu rechnen; es wäre bei dem gegenwärtigen Ausbildungsstand der Marinen in der Region auch nicht unbedingt wünschenswert.[63]

8.5 Fazit

Das Pirateriеproblem im Golf von Guinea ist als integrales Problem im Kontext einer strukturellen, historisch und politisch bedingten kulturellen Seeblindheit bei gleichzeitiger Zunahme maritimer Aktivitäten in der Region zu bewerten. Es ist für sich genommen im Moment weder ein existenzielles Problem für die westafrikanischen Staaten noch für die internationale Seeschifffahrt. Allerdings wächst das Problempotenzial im selben Maße wie wirtschaftliche Aktivitäten in westafrikanischen Gewässern zunehmen.

Eine Lösung des Problems ist nur aus der Region heraus und durch die beteiligten Staaten selbst möglich, allen voran Nigeria. Der Anreiz zur Lösung erfolgt aus der Einsicht, dass maritime Unsicherheit, auch und vor

61 Convoys and Citadels, S. 25.

62 Dies galt insbesondere für die Überfälle in den Jahren 2007-8 auf die FPSOs BERGE OKOLOBA TORU (BW Offshore), OLOIBIRI (Chevron) und MYSTRAS (Agip/ENI).

63 Zum Ausbildungsstand der Golf von Guinea Marinen, siehe OBANGAME EXPRESS 2014, S. 10–11.

allem jenseits der Piraterie, die wirtschaftlichen Interessen der Staaten um den Golf von Guinea negativ beeinflusst. Durch den Gulf of Guinea Code of Conduct und die AIMS 2050 sind erste Schritte auf dem Weg „African Blue Economy" gemacht worden. Erheblicher Bedarf besteht jedoch bei einer Verbesserung der Strafverfolgung.

In diesem Zusammenhang ist ein besseres Verständnis der Zusammenhänge und der eigentlichen Vorfälle im Golf von Guinea nötig. Wie in der EU-Strategie beschrieben, kann auch eine nachhaltige Politik Europas (und anderer strategisch Interessierter) nur auf Grundlage verlässlicher Informationen erfolgen.[64] Zumindest im deutschsprachigen Raum ist die Berichterstattung und Information zur Piraterie in der Region jedoch nach wie vor von Klischees und unzureichender Information geprägt. Hier kann ein vernünftiger Politikansatz nur verfolgt werden, indem ausgetretene Pfade verlassen werden. Insbesondere sollte Frankreich stärker von seinen EU-Partnern in die Pflicht genommen werden, Informationen zu teilen. Gleichzeitig sollte es Frankreich im Gegenzug ermöglicht werden, seine erfolgreichen Programme EU-finanziert auszuweiten.

Eine Fixierung auf das Piraterieproblem spiegelt vor allem eine westliche Wahrnehmung von Interessen wieder, die zur nachhaltigen Lösung nur bedingt nützlich ist. Dies ist insbesondere der Fall, solange extraregionale Wirtschaftsakteure durch ihre Geschäftspraktiken – willentlich oder aus der Not heraus – die bestehenden korrupten Strukturen zementieren und sich gegenüber lokalen und regionalen Maßnahmen zur Sicherung des maritimen Raumes als nicht aufgeschlossen zeigen. Stattdessen werden oft „kostengünstigere" informelle Arrangements zum Eigenschutz bevorzugt. Selbst beim Eigenschutz gegen Piraterie im Golf von Guinea zeigen bisherige Ansätze, dass es bei der Risikominimierung eher um eine bessere Information sowie Verhaltensänderungen bei der Seeschifffahrt als um die Frage geht, ob und wie Schiffe gehärtet oder bewaffnet werden müssen.

64 EU GoG Strategy „Ziel 1 – Entwicklung eines gemeinsamen Verständnisses unter den Ländern der Region und in der internationalen Gemeinschaft in Bezug auf den Umfang der Bedrohung im Golf von Guinea und die Notwendigkeit, dieser zu begegnen." Dabei aber keine Beschränkung auf Piraterie.

Literaturverzeichnis

Bücher

Ehwarieme, William, „Fishers of Men: The Political Economy of Kidnapping in the Niger Delta“ in Ojakorotu, Victor (Hrsg.) „Contending Issues in the Niger Delta Crisis of Nigeria“, Delray Beach, Florida 2009.

Fouilloux, Alexandra, Les enjeux de la crise du delta du Niger, Paris, L'Harmattan 2012.

Fayemi, John Olukayode, „Threats, Military Expenditure and National Security: Analysis of Trends in Nigeria's Defence Planning, 1970–1990", Thesis submitted for the degree of Doctor of Philosophy at the Department of War Studies, Kings College, University of London, 1994

Artikel und Studien

Berne Declaration, „Swiss traders' opaque deals in Nigeria“, 2013.

Etannibi E.O. ALEMIKA, „THE IMPACT OF ORGANISED CRIME ON GOVERNANCE IN WEST AFRICA“, Friedrich Ebert Stiftung, Nigeria 2013.

von Hösslin, Karsten, „South East Asia in prospect and retrospect“, Strategic Insights 50, Februar 2014, S. 10–14

Human Rights Watch, „Criminal Politics: Violence, Godfathers and Corruption in Nigeria“, Okt. 2007.

Ikelegbe, Augustine, „Beyond the Threshold of Civil Struggle: Youth Militancy and the Militia-ization of the Resource Conflicts in the Niger Delta Region of Nigeria“ in African Study Monographs, 27(3), Oktober 2006, S. 87–122

International Crisis Group (ICG), Nigeria's Dangerous 2015 Elections: Limiting the Violence, Africa Report no. 220, 21 November 2014.

Katsouris, Christina and Sayne, Aaron, „Nigeria's Criminal Crude: International Options to Combat the Export of Stolen Oil“, Chatham House, 2013 (Chatham House 2013)

Onuoha, Freedom C., Oil Piracy in the Gulf of Guinea, Conflict Trends (African Centre for the Constructive Resolution of Conflicts) Nr. 4, 2012.

Pérouse de Montclos, Marc Antoine, „Maritime Piracy in Nigeria: Old Wine in New Bottles?“ in Studies in Conflict & Terrorism, 35:531-41, 2012

Petretto, Kerstin, Diebstahl, Raub und erpresserische Geiselnahme im maritimen Raum – Eine Analyse zeitgenössischer Piraterie – PiraT-Arbeitspapiere zur Maritimen Sicherheit Nr. 8, Juli 2011, S. 35–44.

Pflimlin, Édouard und Borer, Louis-Arthur, „Piraterie: « la sûreté maritime dans tous ses États » Regards croisés d'experts étatiques et privés“, Révue Défence Nationale, Tribune no. 538, 12. Juni 2014, S. 1–9

Pflimlin, Édouard und Borer, Louis-Arthur, „L'expertise française dans la sécurisation des eaux africaines: regards croisés“, Révue Défence Nationale, Tribune no. 479, 14. Februar 2014 S. 1–6

Risk Intelligence, „Gulf of Guinea Tanker Hijacking Report“, Oktober 2013, inkl. Nachtrag für den Zeitraum September 2013-September 2014

Rittel, Horst W.J., Webber, Martin M., „Dilemmas in a General Theory of Planning“ in Policy Sciences 4 (1973), S. 155–169

Stakeholder Democracy Network (SDN), „Communities Not Criminals – Illegal oil refining in the Niger Delta“, März 2013

Steffen, Dirk, „Challenging the Myths of Pirate Violence“ in Maritime Reporter 8-2014, August 2014, S. 24–6

Steffen, Dirk. 'Convoys and Citadels: Maritime Security in the Niger Delta.' In: Seaways, October 2008, 24–26.

T.B.: A special analysis The star and the crescent: Piracy and international shipping in South East Asia, Strategic Insights 51, Mai 2014, S. 4–8

Tull, Dennis M. „Westafrika“, in Mair, Stefan (Hrsg.), „Piraterie und Maritime Sicherheit“, Stiftung Wissenschaft und Politik (SWP), 2010.

Ukeje, Charles und Mvomo Ela, Wullson: African approaches to Maritime Security – The Gulf of Guinea, Friedrich-Ebert-Stiftung, Abuja, 2013.

U.K. Chamber of Shipping. „How the lack of security in the Gulf of Guinea affects the UK's economy“, Juli 2014.

UNITAR, „UNOSAT Global Report on Maritime Piracy a geospatial analysis 1995-2013“, 2014

United Nations, „World Population Prospects: The 2012 Revision, Vol. I Comprehensive Tables“, New York 2013, zuletzt eingesehen am 23.11.2014 via: http://esa.un.org/wpp/Documentation/pdf/WPP2012_Volume-I_Comprehensive-Tables.pdf

Offizielle Dokumente

2050 AFRICA'S INTEGRATED MARITIME STRATEGY, African Union ratification draft ver. 1.0, 2012, zuletzt eingesehen am 23.11.2014 unter: http://pages.au.int/maritime/documents/2050-aim-strategy-0

CODE OF CONDUCT CONCERNING THE REPRESSION OF PIRACY, ARMED ROBBERY AGAINST SHIPS, AND ILLICIT MARITIME ACTIVITY IN WEST AND CENTRAL AFRICA, Yaoundé, 25 Juni 2013.

EU Strategy on the Gulf of Guinea, Foreign Affairs Council, Brussels, 17.03.2014, zuletzt eingesehen am 23.11.2014 unter: http://www.consilium.europa.eu/uedocs/cms_data/docs/pressdata/EN/foraff/141582.pdf

International Maritime Organisation (IMO), MSC/Circular 367 „Piracy and armed robbery“ vom 20.09.1983.

Ministère français des Affaires étrangères, Direction de la Coopération, de sécurité et défense: Partenaires Sécurité Defence no. 267, 2011

Nigeria House of Representatives, Report of the ad-hoc Committee 'To verify and Determine the actual Subsidy Requirements and monitor the Implementation of the Subsidy Regime in Nigeria' (Resolution No. 1/2012), Abuja, 18. April 2012.

Nigerian Navy, Schreiben des Befehlshabers Eastern Naval Command an den Port Manager Nigerian Ports Authority, Bonny Island, vom 18. Oktober 2014, Az. FOB/BN/015/49/Vol.IV/68

NIMASA Marine Notice (MN/7/14/SN02) mit Gültigkeit vom 1. Juli 2014

UNODC, Transnational Organized Crime in West Africa: A Threat Assessment, Wien 2013

UN Resolutionen 2018 (2011) and 2039 (2012)

2050 Africa's Integrated Maritime (AIM) Strategy, African Union, 2012 (Draft for ratification by AU members)

Zeitungsartikel

Interview von John Vidal in „Niger Delta oil spills: the real cost of crude“, in: „£1bn a month: the spiralling cost of oil theft in Nigeria“, The Observer 6 Oct 2013, zuletzt eingesehen am 23.11.2014 unter: http://www.theguardian.com/global-development/2013/oct/06/oil-theft-costs-nigeria

„Nigeria: Oil Thieves Bribing Our Men“, JTF Boss Laments in: Daily Independent (Lagos), 28 Juli 2014

Blogs, Online-News

Almeida, Rob, „Edison Chouest Threatened by Nigerian Locals Before Kidnapping“, gCaptain 27. Oktober 2013

Almeida, Rob „Betrayal On Board the PSV C-Retriever? Or Perhaps a Deal Gone Bad?”, gCaptain 25. Oktober 2013

Almeida, Rob, „The Business“ Offshore Nigeria Has American Roots“, gCaptain 29. Oktober 2013

Novelli, Catherine, Une pêche durable est essentielle pour la sécurité alimentaire en Afrique, Jeune Afrique, 21. November 2014 abgerufen am 21. November 2014: http://www.jeuneafrique.com/Article_ARTJAWEB20141121143117_peche-tribune-securite-alimentaire-etats-unisune-peche-durable-est-essentielle-pour-la-securite-alimentaire-en-afrique.html

Ships & ports (Nigeria), „Akpobolokemi laments absence of laws to jail pirates“, 20 November 2014, zuletzt eingesehen am 23 November 2014 unter: http://shipsandports.com.ng/akpobolokemi-laments-absence-of-laws-to-jail-pirates/

Steffen, Dirk, „Risks in Contracting Government Security Forces in the Gulf of Guinea“, CIMSEC, 16 September 2014, http://cimsec.org/troubled-waters-2-risks-contracting-government-security-forces-gulf-guinea/13016

Saharareporters, „Oil Theft: International Community Is Not Sincere With Nigeria“, 14. Mai 2013, zuletzt eingesehen am 24 November 2014 unter: http://saharareporters.com/2013/05/14/oil-theft-international-community-not-sincere-nigeria-ifeanyi-izeze

This Day Live, „NIMASA, Joint Task Force Take Battle to Sea Bandits“, 7. Dezember 2012, zuletzt eingesehen am 24 November 2014 unter: http://www.thisdaylive.com/articles/nimasa-joint-task-force-take-battle-to-sea-bandits/132830/

This Day Live, „Six kidnapped Policemen killed in Bayelsa“, 26.10.2014, zuletzt eingesehen am 23.11.2014 unter: http://www.thisdaylive.com/articles/six-kidnapped-policemen-killed-in-bayelsa/192274/

Homepages

Koordinationsportal Gulf of Guinea von „Oceans Beyond Piracy“, zuletzt eingesehen am 23.11.2014: https://gog.oceansbeyondpiracy.org/

MTISC Webseite: http://www.mtisc-gog.org/

Andere

Akinkugbe, Rolake, „Africa's place in the global hydrocarbons industry“, Präsentation bei dem Oliver Kinross Africa Oil and Gas Summit, London, 28. Januar 2013.

Videoreportage von John Vidal in „Niger Delta oil spills: the real cost of crude“, in: „£1bn a month: the spiralling cost of oil theft in Nigeria“, The Observer 6 Oct 2013, zuletzt eingesehen am 23.11.2014 unter: http://www.theguardian.com/global-development/2013/oct/06/oil-theft-costs-nigeria

Grafiken

„Vergleiche der Fallzahlen“, Quelle: Erstellung Dirk Steffen 2014, Quellen der Daten: IMB, IMO, Bergen Risk Solutions (BRS), Dryad Maritime, Risk Intelligence (RI), Bourbon Interoil Nigeria (BINL)

„Information Sharing in West Africa“, Quelle: Oceans Beyond Piracy 2014

Kapitel 9
Maritime Sicherheit im globalen Ausblick

Stefan Hansen und Tore Wethling

Kapitel 9.1: Geostrategische Herausforderungen der modernen Piraterie

Editorial abstract: Contemporary piracy is a complex phenomenon and substantial threat to global shipping lanes. Nevertheless, countering it may serve also more than just the obvious common interest of protecting commerce and the freedom of the seas. For various other reasons, seapowers are very likely to show force in the face of piracy threats. Somalia and the significant international presence off the Horn of Africa serve as a point in case: Purposes of internal and external propaganda, assertion and potentially the „staking of claims“ may come into play in attempting to explain the heightened presence of warships in international regions of maritime crisis. Furthermore, the spreading of crises through maritime insecurity – 'spill-over-effects' – are more than a regional threat. Geopolitical considerations thus go deeper than the traditional challenge of local, regional and global hegemony.

9.1.1 Einführung

> „Ich müsste keine Schifffahrt kennen,
> Krieg, Handel und Piraterie,
> dreieinig sind sie, nicht zu trennen.“[1]

Dass Piraterie mitnichten ein neuartiges Phänomen ist, wurde bereits in einer Vielzahl von Beiträgen zu diesem Themenfeld anschaulich verdeutlicht.[2] Dass die Piraterie der Gegenwart nichts mit jener Romantik zu tun hat, die manche Kinofilme suggerieren, ist ebenfalls bekannt. Doch es gibt auch Parallelen und Elemente der Kontinuität zu der Piraterie vergangener Tage. So ist beispielsweise das vermeintlich „neue Geschäftsmodell“ der Lösegelderpressung vieler Piraten bereits in der Antike gängig gewesen und auch Julius Caesar wurde zwischen 75 und 74 v. Chr. auf einer Reise von Piraten als Geisel gehalten.[3]

---

1 Goethe 1832, S. 304.
2 Siehe beispielsweise Petrovic 2013, S. 3; Siehe ebenso Hofbauer 2013.
3 Vgl. Münchener Rück 2006, S. 10.

Vor allem aber war der geografische Schwerpunkt des Phänomens Piraterie wie auch der erzeugte Schaden schon immer ganz entscheidend von Handelsrouten und Interessen führender Wirtschaftsmächte sowie der An- respektive Abwesenheit von stabiler Staatlichkeit in einer Region abhängig.

Die heutige Piraterie verdichtet sich daher schwerpunktmäßig in drei Seegebieten: 1. die Gewässer der Küstenstaaten im Golf von Guinea, 2. die sogenannte *High Risk Area* im Indischen Ozean und 3. die Straße von Malakka sowie die Straße von Singapur an der Verbindung von Pazifik und Indischem Ozean. Diese *hot spots* haben jeweils ganz spezielle geostrategische Implikationen und es sind jeweils Akteure mit sehr unterschiedlichen Interessenlagen beteiligt. Mit diesem Beitrag werden jene über die bloße Piraterie hinausgehenden Dimensionen beleuchtet, um aufzuzeigen welche Faktoren einzelne Staaten veranlassen, in diesen Regionen gegen Piraterie aktiv zu werden.

Neben den Küstenstaaten, in deren Territorialgewässern die Piratenangriffe stattfinden oder von deren Boden aus die Piraten operieren, hat die Piraterie, wie erwähnt, auch wesentliche Auswirkungen auf Staaten, deren Wirtschaft von freien Seehandelswegen abhängt oder die einen großen Anteil am Seehandel selbst haben und deren Handelsrouten durch mindestens eines der betroffenen Seegebiete führen.

Fig. 1: Weltweit von Piraterie betroffene Gebiete und Häfen (Quelle: Wikimedia Commons, Autor: Lencer).

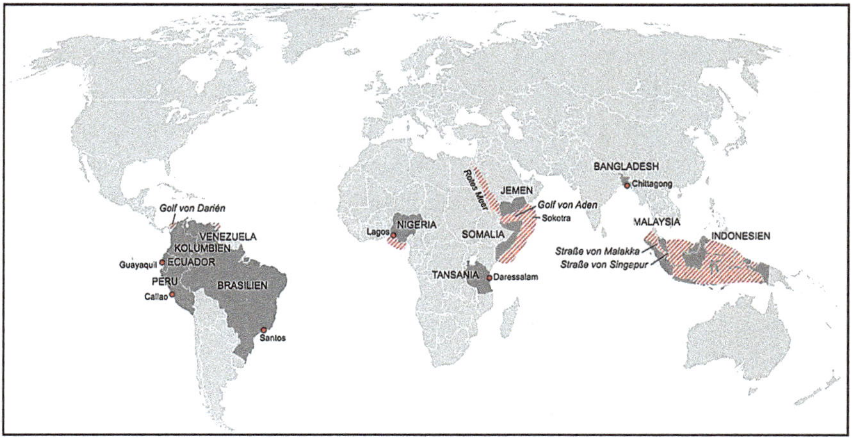

Der eigentliche von der Piraterie verursachte Schaden für die Schifffahrt entsteht dabei nicht durch den Verlust von Schiffen, Fracht oder durch die Zahlung von Lösegeldern. Im Vergleich zu den gesamten Schiffsbewegungen ist nur ein geringer Teil an Schiffen tatsächlich von Piraterie betroffen. Vielmehr sind es die gewachsenen Betriebskosten für die Schiffe in den gefährdeten Regionen, die den eigentlichen Schaden ausmachen. Verursacht werden diese durch höhere Versicherungsprämien, einen gesteigerten Treibstoffverbrauch, Ausgaben für bewaffnete Sicherheitskräfte und passive Schutzmaßnahmen sowie höhere Lohnkosten für die Besatzungen. Soweit wie möglich werden diese Kosten wiederum an die Kunden weitergegeben. Sofern dies aber nicht umsetzbar ist, sinkt die Gewinnmarge der Schiffseigner und Charterer, so dass der Unterhalt einiger Schiffrouten unrentabel wird und diese letztlich eingestellt (oder sofern möglich umgeleitet) werden.[4] Auch wenn eine solch drastische Entwicklung aus verschiedenen Gründen bislang für keines der drei Gebiete zu konstatieren war, könnte es bei einer ungehinderten Ausbreitung der Piraterie in der finalen Konsequenz den Wegfall von Warenströmen bedeuten.

Neben den wirtschaftlichen Aspekten gibt es jedoch noch eine Reihe politischer Faktoren, die bedacht werden müssen, um die jeweilige geostrategische Relevanz der drei *hot spots* zu verstehen. Diese Faktoren werden oftmals unterschiedlich bewertet und können dazu führen, dass für einen Staat eine Intervention zwingend erforderlich ist, während ein anderer Staat angesichts der zu erwartenden Probleme vor einer Intervention zurückschreckt. Solche Schwierigkeiten fangen bei der Frage der Finanzierbarkeit an, betreffen die innenpolitische Akzeptanz von Exekutivmaßnahmen und können die (befürchtete) Verwicklung in regionale Krisen beinhalten. In diesem Beitrag soll es vor allem darum gehen, diese über wirtschaftliche Gesichtspunkte hinausgehenden Aspekte näher zu beleuchten.

4 So hatte Ende 2008 (nach der Kaperung des Supertankers „Sirius Star“) die Mærsk Line (als weltweit größte Containerschiffsreederei) beschlossen, den Sueskanal und den Golf von Aden zu meiden, und ließ insbesondere langsame Schiffe den Umweg um das Kap der Guten Hoffnung fahren – trotz einer Verspätung von ca. zwei Wochen und einer Verteuerung der Transportkosten von 25–30 Prozent, vgl. o.V.: „Maersk meidet Suez-Kanal“, N-TV.

9.1.2 Die Piraterie vor Westafrika – der Golf von Guinea

Die Situation vor Westafrika stellt sich als wesentlich komplizierter dar, als dies bei der Piraterie am Horn von Afrika der Fall ist. Zunächst einmal ist nicht ein einzelner Typus „Pirat“ aktiv, sondern mehrere verschiedenartige. Die Gruppen unterscheiden sich in ihrer Vorgehensweise und Zielsetzung. Bloße (versuchte) Diebstähle bei ankernden Schiffen machen zwar einen großen Anteil der Vorfälle aus, können hier aber als „kleine Armutspiraterie“ ebenso vernachlässigt werden wie Kaperungen von kleineren Fahrzeugen, die allenfalls dazu dienen, sich unbemerkt dem eigentlichen Ziel zu nähern.

An dieser Stelle relevant sind: 1. Entführungen von Tankern für mehrere Tage, um ungestört die Ladung umzupumpen, 2. Die selektive Geiselnahme von Mitgliedern der Schiffsführung zur Erpressung von Lösegeld, üblicherweise begrenzt auf einen Zeitraum von wenigen Wochen, und 3. Raubüberfälle bei denen oft mit großer Brutalität Wertsachen und Ausrüstungsgegenstände geraubt werden.[5]

Die lange Zeit vor Somalia beobachtete Entführung von Schiffen und kompletten Mannschaften über längere Zeiträume hinweg findet sich im Golf von Guinea nicht. Es ist davon auszugehen, dass zumindest für die Tankerentführungen und die Geiselnahmen unterschiedliche Gruppen bzw. Hintermänner verantwortlich sind. Gleichzeitig liegt aufgrund ähnlicher Vorgehensweisen die Annahme nahe, dass zwischen den Gruppen sehr wohl Verbindungen bestehen. Neben den Unterschieden zu somalischen Piraten bei den gewählten Zielen haben sich die nigerianischen bzw. westafrikanischen Piraten als noch gewaltbereiter, schwerer abzuschrecken und besser ausgebildet erwiesen und zumindest die zeitweilige Beteiligung von Angehörigen der nigerianischen Sicherheitskräfte kann nicht ausgeschlossen werden.

Schwer von monetär motivierten Piratenaktivitäten zu unterscheiden sind vor allem politische Aktionen der Rebellengruppe MEND (Movement for the Emancipation of the Niger Delta), die vermutlich für wenigstens

---

5 Hierbei handelt es sich um eine grobe Unterteilung und es sei darauf hingewiesen, dass es durchaus zu Überschneidungen/Kombinationen der Vorfallsarten kommen kann.

einen Teil der Angriffe auf Schiffe verantwortlich ist, die die Ölförderanlagen vor der Küste mit Ausrüstung und Nachschub versorgen. Die Gruppe kämpft mit zum Teil terroristischen Mitteln für eine gerechtere Verteilung der Einnahmen aus der Ölförderung Nigerias und gegen die Ausbeutung durch ausländische Petrokonzerne.[6]

Die Versorgungsschiffe sind aufgrund ihrer Bauweise und ihrer relativ festen Routen zwischen den Versorgungshäfen sowie Fördergebieten verhältnismäßig leichte und berechenbare Ziele. Dabei lassen sich mit Angriffen auf die Versorgungsschiffe die Kosten der Ölförderung in die Höhe treiben und aus den Einnahmen durch Lösegelder wie auch Beute die Gruppe finanzieren.

Ursprünglich konzentrierten sich die ersten Fälle unmittelbar vor dem Niger-Delta, verlagerten sich dann in kurzer Zeit nach Norden und Osten und haben inzwischen über Benin vor allem Togo und Ghana erfasst.[7] Mit der Entführung des Tankers KERALA vor Luanda/Angola im Januar 2014 scheint sich das Operationsgebiet der westafrikanischen Piraten nochmals um einen erheblichen Sprung nach Süden erweitert zu haben.[8]

Im Gegensatz zur Piraterie in Ostafrika sind hierbei keine Länder betroffen, die wie Somalia praktisch keine funktionierenden staatlichen Institutionen aufzuweisen haben. Die Anrainer am Golf von Guinea verfügen alle zumindest über ein rudimentäres Maß an Staatlichkeit. Paradoxer Weise liegt hierin eine der Schwierigkeiten bei der Bewältigung der westafrikanischen Piraterie. Vielfach können Piraten leicht von einem Hoheitsgebiet ins nächste wechseln und von staatlichen Stellen nicht ohne weiteres verfolgt oder gesucht werden. Dafür bedürfte es einer gefestigten länderübergreifenden Kooperation, die in der Region so gegenwärtig nicht gegeben ist. Ähnlich verhält es sich mit einem Einsatz internationaler Marinen, der mit

---

6 Weiterführend zum Terrorismus in Nigeria siehe Jamoud 2012, S. 261–278.

7 Benin hat die Sicherheitsmaßnahmen und seine Marinepräsenz erheblich verstärkt und seit Juli 2012 wurde dort kein Vorfall mehr registriert.

8 Die Kerala verschwand am 18. Januar und wurde am 26. Januar vor Nigeria wiedergefunden, nachdem ein großer Teil der Ladung gestohlen wurde. Nach Sicht angolanischer Behörden wurde die Entführung von der Besatzung inszeniert. Seit dem Vorfall mit der Kerala wurden vor Angola keine weiteren Vorfälle gemeldet. vgl.: Bhttp://gisis.imo.org/Public/PAR/Incident.aspx?Action=View&ID=6617.

den Missionen vor Ostafrika vergleichbar wäre. Ohne die Erlaubnis aller Staaten der Region wäre ein solcher Einsatz im Rahmen des Völkerrechts kaum möglich. Auch der Einsatz privater Sicherheitsteams ist dadurch vielfach deutlich erschwert. Von jedem Land, dessen Hoheitsgewässer passiert oder dessen Häfen angelaufen werden, müssen die entsprechenden Genehmigungen vorliegen.

Ein weiteres Problem, das sich aus der vorhandenen (schwachen) Staatlichkeit ergibt, ist besonders in Nigeria die Korruption.[9] Hochrangigen Piraten, sofern sie überhaupt verhaftet werden, wird selten der Prozess gemacht. Außerdem besteht zwischen den Organen, die mit der maritimen Sicherheit befasst sind, eine stetige Konkurrenz um die Deutungshoheit und es ergeben sich widersprüchliche Anweisungen und Informationen für die Handelsschifffahrt.[10] Als Beispiel sei hier genannt, dass die von der nigerianischen Maritime Police gebilligte Anbordnahme von bewaffneten Sicherheitsteams (mitunter sogar von der Maritime Police gestellt) durch die nigerianische Marine verboten worden ist und eine Warnung herausgegeben wurde, alle Schiffe mit bewaffneten Sicherheitsteams an Bord würden festgesetzt werden.[11]

Vor diesem Hintergrund erscheint es unwahrscheinlich, dass die Anrainerstaaten in naher Zukunft eine über bilaterale Abkommen hinausreichende Kooperation entwickeln können und verlässliche Regularien geschaffen werden.

Für ein Verständnis der Faktoren, die geostrategisch bei der westafrikanischen Piraterie eine Rolle spielen, reicht es aber nicht, nur die Gewässer oder Küstenregionen der Anrainerstaaten des Golfs von Guinea zu betrachten. Selbst der Fokus auf die einzelnen Länder ist noch zu enggefasst. Vielmehr muss grenzübergreifend das weitere Hinterland in die Analyse einbezogen werden. Dazu zählen nicht nur das von der Boko Haram

9 Bei Transparency International auf Platz 145 von 175 in Corruption Perceptions Index 2013.

10 Es ist nicht abwegig, davon auszugehen, dass es auch um die aus einem gewissen Einfluss entspringenden Bestechungsgelder geht, vgl. Steffen 2014.

11 Vgl. o.V.: „Nigeria. Use of armed Guards“, 17.06.2014; ebenso o.V.: „Merchant Vessels Warned to Beware Hire of Armed Guards Against Pirates“, 09.07.2014; sowie o.V.: „Nigerian Games of Power“, 18.06.2014.

Sekte drangsalierte Nordnigeria, sondern im erweiterten Blickfeld auch die jüngsten Konfliktherde Mali und die Zentralafrikanische Republik.

In Anlehnung an die Domino-Theorie[12] aus der Zeit des Kalten Krieges herrscht die Einschätzung vor, Westafrika könne aufgrund seiner geografischen Nähe zu Ländern mit starken terroristischen Gruppen bald neuer Ausgangsort und Rückzugsraum des islamistischen Terrorismus werden. Zudem haben die USA wie auch die ehemaligen Kolonialmächte große Minderheiten aus der Region Westafrika in Ihren Ländern, und befürchten daher das verstärkte Aufkommen von sog. *home grown terrorists*. Neben historisch bedingt ohnehin starker Einflussnahme auf wirtschaftlicher, politischer und militärischer Ebene kommt somit die Unterstützung der Regierungen der ehemaligen Kolonien im Kampf gegen Islamisten hinzu, nicht zuletzt aus Furcht, mittelfristig selbst Ziel einer Generation westafrikanischer islamistischer Terroristen zu werden.

Als ein weiterer Aspekt, den es zu beachten gilt, sei erwähnt, dass die Küsten Westafrikas und der Golf von Guinea eines der Einfallstore für den Drogenschmuggel von Südamerika nach Europa sind. Dabei könnten terroristische Organisationen an dem Transport der Drogen verdienen und erstarken. Insofern dient die von den westlichen Staaten betriebene Unterstützung der westafrikanischen Marinen und Küstenwachen mit Material und Ausbildern sowohl der Bekämpfung der Piraterie sondern auch der Eindämmung des Drogenschmuggels und indirekt dem Kampf gegen den Terrorismus. Die Abhängigkeit von dem Ölhandel mit Westafrika ist hingegen durch das Fracking in den USA und Kanada in den letzten Jahren nachweislich eher gesunken.[13]

9.1.3 Die high risk area im Indischen Ozean

In der Medienöffentlichkeit ist das Seegebiet um das Horn von Afrika sicher das bekannteste Beispiel für moderne Piraterie und dort gibt es auch die größte Anzahl nationaler und multinationaler Einsätze zum Schutz der Handelsschifffahrt. Die *high risk area* im Indischen Ozean umfasst derzeit zwei Gebiete, in denen gehäuft Vorfälle mit möglichem Pirateriebezug

12 Kohl 2001.
13 Siehe Stocker 2014.

gemeldet werden. Dies ist zum einen der nördliche Golf von Oman mit der Straße von Hormus,[14] zum anderen, mit einer wesentlich höheren Zahl gemeldeter Vorfälle, der Golf von Aden mit dem sich anschließenden Bab el-Mandeb. Beide Gebiete bieten den durchfahrenden Handelsschiffen fast keine Ausweichmöglichkeiten. Gleichzeitig konzentrieren sich dort die Schiffsbewegungen, weil die verschiedenen Handelsrouten in dem Gebiet zusammenlaufen. Dadurch erhöht sich für Piraten aus den zahlreichen fragilen Staaten[15] der Region die Aussicht auf Beute und die Piratenaktivitäten sind entsprechend hoch. Daher findet sich besonders im Golf von Aden und entlang des dort eingerichteten *international recommended transit corridor* auch die dichteste Marinepräsenz.

Vorfälle auf dem offenen Meer und vor der somalischen Küste werden nur noch selten gemeldet. Es muss jedoch von einer erheblichen Dunkelziffer ausgegangen werden. Betroffen sind hierbei aber vornehmlich die im Indischen Ozean verkehrenden Dhows, die gekapert werden, um als Mutterschiffe für Skiffs der Piraten zu dienen.

Bei den letzten erfolgreichen Angriffen auf Handelsschiffe bestand der modus operandi der somalischen Piraten darin, ein Schiff mit der gesamten Besatzung zu kapern und unmittelbar vor der somalischen Küste ankern zu lassen sowie die Besatzung entweder an Bord oder an Land gefangen zu halten.[16] Die anschließenden Verhandlungen über Lösegeldzahlungen haben sich sodann über Jahre hingezogen.

Die meisten der in den Seegebieten um das Horn von Afrika gemeldeten Vorfälle sind keine Angriffe, sondern meist verdächtige Aktivitäten, bei denen sich entweder Skiffs einem Schiff genähert haben oder bloße Sichtungsmeldungen verdächtiger Fahrzeuge. Dabei kann es sich um Piraten handeln, es ist aber ebenso möglich, dass Fischer oder Schmuggler gemeldet werden, da alle Gruppen ähnliche Bootstypen verwenden und auch Fischer und Schmuggler in der Regel bewaffnet sind. Dabei ist es gut

---

14 Hier sind die gemeldeten Fälle jedoch überwiegend auf Schmuggler und Fischer zurückzuführen, die ähnliche Fahrzeuge verwenden wie Piraten.

15 Siehe dazu den „Fragile States Index 2014“ des Fund for Peace.

16 Die letzte erfolgreiche Entführung fand am 26.03.2012 statt und betraf das Fischereischiff NAHAM 3. Die 2013 erfolgreich geenterten Schiffe konnten befreit werden, bevor die Piraten die somalische Küste erreichten.

möglich, dass dieselben Bootsbesatzungen an einem Tag als Fischer und am nächsten Tag als Piraten aktiv sind. Aber nicht nur zwischen Piraten und Fischern gibt es äußerlich wenige Unterscheidungsmerkmale. Es gab beispielsweise einen Fall, in dem der Versuch eines Küstenwachbootes, ein Schiff zu stoppen, das unerlaubt in die Hoheitsgewässer eingefahren war, als Piratenangriff gemeldet wurde.[17]

Die Ähnlichkeit mit Fischern wird von den Piraten bewusst ausgenutzt, um sich zwischen diesen zu verstecken und aus der Deckung heraus anzugreifen. Auch verbergen sich einzelne Boote der Piraten zwischen den Fischern, um als Aufklärer die Annäherung eines potentiellen Zieles an den eigentlichen Angriffstrupp zu melden. Die Problematik der schwierigen Unterscheidung zwischen Piraten und Fischern wird noch dadurch verschärft, dass auch Fischer Manöver fahren, die leicht als Angriffe interpretiert werden könnten: Zum Schutz ausgelegter Netze versuchen sie Schiffe abzudrängen. Da in den entsprechenden Gewässern viele Handelsschiffe mit bewaffneten Sicherheitsteams an Bord fahren und Annäherungen spätestens nach Abgabe von Warnschüssen abgebrochen werden, ist die Zahl der eindeutigen Angriffe stark rückläufig und die Annäherungen, die zweifelsfrei Piraten zugeordnet werden können,[18] liegt sicherlich unter der tatsächlichen Zahl der Annäherungen durch Piraten, während die Gesamtzahl der gemeldeten Annäherungen darüber liegt.

Für Europa und Asien ist das Seegebiet der HRA von größter Relevanz. Vorrangig natürlich, weil hier der Verbindungsweg zwischen beiden Regionen untereinander und jeweils zum Persischen Golf verläuft. Die Schiffsrouten können schwerlich verlagert werden. Die einzige Alternative für die Routen von Asien nach Europa führt um Afrika herum und vervielfacht durch den enormen Mehraufwand an Zeit und Treibstoff die Kosten für den Seetransport Asien-Europa erheblich. Öl und Gas aus den Ländern der Arabischen Halbinsel müssen sogar zwangsläufig die Engstelle an der Straße von Hormus passieren und dann weiter durch die HRA transportiert werden, hier gäbe es lediglich die Möglichkeit, statt durch den Bab el-Mandeb und den Suezkanal die somalische Küste in größtmöglicher

17 Vgl. o.V.: „Red Sea Hijacking? Not Quite Say Official“, 19.01.2014.

18 An Bord von Skiffs gesichtete Leitern oder sonstige Enterwerkzeuge sind ein sicheres Indiz für Piratenaktivität.

Entfernung zu passieren und ebenfalls Afrika um das Kap der Guten Hoffnung herum zu umrunden. Da die Piraten ihren Aktionsradius jedoch kontinuierlich erhöht haben, bietet diese Vorgehensweise keine sichere Alternative mehr. Neben den Transportrouten, die nicht verlegt werden können, gibt es noch ein beträchtliches Handelsaufkommen innerhalb der HRA sowie europäische und vor allem asiatische Fischereiflotten, die in den Gewässern um das Horn von Afrika herum arbeiten und an die dortigen Fischbestände gebunden sind.

Abgesehen von dieser besonderen Bedeutung für die Wirtschaft war es die Bedrohung für Schiffe des World Food Programme, die zu den Marineeinsätzen vor Somalia geführt hat. Neben der NATO-Operation OCEAN SHIELD und der EU-Mission EU-NAVFOR ATALANTA gibt es die US-geführte multinationale Combined Task Force 151 (coalition of the willing) mit wechselnder Beteiligung aus 30 Nationen sowie diverse nationale Missionen, die alle mit der Piraterie am Horn von Afrika befasst sind. Einheiten nationaler Missionen schließen sich gelegentlich den multinationalen Verbänden an oder üben die Interoperabilität. Dabei kommt es auch zur Beteiligung von Ländern, die nicht Bündnispartner sind.[19] Das Aufgabenspektrum reicht vom begleitenden Schutz von Handelsschiffen über Seeraumüberwachung bis hin zum aktiven Bekämpfen von Piratengruppen. Die Anti-Piraterieeinsätze sind mit einem großen logistischen und finanziellen Aufwand verbunden.

Die starke internationale Beteiligung an Einsätzen zur Piratenbekämpfung hat dazu geführt, dass auch Staaten Einheiten an das Horn von Afrika entsenden, die nur ein nachgeordnetes Interesse an der Eindämmung der Piraterie haben. Vielmehr geht es darum, Flagge zu zeigen und die Fähigkeit zu längeren Operationen fern der Heimat zu demonstrieren – so zum Beispiel die Einsätze der russischen Marine. Ferner lassen sich im Rahmen eines international gebilligten Einsatzes die Fähigkeiten der eigenen Marine zu langen Einsätzen in weit entfernten Gewässern erproben, was neben der Absicherung des wichtigen Seewegs von und nach Europa

---

19 z.B. die ukrainische Fregatte HETMAN SAGAIDACHNIY, die sowohl bei ATALANTA als auch OCEAN SHIELD eingebunden war (vgl. EU-NAVFOR 26.02.2014) oder Übungen z.B. mit chinesischen, koreanischen und japanischen Einheiten.

für China zumindest ein erwünschter Nebeneffekt sein dürfte. Die Gründe der iranischen Marine für das Entsenden von Schiffen sind hingegen vermutlich vorwiegend propagandistischer Natur.[20]

Trotz des Erfolgs der internationalen Marinemissionen, die zusammen mit dem Einsatz bewaffneter Sicherheitskräfte zu einem deutlichen Rückgang der Vorfälle geführt haben, richten sich sowohl Bewachungsteams als auch Marinepräsenz mit der Abwehr von Angriffen oder auch der aktiven Bekämpfung von Piraten nur gegen das Symptom, nicht gegen die Ursache.

Die Stabilisierungsmission der Afrikanischen Union in Somalia und die Ausbildungsmission EUTM der EU, bei denen somalischen Sicherheitskräften wichtige Grundlagen, z.B. bei der Minenräumung, vermittelt werden, folgen zumindest einem Ansatz der „Hilfe zur Selbsthilfe", indem die Piraterie durch eine funktionierende staatliche Struktur in Somalia langfristig eigenständig eingedämmt werden soll. Die eigentliche Ursache aber, dass den Menschen in Somalia eine vernünftige Lebensgrundlage fehlt, kann, wenn überhaupt, erst in einem erweiterten Rahmen nach der Etablierung eines funktionierenden somalischen Staates angegangen werden. Um Somalier vom Ergreifen des „Piratenberufs" abzuhalten, müssten sie von normalen Berufen, im Falle der Küstenbewohner Somalias, vom Fischfang leben können. Dafür muss aber eine somalische Regierung in der Lage sein, die eigenen Ansprüche in den Hoheitsgewässern gegen fremde Fischereiflotten durchzusetzen. Überdies müsste der vor somalischen Küsten versenkte Giftmüll geborgen werden, um die Regeneration der Unterwasserfauna zu ermöglichen. Für all dies ist ein sicherer Rahmen unabdingbar, der zuvor durch eine Stabilisierung der konfliktreichen Situation an Land geschaffen werden müsste.

Die Problematik in Somalia selbst beschränkt sich nicht nur auf die Armut und das fast vollständige Fehlen staatlicher Institutionen. Die radikalislamischen Al Shabaab Milizen sind ein wesentlicher Teil der komplexen

---

20 Falls die regelmäßig veröffentlichten Meldungen der iranischen Marine zutreffen, dann wären die iranischen Einsatzgruppen weit erfolgreicher als die Verbände aller anderen Marinen zusammen. Jeder Verband meldet mindestens einmal die erfolgreiche Abwehr eines Piratenangriffs aus einer Vielzahl von Skiffs. Bisher wurden diese Berichte aber von keiner Institution, die mit der Erfassung von Piratenmeldungen befasst ist, bestätigt.

Gesamtlage. Al Shabaab verübt nicht nur Anschläge in Somalia selbst und seit einiger Zeit auch in Kenia, sondern neuerdings auch in Djibouti – gerichtet gegen Angehörige der von dort aus operierenden internationalen Marinekräfte. Die Anschläge von Al Shabaab sind gut vorbereitet und sorgfältig geplant. Zum Teil erfolgen sie nach Mustern, die auch im Irak und in Afghanistan zu beobachten sind. Beides legt den Schluss nahe, dass enge Verknüpfungen in Punkto Ausbildung zwischen Al-Shabaab und anderen islamistischen Organisationen bestehen.

9.1.4 Piraterie in Südostasien – die Straße von Malakka und die Straße von Singapur

Durch die Meerengen zwischen Sumatra und der malaiischen Halbinsel fließt nahezu der gesamte Seehandel zwischen Asien und Europa, Afrika und dem Persischen Golf und sie bildet somit eine der Lebensadern der asiatischen Wirtschaften für den Import von Rohstoffen und den Export produzierter Güter. So wie der Bab el-Mandeb und der Suez-Kanal die einzige wirtschaftlich sinnvolle Verbindung vom Indischen Ozean nach Europa sind, sind auch die Straßen von Malakka und Singapur für große Handelsschiffe der einzig praktikable Übergang vom Indischen Ozean zum Pazifik. Außerdem ist Singapur einer der wichtigsten Häfen und Knotenpunkte für den Seehandel und kann nicht umgangen werden.

Derzeit liegt diese Region den Fallzahlen der gemeldeten Pirateriervorfälle nach deutlich vor Westafrika und dem Indischen Ozean. Allerdings machen den überwiegenden Teil der Vorfälle bloße Raubüberfälle oder Raubversuche aus, bei denen einige Täter nachts ein ankerndes Schiff entern und einige Ersatzteile oder Wertgegenstände stehlen. Gelegentlich fesseln die Räuber Besatzungsmitglieder, in den meisten Fällen ergreifen sie aber die Flucht, sobald sie entdeckt werden. Daneben gibt es noch ähnliche Raubüberfälle (Armutspiraterie) auf fahrende Schiffe oder Schleppverbände. Beide Vorfallsarten sind zwar zahlreich, die angerichteten Schäden sind aber marginal. Gravierender sind die mit solchen Fällen vor Westafrika vergleichbaren Tankerentführungen, deren Zahl seit Beginn des Jahres deutlich zugenommen hat. In diesen Fällen werden Tanker gekapert, die Ladung wird auf andere Schiffe umgepumpt und das entführte Schiff nach einigen Tagen wieder freigelassen.

Obwohl die Marinen und Küstenwachen der betroffenen Anrainerstaaten verhältnismäßig gut – im Vergleich der drei Regionen am besten – ausgestattet sind und es eine weitgehend funktionierende Kooperation gibt, ist es bisher nicht gelungen, die Piraterie einzudämmen. Dafür bieten die langen Küsten und vielen Inseln und auch der rege Seeverkehr zu viele Versteckmöglichkeiten für die Piraten. Thailändische Tankerreeder fordern inzwischen von der thailändischen Regierung die Zulassung von bewaffneten Sicherheitsteams an Bord ihrer Schiffe.

Besondere Relevanz erlangt dieses von Piraterie betroffene Gebiet, weil es praktisch unmittelbar an das Südchinesische Meer angrenzt. Dies ist einer der potentiell gefährlichsten Konfliktherde. Dort erheben mehrere Länder überlappende Gebietsansprüche auf Seegebiete, in denen ergiebige Bodenschätze vermutet werden oder es reiche Fischvorkommen gibt. Während die meisten Anrainerstaaten schlicht nicht in der Lage sind ihre Ansprüche durchzusetzen, verfolgt die Volksrepublik China seit geraumer Zeit eine vergleichsweise aggressive Politik.[21] Je energischer China seine Ansprüche äußert, umso drängender wird für die anderen Länder die Aufrüstung der eigenen Marinen, ein Zusammenschluss untereinander und nicht zuletzt eine anhaltende Unterstützung durch die USA.

Im Zuge der Schwerpunktverlagerung der amerikanischen Außenpolitik weg von Europa und dem Nahen Osten hin zum pazifischen Raum gewinnen auch die Straße von Malakka und die Straße von Singapur für die USA an Bedeutung. Dort ließe sich ein wesentlicher Teil des chinesischen Exports sowie des Imports von Öl und Gas blockieren. Als bilaterale und multilaterale Kooperationen zur Bekämpfung der Piraterie ließe sich die Präsenz der USA in diesem Gebiet verstärken, ohne dies offensiv gegen China zu richten. Möglich sind zum Beispiel die Entsendung von Seefernaufklärern und die Intensivierung bestehender Ausbildungs- und Kooperationsprogramme. Sicherlich führte die erste Einsatzfahrt des Typschiffs der neuen LCS-Klasse nicht zufällig nach Singapur – wenngleich es auch

21 Dies beinhaltet die Errichtung von Stützpunkten und Bohrinseln in umstrittenen Gebieten und das Bedrängen bzw. Abdrängen von Schiffen anderer Nationen. Dieses Verhalten ist nicht nur im Südchinesischen Meer anzutreffen, sondern auch im Ostchinesischen Meer, in dem es Streitigkeiten mit Japan und Südkorea gibt.

eine Rolle gespielt haben dürfte, diesen Schiffstyp möglichen Käufern in der Region vorzuführen. Eine amerikanische Beteiligung an der Pirateriebekämpfung wäre eine passable Variante, um gegenüber den Anrainerstaaten die Unterstützung der USA unter Beweis zu stellen und diese damit in einem „Block“ gegen China zu halten, ohne China direkt zu düpieren.

9.1.5 Zusammenfassung

Dass die Bekämpfung der Piraterie am Horn von Afrika eine reine Symptombehandlung ist und die Ursachen in der fragilen Staatlichkeit an Land zu suchen sind, ist mittlerweile eine Binsenweisheit.[22] Dass die drei internationalen Marineverbände, EU NAVFOR ATALANTA, OCEAN SHIELD und CTF 151, vorwiegend am Horn von Afrika kreuzten und nicht in anderen Regionen, liegt maßgeblich an der Tatsache, dass dort die wichtigsten Seehandelsrouten, und damit die westliche Prosperität, bedroht werden. Diese zu schützen ist ein legitimes Ziel westlicher Demokratien. Zugleich werden die Ursachen durch zahlreiche parallel stattfindende Maßnahmen, von humanitärer Hilfe über Entwicklungszusammenarbeit bis hin zum zivilen und militärischen capacity building, angegangen. Zu einer Beteiligung an militärischen Operationen ist hingegen seit UNOSOM I/II (1992–1995) keine westliche Demokratie bereit – die AU-Mission AMISOM wird stattdessen mit Finanzbeiträgen unterstützt.

Der signifikante Rückgang der Piraterie am Horn von Afrika ist sowohl auf die internationale Marinepräsenz wie auch auf die privaten Sicherheitsteams und Abwehrmaßnahmen an Bord der Schiffe zurückzuführen. Derartige staatliche wie nichtstaatliche Maßnahmen gestalten sich vor Westafrika, wie aufgezeigt, deutlich schwieriger. Zudem ist eine Vermischung von monetären mit politischen Motivationen dort besonders auffällig und besorgniserregend. Dagegen ist die Piraterie in Südostasien im Vergleich weit weniger stark organisiert und politisiert, hat ein niedrigeres Gewaltpotenzial, ist aber als „Armutspiraterie“ seit langem auf sehr hohem Niveau tradiert. Seit einigen Jahren sind die dortigen Anrainerstaaten jedoch aktiver in der Pirateriebekämpfung geworden, wohl aber

22 Somalia bleibt „Rekrutierungsgebiet und Ausgangsbasis für Piraterieaktivitäten“, vgl. Deutscher Bundestag 30.04.2014, S. 2.

vorwiegend, um die Präsenz und den Einfluss der USA nicht übergroß werden zu lassen.[23]

Folglich beziehen die drei untersuchten *hot spots* nicht allein durch die Piraterie ihre geostrategische Relevanz. Vielmehr sind es die Interdependenzen und politischen Geschehnisse in den angrenzenden Ländern, die den Pirateriegebieten eine gesteigerte Bedeutung verleihen. Es sind diese über das lokale Phänomen Piraterie hinausgehenden Verknüpfungen, nicht zuletzt zum transnationalen islamistischen Terrorismus sowie zum hegemonialen Antagonismus zwischen China und den USA,[24] die die geostrategische Dimension der einzelnen Regionen bestimmen.

Literaturverzeichnis

Deutscher Bundestag (Hrsg.): Antrag der Bundesregierung, 30.04.2014, BT-Drs. 18/1282, zuletzt eingesehen am 21.08.2014 unter: http://dip21.bundestag.de/dip21/btd/18/012/1801282.pdf

EU-NAVFOR: „Ukrainian Frigate Hetman Sagaidachniy Heads For Home After Completing EU Counter-Piracy-Operation", 26.02.2014, zuletzt eingesehen am 20.08.2014 unter: http://eunavfor.eu/ukrainian-frigate-hetman-sagaidachniy-heads-for-home-after-completing-eu-counter-piracy-operation/

Fund for Peace: „Fragile States Index 2014", Washington D.C. 2014, zuletzt eingesehen am 20.08.2014 unter: http://ffp.statesindex.org/rankings-2014

Goethe, Johann Wolfgang von: Faust. Der Tragödie zweyter Theil in fünf Acten, in: Goethe's Werke, Band 41 [Vers 11186 f.], Stuttgart/Tübingen 1832

Hofbauer, Martin (Hrsg.): Piraterie in der Geschichte, (Potsdamer Schriften zur Militärgeschichte, Nr. 21), Potsdam 2013

Jamoud, Nesrine: „Islamismus und Islamistischer Terrorismus in Nigeria", in: Krause, Joachim/Hansen, Stefan (Hrsg.): Jahrbuch Terrorismus 2012, Opladen et al. 2012

23 Vgl. Mair 2010, S. 48.
24 Siehe weiterführend Paul 2013.

Kohl, Arno: „Dominotheorie und amerikanische Vietnampolitik 1954–1961. Eine Fallstudie zur Rolle von Leitbildern in der internationalen Politik“, Freiburg 2001

„Maersk meidet Suez-Kanal“, N-TV, 21.11.2008, zuletzt eingesehen am 18.08.2014 unter: http://www.n-tv.de/wirtschaft/meldungen/Maersk-meidet-Suez-Kanal-article36716.html

Mair, Stefan (Hrsg.): „Piraterie und maritime Sicherheit. Fallstudie zu Afrika, Südostasien und Lateinamerika sowie Beiträge zu politischen, militärischen, rechtlichen und ökonomischen Aspekten“, SWP-Studie S. 18, Juli 2010, zuletzt eingesehen am 21.08.2014 unter: http://www.swp-berlin.org/fileadmin/contents/products/studien/2010_S18_mrs_ks.pdf

„Merchant Vessels Warned to Beware Hire of Armed Guards Against Pirates“, 09.07.2014, zuletzt eingesehen am 20.08.2014 unter: http://www.handyshippingguide.com/shipping-news/merchant-vessels-warned-to-beware-hire-of-armed-guards-against-pirates_5663

Münchener Rück (Hrsg.): Piraterie – Bedrohung auf See, (Edition Wissen), München 2006, S. 10, zuletzt eingesehen am 21.08.2014 unter: https://www.risknet.de/fileadmin/template_risknet/dokumente/Studien/MunichRE-302-05052_de.pdf

„Nigerian Games of Power“, 18.06.2014, zuletzt eingesehen am 20.08.2014 unter: http://www.news.odin.tc/index.php?page=view/article/1532/Nigerian-Games-of-Power

„Nigeria. Use of armed Guards“, 17.06.2014, zuletzt eingesehen am 20.08.2014 unter: http://www.skuld.com/topics/voyage–port-risks/port-news/africa/nigeria-use-of-armed-guards/

Paul, Michael: „Die Flottenrüstung der Volksrepublik China. Maritime Aspekte sino-amerikanischer Rivalität“, SWP-Studie S. 15, August 2013, zuletzt eingesehen am 21.08.2014 unter: http://www.swp-berlin.org/fileadmin/contents/products/studien/2013_S15_pau.pdf

Petrovic, David: „Bekämpfung der Piraterie: Ein Aspekt maritimer Sicherheit für Deutschland“, (KAS, Analysen & Argumente Nr. 129), September 2013, zuletzt eingesehen am 20.08.2014 unter: http://www.kas.de/wf/doc/kas_35520-544-1-30.pdf?130927095930

„Red Sea Hijacking? Not Quite Say Official“, 19.01.2014, zuletzt eingesehen am 20.08.2014 unter: http://gcaptain.com/red-sea-hijacking-eritrea-marzooqah/?utm_source=feedburner&utm_medium=feed&utm_campaign=Feed%3A+Gcaptain+%28gCaptain.com%29

Steffen, Dirk: „Troubled Waters? The Use of Nigerian Navy and Police in Private Maritime Security Roles“, Center for International Maritime Security, 01.07.2014, zuletzt eingesehen am 20.08.2014 unter: http://cimsec.org/troubled-waters-use-nigerian-navy-police-private-maritime-security-roles/11918

Stocker, Frank: „Der mysteriöse Ölpreis-Verfall“, Die Welt, 19.08.2014, zuletzt eingesehen am 19.08.2014 unter: http://www.welt.de/finanzen/article131351428/Der-mysterioese-Oelpreis-Verfall.html

Transparency International, Corruption Perceptions Index 2013, zuletzt eingesehen am 20.08.2014 unter: http://cpi.transparency.org/cpi2013/results/

Grafiken

Fig. 1: Weltweit von Piraterie betroffene Gebiete und Häfen, Quelle: wikimedia commons, zuletzt eingesehen am 20.08.2014 unter: http://commons.wikimedia.org/wiki/File:Weltweite_Piraterie.png#mediaviewer/Datei:Weltweite_Piraterie.png, Autor: Lencer, Lizenz: CC BY-SA 3.0

Lutz Feldt

Kapitel 9.2: Meeresüberwachung als Voraussetzung für die maritime Sicherheit – ein europäischer Ansatz

Editorial abstract: Maritime security is no longer a mere national task. Not even a superpower like the United States of America is able to police the oceans of the world by itself. The interdependence and interconnection of our globalising economies and societies is also represented in the complexity of maritime security. Seemingly regional threats to shipping cannot be addressed isolated from the respective situation on shore and the wider international context. In order to understand the reach, risks and origins of maritime crises, an interlinked global maritime picture is essential. The initiatives of the European Union in this regard may be taken as an inspiration and example for international cooperation in maritime surveillance.

Auf See kann man alles finden, je nachdem, wonach der Geist verlangt
(Joseph Conrad)

Der Charakter der See hat sich verändert. Von einem offenen Raum, wo Freiheit herrschte, hat es sich zu einem Allgemeingut der Menschheit entwickelt, das – unermesslich aber fragil – weltweit behütet und geschützt werden muss.

Der maritime Raum – englisch: „Maritime Domain" (MD) – umfasst 70 % der Oberfläche unseres Planeten. Das Interesse oder die Aufmerksamkeit, die jedem Handeln auf See mittlerweile entgegengebracht wird, ist Folge der Globalisierung. Zu Beginn gleich eine der Antriebsfaktoren: Der weltweite Handel muss im Vordergrund aller Sicherheitsinitiativen stehen. Heute werden fast 95 % des Welthandels über das Meer befördert, und aus europäischer Perspektive segeln zur Zeit rund 25 % aller Schiffe unter europäischer Flagge.

Die Welthandelsflotte umfasst rund 47.000 Einheiten von 300 BRT mit einer Tragfähigkeit von 1.234 Mio. Tonnen und bedient den internationalen Verkehr unter 158 verschiedenen Flaggen.[1]

Einen Eindruck von der Struktur dieser riesigen Flotte vermittelt ein Überblick über die verschiedenen Schiffstypen: 17.700 allgemeine Stückgutfrachter, 9.740 Rohöltankschiffe, 7.770 Massengutfrachter, 4.700 Containerschiffe, 4.200 Passagierschiffe, 1.490 Flüssiggastanker sowie 1.330 Chemikalientanker sind auf den Ozeanen unterwegs. Selbstverständlich erfordert diese Vielfalt an Schiffstypen ein unterschiedliches Maß an Aufmerksamkeit. Sie stellt die Gesamtheit aller registrierten Schiffe dar und kann somit als „Welthandelsflotte" bezeichnet werden. Dies umfasst noch nicht die immer höhere Zahl kleiner und mittlerer Feeder-Schiffe, die die wachsenden Offshore-Anlagen mit den Häfen verbinden. Diese Anlagen sowie die weltweiten Seekabel bedürfen ebenfalls unserer Aufmerksamkeit, und die **Meeresüberwachung** dient eindeutig als Schlüssel zu einem Lagebild der Situation auf See. Die Tatsache, dass weltweit rund 14.000 Marineschiffe neben einer unbekannten Zahl von „Staatsschiffen" ihre Flaggenstaaten repräsentieren, verdeutlicht, wie sehr sich der Charakter der See gewandelt hat. Noch nicht eingeschlossen in diesen Daten ist die Vielzahl an Schiffen, die nicht offiziell registriert sind und bisher auch noch keiner gesetzlichen Registrierungspflicht unterliegen: Dabei handelt es sich um alle Schiffe mit einer Tragfähigkeit von bis zu 300 Tonnen.[2]

1 Flottenkommando 2010, S. 14 ff.
2 Gjenvick-Gjonvik Archives, „Ship Tonnage Explained".

Im folgenden eine Übersicht, die die Dimension dieses Wandels verdeutlicht:

Diese vier Bereiche – Transport, Ressource, Lebensraum und Machtprojektion – beleuchten die unterschiedlichen Aspekte der maritimen Sicherheit.[3] Sie sind miteinander verflochten, und der Informationsaustausch ist eine wesentliche Voraussetzung für die Stärkung des „Wissens um globale maritime Räume" – **Maritime Domain Awareness/MDA.**

Drei Punkte, die der Erörterung bedürfen, sind für eine stärkere und bessere maritime Sicherheit richtungsweisend:

1. Im Vergleich zum Land, Weltraum oder sogar Cyberspace ist das Meer noch relativ regulierungsfrei, aber alles, was auf See geschieht, hängt miteinander zusammen und kennt keine Grenzen.
2. Erforderlich ist ein stärker integrierter Regulierungsrahmen.
3. Auf See unterstehen wir einem informelleren „Regime" oder regionalen und lokalen Regelungen, die den Vorteil haben, sich sehr pragmatisch und flexibel weiterzuentwickeln.

Ein weiterer wichtiger Aspekt der Meeresüberwachung sind Gebiete, die aufgrund ihrer Lage und der neuen Bedrohungsdimension (asymmetrische Bedrohung) stärkerer Aufmerksamkeit bedürfen. Diese werden

3 Borchert 2011.

auch „maritime Choke Points“ oder „maritime Hotspots“ genannt. Diese Choke Points umfassen sowohl Gebiete, die gefährlich zu navigieren sind, als auch neu erforschte Gebiete mit Ressourcen aller Art, die mit neuen Technologien zu erschließen sind. Ihre Bedeutung verdanken sie der Tatsache, dass sie an wichtigen Handelsstraßen liegen, aber als potentielle Konfliktherde können sie auch von politischer Bedeutung sein. Abgesehen von diesen unterschiedlichen Aspekten ist es für die Anrainerstaaten und die internationale Gemeinschaft dringend erforderlich, ein zuverlässiges Bild der maritimen Situation zu erhalten. „Choke Points“ können lokal oder regional sein, aber ihre Bedeutung ist global. Dies hat Folgen für die Frage nach der Verantwortung für die Meeresüberwachung und maritime Sicherheit in diesen schmalen Meerengen.

Die drei Punkte berühren diese überaus sensiblen Fragestellungen. Zum Verständnis ihrer Sensibilität muss man die Choke Points kennen. Es handelt sich hierbei um:

1. Die Straße von Malakka zwischen Indonesien, Malaysia und Singapur. Sie verbindet den Pazifik mit dem Indischen Ozean und dem Südchinesischen Meer.
2. Die Straße von Bab el-Mandeb zwischen Somalia, Dschibuti und dem Jemen. Sie verbindet den Indischen Ozean mit dem Roten Meer und dem nächsten Choke Point.
3. Der Suezkanal in Ägypten verbindet das Rote Meer mit dem Mittelmeer.
4. Die Straße von Gibraltar, die das Mittelmeer mit dem Atlantik verbindet,
5. Die Straße von Hormus zwischen den Vereinigten Arabischen Emiraten, Oman und Iran verbindet den Persischen Golf mit dem Arabischen Meer.
6. Der Bosporus in der Türkei verbindet das Schwarze Meer mit dem Mittelmeer sowie zusätzlich dem Kaspische Meer.
7. Der Panamakanal in Panama verbindet den Pazifik mit der Karibik und dem Atlantik.
8. Die Belte und Sunde in Dänemark verbinden die Ostsee mit der Nordsee und dem Atlantik.
9. Der Ärmelkanal zwischen Großbritannien, Frankreich, Belgien und den Niederlanden verbindet den Atlantik mit der Nordsee, dem Nordmeer und der Ostsee.

10. Die Formosastraße zwischen China und Taiwan verbindet das Südchinesische Meer mit dem Ostchinesischen Meer.
11. Die Koreastraße zwischen Südkorea und Japan (Inseln Kyūshū und Shikoku) verbindet das Ostchinesische Meer mit dem Japanischen Meer.
12. Die Straße von Tiran zwischen dem Sinai und Saudi-Arabien verbindet das Rote Meer mit dem Golf von Akaba sowie Jordanien und Israel.[4]

Aus politischen Gründen sind heute neue und weitere Choke Points dank eines stärkeren Bewusstseins für den maritimen Bereich zu erwarten. Neben Choke Points wächst auch die Bedeutung von Ausschließlichen Wirtschaftszonen rasant, und diese verdienen stärkere Aufmerksamkeit in Bezug auf die Meeresüberwachung und die maritime Sicherheit.

Eine Übersichtskarte über die „Meeresautobahnen“ sowie die Choke Points zeigt den globalen Aspekt der Meeresüberwachung einerseits und den regionalen Ansatz zur Erstellung des Seelagebilds andererseits. Rohöl steht hier als Beispiel stellvertretend für alle anderen Handelsströme.

4 US Energy Information Administration 2011.

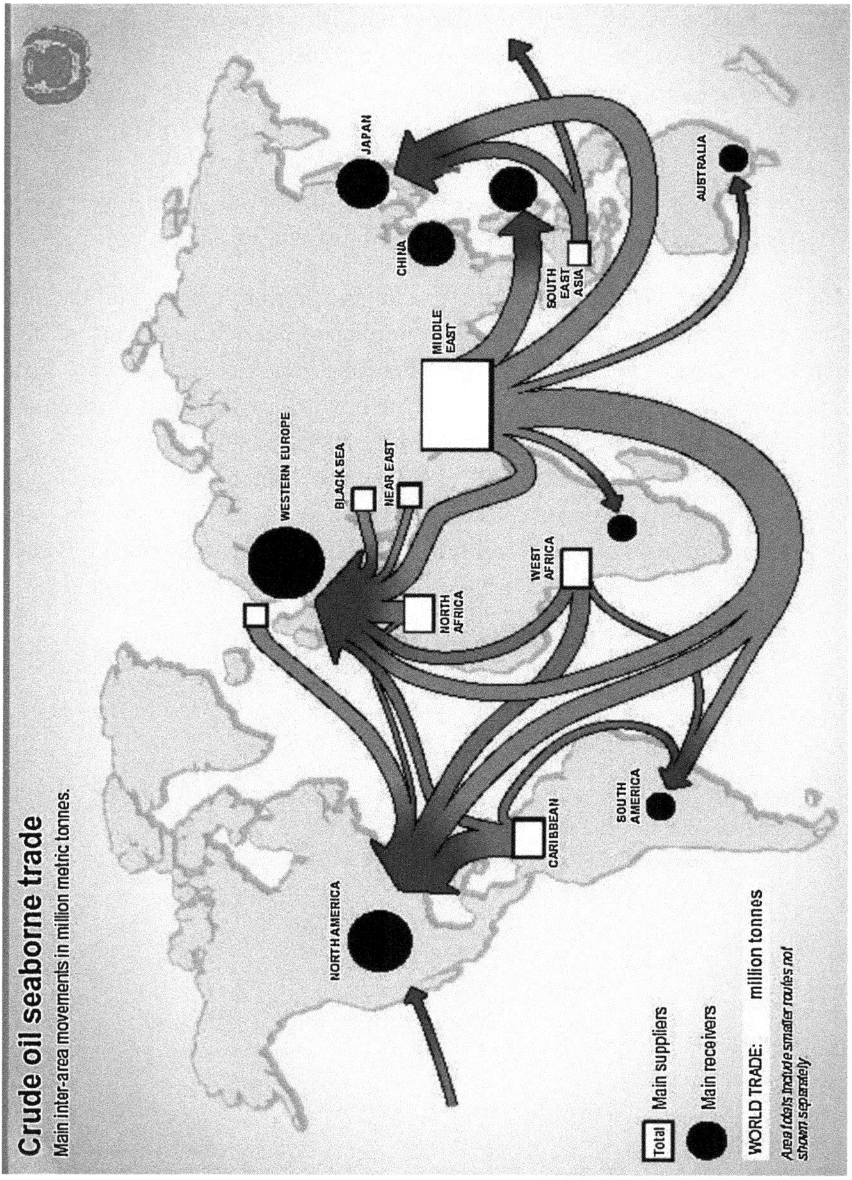
Crude oil seaborne trade
Main inter-area movements in million metric tonnes.
NORTH AMERICA
CARIBBEAN
SOUTH AMERICA
WESTERN EUROPE
BLACK SEA
NEAR EAST
NORTH AFRICA
WEST AFRICA
MIDDLE EAST
SOUTH EAST ASIA
CHINA
JAPAN
AUSTRALIA
Total
Main suppliers
Main receivers
WORLD TRADE: million tonnes
Area totals include smaller routes not shown separately.

Welches sind die wichtigsten Risiken und Bedrohungen für die maritime Sicherheit? Sie entsprechen den vier Schwerpunkten – Ressource, Lebensraum, Transport und Machtprojektion.

1. Risiken und Bedrohungen aus dem Meer für Territorium und Bürger:
   Maritimer Terrorismus durch die Unterwanderung von Kommandos oder durch Anschläge mit Sprengstoff oder Massenvernichtungswaffen
   Menschenhandel, der die illegale Einwanderung ausnutzt und die Stabilität der Nationen gefährdet
   Illegaler Drogen- und Waffenhandel, auch der Handel mit Kleinwaffen
   Kleine und mittlere Einsätze auf Marineebene
2. Risiken und Bedrohungen globaler maritimer Interessen:
   Piraterie
   Schmuggeln von Gütern unterschiedlicher Art, Größe und Wertkategorie
   Konflikte über maritime Grenzen zwischen Nationen und der Internationalen Gemeinschaft mit Schwerpunkt auf den Ausschließlichen Wirtschaftszonen,
3. Risiken und Bedrohungen für globale Ressourcen auf See:
   Umweltschäden, z.B. durch die Verklappung giftiger Abfälle auf See
   Gefährdung der Artenvielfalt in den Meeresbecken
   Illegale, nicht gemeldete und unregulierte Fischerei
   Illegales Pumpen von ölhaltigen Schiffsabwässern in die Hochsee
   Unfälle, Kollisionen, Strandungen, Schiffbrüche auf See, die eine ständige Bedrohung für Schiffe, Häfen, alle maritimen Offshore-Infrastrukturen und Küstengebiete weltweit darstellen.

Zusammengefasst:

Die größten Bedrohungen für die maritime Sicherheit sind:

1. Gewalt, die gegen die Souveränität, territoriale Integrität oder politische Unabhängigkeit eines Staats gerichtet ist.
2. Terroristische Übergriffe auf Schiffe, Offshore-Anlagen oder andere maritime Infrastruktur, Straftaten, illegaler Transport und der Einsatz von Massenvernichtungswaffen.
3. Piraterie und bewaffnete Raubüberfälle auf See.
4. Grenzübergreifendes organisiertes Verbrechen, z.B. die Schleusung von Migranten, Drogen, Waffen, und – als besondere Gefahr für alle Betroffenen – Kleinwaffen.

5. Gefährdung der Ressourcensicherheit, z.B. durch illegale, unregulierte und unangemeldete Fischerei
6. Umweltgefährdung, z.B. schwere Verschmutzung, illegale Verklappung.

Die hier im Schwerpunkt stehenden Risiken und Bedrohungen beruhen auf zwei Erfahrungen. Erstens das noch bestehende und weitverbreitete Phänomen der „Seeblindheit“ oder des fehlenden „maritimen Lagebewusstseins“ sowie zweitens die Überzeugung, dass ein oder zwei Seeverkehrsdienste eine ausreichende Lösung für die maritime Sicherheit bieten können.

Wir wissen aber aus Erfahrung und durch die maritime Katastrophenforschung, dass dieser Ansatz nicht erfolgreich sein kann.

Bedrohungen, Risiken und Schwachstellen finden sich in der ganzen Bandbreite des Lebens auf See. Sie stehen im Zusammenhang mit allen Betroffenen an Land, die in unterschiedlichem Maße Verantwortung für den maritimen Bereich weltweit tragen. Diese Verantwortung ruht auf den Schultern staatlicher (z.B. Regierungen) sowie nichtstaatlicher Akteure (z.B. alle Nicht-Regierungs-Organisationen). Die Bedeutung der „Maritime Domain Awareness“ ergibt sich aus diesem breiten Spektrum an Bedrohungen, Risiken und Schwachstellen. Und dieses breite Spektrum muss sich selbstverständlich in vielfältigen Fragestellungen widerspiegeln. Die Meeresüberwachung ist der Schlüssel zu einem gemeinsamen Ansatz, die wachsende Unsicherheit auf See zu beherrschen. Es gibt unterschiedliche Wege, die Meeresüberwachung zu optimieren, aber einige Grundprinzipien gelten unabhängig von der Perspektive. Die Problemlösungen für die Meeresüberwachung sind meist global, regional und sogar lokal fragmentiert und von den Interessen der Vertreter der jeweiligen Bereiche bestimmt:

a. Grenzkontrolle auf See
b. Fischereiaufsicht
c. Verteidigung
d. Maritime Betriebssicherheit und Gefahrenabwehr
e. Maritime Umwelt
f. Zoll
g. Allgemeine Rechtsdurchsetzung.

In der Regel bedeutet dies, dass mindestens fünf verschiedene Ministerien zu den staatlichen Akteuren zu zählen sind, nicht eingerechnet die Behörden und nichtstaatlichen Akteure.

Es ist ganz offensichtlich von großer Bedeutung, dass die unterschiedlichen Akteure einem ähnlichen Denkansatz folgen sowie einen „mentalen Wandel“ vollziehen, der nicht einfach herbeizuführen ist. Für diesen Wandel spielen folgende „Schlüsselaussagen“ zur Förderung der Meeresüberwachung eine entscheidende Rolle:

Dem übergeordnet muss ein umfassender oder übergreifender Ansatz zur Erzielung maritimer Sicherheit durch Meeresüberwachung sein; die Handlungsperspektive muss dem Prinzip folgen: „Global denken, aber regional und lokal handeln.“

Es ist wichtig, dass alle Initiativen für die regionale Meeresüberwachung und Sicherheitsvorsorge in einem globalen Kontext entwickelt werden. Daher haben alle bereits an der Meeresüberwachung beteiligten Stellen einen eigenen aber oft sehr beschränkten Anteil am Ganzen. Dennoch ist ihr Anteil wichtig und wird noch an Bedeutung gewinnen, wenn sie zum organisierten Austausch ihrer eigenen Informationen mit den anderen Beteiligten bereit sind. Der Informationsaustausch steht im Mittelpunkt der Meeresüberwachung und maritimen Sicherheit. Dringend erforderlich ist ein Mentalitätswandel vom „Need-to-Know“ (Kenntnis nur bei Bedarf) zum „Need-to-Share“-Prinzip (Erfordernis der Wissensweitergabe) und schließlich zur Verantwortung für die Wissensweitergabe („Responsibility to Share“).

Das „Need-to-Know“-Prinzip ist restriktiv und mit einer Kultur der Geheimhaltung verbunden. Aber im heutigen Informationszeitalter, in dem wir davon ausgehen können, dass nur ein sehr kleiner, eng begrenzter Teil von Informationen des Schutzes bedarf, sollte das Prinzip von einer „Need-to-Share“-Mentalität abgelöst werden. Ganz offenbar weiß eine erhebliche Zahl der Beteiligten immer noch nicht, was sie nicht wissen und kann daher nicht entsprechend seiner Verantwortungskompetenzen agieren. Informationsaustausch ist der Schlüssel zu einem besseren maritimen Lagebewusstsein.

Eine weitere „Schlüsselaussage“ der Risiko- und Bedrohungsanalyse ist die Erkenntnis, dass weder militärische noch eine Kombination aus zivilen und militärischen Fähigkeiten allein eine effektive Meeresüberwachung und Sicherheit garantieren können.

Zwei weitere Aspekte sollten berücksichtigt werden.

Der Schritt-für-Schritt-Ansatz beruht auf dem Prinzip, eine bessere und zuverlässigere Meeresüberwachung durch eine angemessene Berücksichtigung der Fähigkeiten und Möglichkeiten der unterschiedlichen Akteure zu erzielen.[5]

Alle nationalen Lösungen sind eine Tatsache, eine Gegebenheit, und bleiben als Beitrag zur besseren Koordination bestehen; als nächster Schritt muss die Kooperation folgen. Zweitens ist es dringend erforderlich, alle Fähigkeiten innerhalb einer Region aufeinander abzustimmen. Dazu kann die Internationale Seeschifffahrtsorganisation (IMO) als globaler Akteur dienen, aber regionale Abkommen wie ReCAAP[6] (Regional Cooperation Agreement on Combating Piracy and Armed Robbery against Ships in Asia) in Südasien, SUCBAS (Sea Surveillance. Baltic Sea) in der Ostsee[7], V-RMTC[8], (Virtual Regional Maritime Traffic Centre) im Mittelmeer und Schwarzen Meer sowie MSSIS (Maritime Safety & Security Information System),[9] das auf flächendeckende Zusammenarbeit abzielt und 66 austauschwillige Nationen umfasst, sind durchaus ermutigende Beispiele für den Schritt-für-Schritt-Ansatz.

Der regionale Ansatz ist Teil des Schritt-für-Schritt-Ansatzes. Aus europäischer Sicht sind regionale Ansätze der einzig akzeptable Weg zum Fortschritt in der Meeresüberwachung. Zu den bestehenden Beispielen – SUCBAS und V-RMTC – kommt noch eines hinzu: MARSUNO[10] (Maritime Surveillance in the Northern Sea Basins), ein Pilotprojekt der Europäischen Kommission für die Meeresüberwachung im nördlichen Meeresbecken, das im Mai 2012 abgeschlossen wurde und auf Umsetzung wartet. Im Juli fertiggestellt wurde ein weiteres Projekt im Mittelmeer, BlueMassMed,[11] das aufgrund individueller Anforderungen und Haltungen zur Meeresüberwachung und Sicherheit einem anderen Ansatz folgte. Die darin gewonnen Erfahrungen sollten in den nachfolgenden Maßnahmen integriert werden, um ein kooperatives System für die

5 Wise Pen Final Report 2010.
6 Internetauftritt ReCAAP.
7 Internetauftritt SUCBAS.
8 Wikipedia, „Virtual Regional Maritime Traffic Center".
9 DIALOGO 2011.
10 MARSUNO 2011.
11 Internetauftritt BLUEMASSMED.

Meeresüberwachung in Europa zu schaffen. Eine Möglichkeit zur Förderung der unterschiedlichen regionalen Ansätze wäre die Bestimmung und Verbreitung von einzelnen Anlaufstellen, die als Schnittstellen und Portale für interne und externe Daten, Informationen und Wissensaustausch dienen können.

Die Kohärenz und Abstimmung aller bisher verstreuten Aktivitäten spielt eine wesentliche Rolle für die Verbesserung ihrer Effizienz. Die regionalen Ansätze mit unterschiedlichen Lösungen und unterschiedlichen Vorgehensweisen brauchen beides: einheitliche Normen und Prozesse, aber unterschiedliche Wege, diese zu erreichen. Kohärenz könnte durch eine Vorlage erzielt werden, die gemeinsam entwickelt werden sollte. Eine Möglichkeit dazu, wäre mit regionalen Lösungen zu beginnen, diese als Pilotprojekte durchzuführen und gegebenenfalls als regionale Systeme mit globaler Reichweite umzusetzen.

Die Betriebssicherheit war die Hauptmotivation für das effiziente Lagebewusstsein, das die heutige Zivilluftfahrt erzielt hat. Ebenso war auch die Betriebssicherheit Hauptmotivation für die IMO als UN-Aufsichtsbehörde für alle Aspekte der Betriebssicherheit auf See. Die wachsende Bedeutung der maritimen Sicherheit war lange Zeit unterschätzt worden. So war es ein entscheidender Beschluss der IMO, die Verantwortung für die maritime Gefahrenabwehr zusätzlich zur maritimen Betriebssicherheit zu übernehmen.

Die „Schlüsselaussagen" spiegeln den bereits erzielten Fortschritt bei der Bestimmung und Definition der beiden sicherheitsrelevanten Verantwortungsbereiche wieder: Betriebssicherheit und Gefahrenabwehr. Für beide ist das maritime Lagebewusstsein wesentlich, und die Meeresüberwachung dient als gemeinsamer Ansatz für die Erzielung oder Verbesserung dieses Bewusstseins. Das maritime Lagebewusstsein ist unabdingbar für die maritime Sicherheit und setzt die Überwachung und den Informationsaustausch durch die internationale Gemeinschaft voraus. In der Zwischenzeit werden die Fähigkeiten zur Schaffung dieses Bewusstseins weiterentwickelt, aber sie sind noch unzureichend und schlecht koordiniert. Anderseits finden wir auf regionaler und lokaler Ebene vielversprechende Beispiele.

Die Anforderungen an eine effektive Meeresüberwachung gehen weit über einfache Positionsdaten hinaus: die Art der Fracht, Abfahrtshäfen und Endziel, vorherige und folgende Anlaufhäfen, Trackaufzeichnungen und die Identität der Crewmitglieder müssen im Sinne der Regelungen für die Betriebssicherheit und Gefahrenabwehr festgehalten und transparent gemacht werden.

Hinzu kommt, dass durch die Autonomie, Mobilität und Reichweite der Schiffe das maritime Lagebewusstsein aus Sicherheitsgründen nicht einfach durch die Überwachung einer bestimmten Region oder eines bestimmten Choke Points garantiert werden kann. Ein Schiff mit Kurs auf Europa kann auch von einem weit entfernten Hafen am anderen Ende der Welt stammen. Gilt es, die Integrität der Fracht zu garantieren, muss die gesamte Passage kontrolliert werden.

Neben der IMO sind auch weitere internationale und nationale Stellen mit maritimen Aufgaben sich dieser Überlegungen bewusst und haben in jüngster Zeit Maßnahmen wie den Internationalen Code für die Gefahrenabwehr auf Schiffen und in Hafenanlagen (ISPS-Code) umgesetzt, um die Sicherheit im maritimen Bereich und in den Häfen zu stärken.

Die an der maritimen Sicherheit beteiligten globalen Akteure sind bekannt, aber durch den Fokus auf die wichtigen Akteure erhält man einen Überblick, wer die gegenwärtigen und zukünftigen maritimen Verantwortungsträger sind:

Erstens sind die Vereinten Nationen mit langjähriger Erfahrung, großer Verhandlungsgeduld, aber wenig Kompetenzen für die Umsetzung der notwendigen Regelungen, durch die IMO ein globaler Akteur.

An zweiter Stelle stehen die Vereinigten Staaten, vertreten durch ihre Marine, Küstenwache und das US-Marine Corps mit ihrer gemeinsamen „Maritimen Strategie“[12]. Obwohl die Vereinigten Staaten das Übereinkommen der Vereinten Nationen über das Seerecht (UNCLOS)[13] nicht unterzeichnet haben, unterstützt die US-Regierung die IMO und fördert viele internationale Prozesse.

Drittens ist die NATO als Vertreter vieler Marinen weltweit mit ihrer maritimen Strategie[14] und ihrem maritimen Operationskonzept ein Träger der maritimen Sicherheit und wirft eine Vielzahl von maritimen

12 US-Regierung, „A Cooperative Strategy for 21st Century Seapower“.
13 United Nations Convention on the Law of the Sea.
14 NATO, „Alliance Maritime Strategy“.

Fragestellungen zur Erörterung und Ausarbeitung auf. Da ihre Ausrichtung nicht mehr rein militärisch ist, wird allen maritimen Aspekten in ihren wesentlichen Konzepten Rechnung getragen.

Analog zur UN, USA und NATO, hat die Europäische Union durch die Kommission und in beschränktem Maße auch durch ihren Militärstab eine Europäische Sicherheitsstrategie[15] unter dem Titel „Ein sicheres Europa in einer besseren Welt“ sowie eine Integrierte Meerespolitik[16] entwickelt. Für die Gewährleistung der Sicherheit auf See („Maritime Security Operations“)[17] hat der EU-Militärstab ein Konzept mit überbehördlichem Ansatz ausgearbeitet.

Durch die Maritime Sicherheitsstrategie für Afrika (African Maritime Security Strategy)[18] mit Schwerpunkt auf afrikanischen Hoheitsgewässern und der AWZ unternimmt die Afrikanische Union vielversprechende Schritte zu einem besseren Verständnis ihrer Sicherheitsinteressen auf See.

Neben diesen unterschiedlichen Organisationen mit ihren individuellen Aufgaben, Fähigkeiten und politischen Zielsetzungen haben die nicht-paktgebundenen Nationen wie Brasilien, China, Indien, Pakistan, Russland – sowie in beschränktem Maße die Türkei – maritime Ambitionen und Strategien, die sich stark auf die maritime Sicherheit und Weiterentwicklung von internationalen Gesetzen, Normen, Verfahren und Regelungen auswirken.

Im wesentlichen tragen alle Beteiligten Verantwortung auf drei Ebenen: strategisch, operativ and taktisch.

Die Europäische Union hat sich für die ‘Meeresüberwachung’ aus diversen Gründen entschieden. Der wichtigste ist, dass die Meeresüberwachung die Interessen der maritimen Verantwortungsträger auf allen Ebenen umfasst: staatlich, kommerziell und nicht-staatlich.

---

15 Rat der Europäischen Union, „European Security Strategy“.

16 Europäische Kommission, „An Integrated Maritime Policy for the European Union“.

17 NATO, Parlamentarische Versammlung, „Maritime Security: NATO and EU Roles and Co-ordination“.

18 African Union, Peace and Security Council, Rede von Botschafter Ramtane Lamamra.

„Die Meeresüberwachung ist die effektive Echtzeitanalyse aller naturbedingten und von Menschen verursachten Vorfällen auf See sowie der Hintergründe, die zu ihrer Entstehung führen."

Der Zweck der Meeresüberwachung ist die Schaffung der notwendigen Wissensgrundlage für eine effektive Kontrolle über solche Vorfälle auf See.

Die Meeresüberwachung erstreckt sich auf den maritimen Bereich der EU, der nicht nur aus den Hoheitsgewässern und ausschließlichen Wirtschaftszonen der Mitgliedstaaten besteht, sondern auch alle internationalen Seegebiete von europäischem Interesse umfasst.

Die Akteure der Meeresüberwachung sind vielzählig; sie erfüllen sieben Funktionen: Grenzkontrolle, Zoll, Verteidigung, Fischereiaufsicht, allgemeine Rechtsdurchsetzung, Meeresumwelt sowie maritime Betriebssicherheit und Gefahrenabwehr. Diese sieben Funktionen geben Anlass zu einer Vielzahl unterschiedlicher Initiativen auf nationaler, regionaler und EU-Ebene. Das folgende Diagramm verdeutlicht die Nutzerkreise:

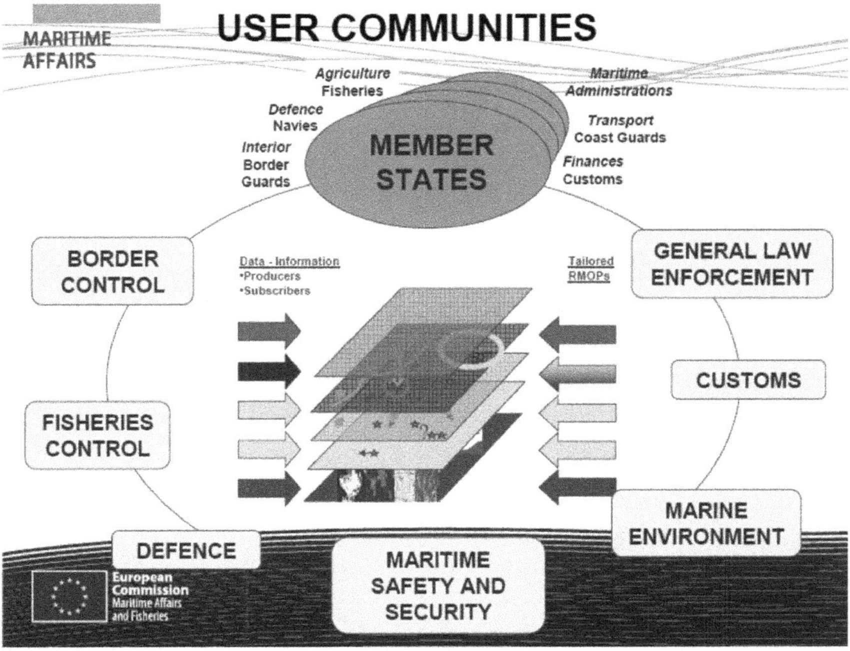

Die Europäische Union hat angesichts der aktuellen Situation, Prinzipien, wichtigsten Botschaften, Bedrohungen und Risiken sowie internationaler Initiativen wie ReCAAP beschlossen, den Weg durch die Schaffung einer gemeinsamen Informationsanwendung für den maritimen Bereich der EU und internationale Seegebiete von europäischem Interesse – „Common Information Security Environment“[19] – zu ebnen.

Das übergeordnete Ziel der CISE ist die Verbesserung der Effizienz und Wirtschaftlichkeit der Meeresüberwachung im maritimen Bereich der Europäischen Union durch einen zweckmäßigen, legalen, sicheren und effektiven Austausch von Daten und Informationen über die Branchen und Grenzen hinweg in der gesamten Europäischen Union. Hier ein Überblick über die vier relevanten Bereiche für die Informationserfassung: Sensoren, Plattformen, Intelligenz, Berichterstattung, sowie als vermittelnde Instanz, die Kommunikation. Wesentlicher Kern ist hier der Informationsaustausch:

19 Europäische Kommission, „Integrated Maritime Surveillance“.

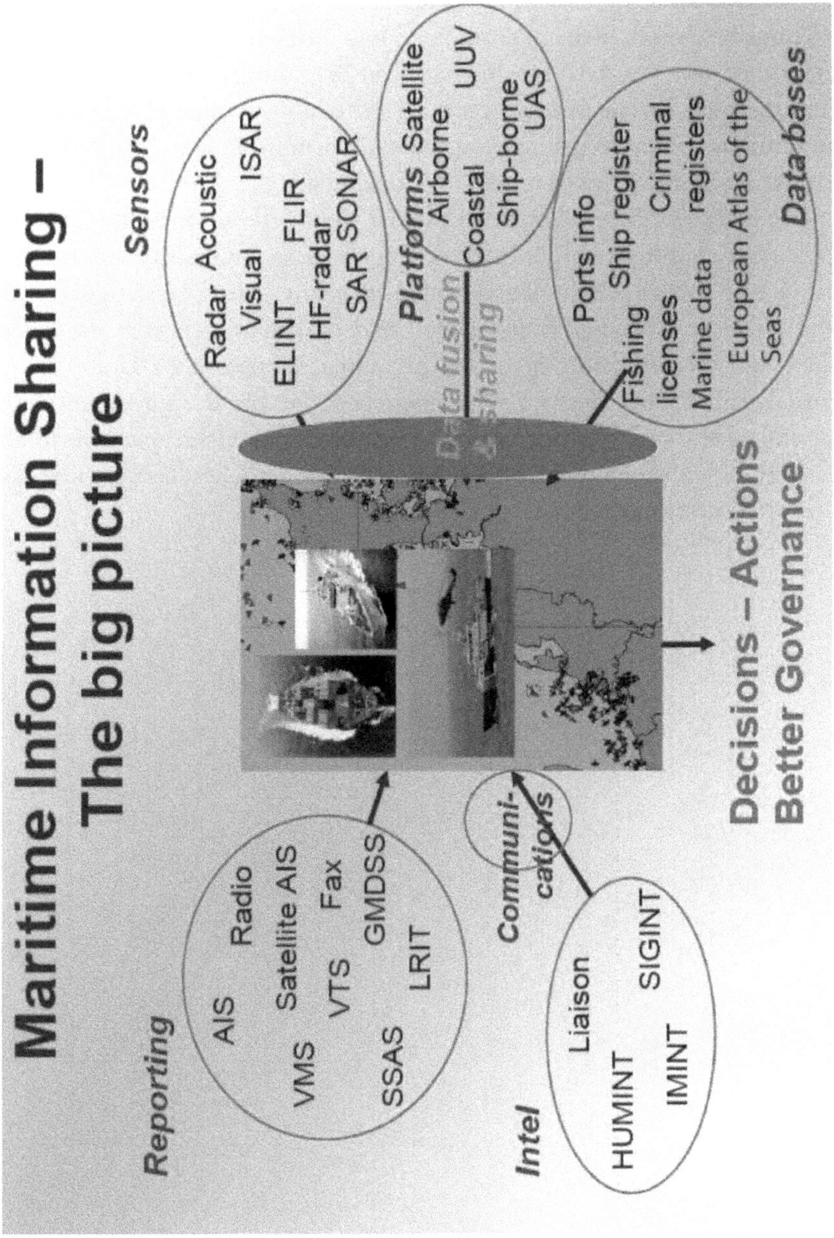
Maritime Information Sharing –
The big picture
Reporting
AIS
Radio
VMS
Satellite AIS
VTS
Fax
GMDSS
SSAS
LRIT
Sensors
Radar
Acoustic
Visual
ISAR
ELINT
FLIR
HF-radar
SAR
SONAR
Platforms
Satellite
Airborne
UUV
Coastal
Ship-borne
UAS
Data fusion & sharing
Ports info
Ship register
Fishing licenses
Criminal registers
Marine data
European Atlas of the Seas
Data-bases
Intel
Liaison
HUMINT
SIGINT
IMINT
Communi-cations
Decisions – Actions
Better Governance

Der Aufbau der „Common Information Sharing Environment“ erfolgt nach einem Sechs-Stufen-Fahrplan, der einerseits maßgebliche Vorarbeiten vor dem Aufbau der CISE erfordert sowie andererseits einen eigenständigen Prozess darstellt: Durch diese sechs Stufen wird „Maritime Domain Awareness“ in der Europäischen Union, seinen Mitgliedstaaten und bei diversen Kompetenzträgern geschaffen.

Das Programm umfasst die folgenden Stufen:

Stufe 1: Bestimmung aller Nutzergruppen
Stufe 2: Kartierung der Daten und Analyse der bestehenden Lücken
Stufe 3: einheitliche Einstufung der Geheimhaltungsgrade
Stufe 4: Entwicklung einer stützenden Struktur für die CISE
Stufe 5: Festlegung von Zugangsrechten
Stufe 6: Beachtung der Rechtsvorschriften gewährleisten

Diese Schritte sind unabdingbar, um das rechtliche, technische und operative Verständnis der CISE zu bestimmen und zu optimieren.

Neben diesem Prozess wurden beide Pilotprojekte – MARSUNO in Nordeuropa sowie BluemassMed in Südeuropa – eingeleitet, um die Grundprinzipien zu begleiten und zu bestätigen. Dies soll die Meeresüberwachung in Europa und somit die maritime Sicherheit optimieren und schließlich die meerespolitische Governance stärken.

Dieses Beispiel kann auch anderenorts als Vorbild oder Unterstützung für die globale „Maritime Domain“ dienen.

Literaturverzeichnis

African Union, Peace and Security Council, Rede von Botschafter Ramtane Lamamra, 04.10.2010, zuletzt eingesehen am 20.10.2014 unter: http://pages.au.int/sites/default/files/Brief%20of%20the%20CPS.pdf

BLUEMASSMED, Internetauftritt, zuletzt eingesehen am 20.10.2014 unter: http://www.bluemassmed.net/index.php?option=com_content&view=section&layout=blog&id=6&Itemid=56

Borchert, Heiko, „The Future of Maritime Surveillance in an Era of Contested Maritime Domains“, Sandfire AG, Luzern 2011, zuletzt eingesehen am 20.10.2014 unter: http://www.sandfire.ch/content/ger/cmsfiles/publications/1110_Borchert_Maritime_Surveillance_1.pdf

DIALOGO, „An Innovation in Information Sharing“, 01.01.2011, zuletzt eingesehen am 20.10.2014 unter: http://dialogo-americas.com/en_GB/articles/rmisa/features/security_technology/2011/01/01/feature-01

Europäische Kommission, „An Integrated Maritime Policy for the European Union“, 10.10.2007, zuletzt eingesehen am 20.10.2014 unter: http://eur-lex.europa.eu/LexUriServ/LexUriServ.do?uri=COM:2007:0575:FIN:EN:PDF

Europäische Kommission, „Integrated Maritime Surveillance“, zuletzt eingesehen am 20.10.2014 unter: http://ec.europa.eu/maritimeaffairs/policy/integrated_maritime_surveillance/index_en.htm

Flottenkommando, „Jahresbericht Deutsches Flottenkommando, Fakten und Zahlen 2010“, Executive Summary, Glücksburg 2010

Gjenvick-Gjonvik Archives, „Ship Tonnage Explained“, zuletzt eingesehen am 20.10.2014 unter: http://www.gjenvick.com/SteamshipArticles/ShipTonnage/1932-06-28-ShipTonnageExplained.html

MARSUNO, „Final Report“, 2011, zuletzt eingesehen am 20.10.2014 unter: http://www.marsuno.eu/images/final%20report%20111222%2ctryck.pdf

NATO, „Alliance Maritime Strategy“, 2011, zuletzt eingesehen am 20.10.2014 unter: http://www.nato.int/nato_static/assets/pdf/pdf_2011_03/20110318_alliance_maritime-strategy_CM_2011_23.pdf

NATO, Parlamentarische Versammlung, „Maritime Security: NATO and EU Roles and Co-ordination“, 2010, zuletzt eingesehen am 20.10.2014 unter: http://www.nato-pa.int/Default.asp?SHORTCUT=2087

Rat der Europäischen Union, European Security Strategy „A Secure Europe in a Better World“, 12.12.2003, zuletzt eingesehen am 20.10.2014 unter: http://www.consilium.europa.eu/uedocs/cmsUpload/78367.pdf

ReCAAP, Internetauftritt, zuletzt eingesehen am 20.10.2014 unter: http://www.recaap.org/

SUCBAS, Internetauftritt, zuletzt eingesehen am 20.10.2014 unter: http://sucbas.org/

United Nations Convention on the Law of the Sea (UNCLOS), zuletzt eingesehen am 20.10.2014 unter: http://www.un.org/Depts/los/convention_agreements/texts/unclos/unclos_e.pdf

US Energy Information Administration, „Maritime chokepoints critical to petroleum markets“, 02.03.2011, zuletzt eingesehen am 20.10.2014 unter: http://www.eia.gov/todayinenergy/detail.cfm?id=330

US-Regierung, „A Cooperative Strategy for 21st Century Seapower“, 2007, zuletzt eingesehen am 20.10.2014 unter: http://www.navy.mil/maritime/Maritimestrategy.pdf

Wikipedia, „Virtual Regional Maritime Traffic Center“, zuletzt eingesehen am 20.10.2014 unter: http://de.wikipedia.org/wiki/Virtual_Regional_Maritime_Traffic_Centre

Wise Pen Final Report, „Maritime Surveillance in Support of CSDP“, 26.04.2010, zuletzt eingesehen am 20.10.2014 unter: http://www.eda.europa.eu/docs/news/Wise_Pen_Team_report_on_MARSUR.pdf

Grafiken

„Nutzung des globalen maritimen Raumes“, Lutz Feldt, 2014

„Crude oil seaborne trade“, Quelle: International Maritime Organisation, 1994

„User Communities“, Quelle: Europäische Kommission

„Maritime Information Sharing – The big picture“, Quelle: Europäische Kommission

Über die Autoren

Brake, Moritz Kapitänleutnant Dipl.-Ing. (FH)

Moritz Brake ist Marineoffizier und studierte Nautik am Fachbereich Seefahrt der Jade-Hochschule in Elsfleth. Er schloss sein Studium 2009 als Diplom-Ingenieur (FH) Nautik ab. Er fuhr sowohl auf Handels- und Kriegsschiffen zur See und war u.A. als UNO-Blauhelmsoldat im Einsatz im östlichen Mittelmeer. Mit der Fregatte KÖLN war er 2010 und 2011 im Einsatz ATALANTA am Horn von Afrika und sammelte unmittelbar Erfahrungen mit moderner Piraterie. Neben seiner aktuellen Tätigkeit als Jugendoffizier (http://www.jugendoffizier.de) in der öffentlichen sicherheitspolitischen Bildungsarbeit im Auftrag der Bundeswehr, studiert er im Master-Fern-Studiengang „War Studies" am King's College London. Zu seinen besonderen Interessenschwerpunkten gehören: Maritime Sicherheit, Schiffsführung und Krisenmanagement, Ethik und Recht in bewaffneten Konflikten, Friedens- und Sicherheitspolitik: Regionalfokus Afrika, sowie Völker- und Seerecht.
Ausgewählte Publikationen:
„Nigeria – Im Griff von Piraterie und religiös motivierter Gewalt", *Marine Forum* 06/2013
„Die falsche Lektion", *ADLAS-Online Magazin für Sicherheitspolitik*, September – 03/2013
„Somalia: Auftrag erfüllt? – Europäisches Engagement, AMISOM, Al-Shabaab und der nächste Schritt", *MarineForum* 11/2014

Feldt, Lutz Vizeadmiral a.D.

Lutz Feldt, Vizeadmiral a.D., trat im April 1965 in die Bundesmarine ein. Dort diente er 41 Jahre sowohl an Bord von Booten und Schiffen (zweimal als Kommandant) als auch im Verteidigungsministerium und in der NATO. Herausgehobene Verwendungen waren dabei die des Befehlshabers des Wehrbereichs 1 Küste in Kiel, des Befehlshabers der Flotte in Flensburg und des Inspekteurs der Deutschen Marine in Bonn und Berlin. Nach der Pensionierung im Mai 2006 war er fünf Jahre Präsident des Deutschen

Maritimen Instituts. 2008 und 2009 arbeitete er als Berater der Europäischen Kommission in Fragen der Sicherheit der Maritimen Infrastruktur und der Handelswege und seit 2009 für die European Defense Agency im Wise Pens Team, nun seit 2011 als Direktor von Wise Pens International Limited für die EDA, die Europäischen Kommission und andere Auftraggeber für die Aufgaben der Meeresüberwachung und des Informationsaustausches im maritimen Bereich. Als Mentor und Vortragender ist er seit 2006 regelmäßig bei Seminaren des US Naval War College eingesetzt und bereist die USA, Europa und den Nahen Osten. Seit November 2013 ist er Präsident von EuroDefense Deutschland.

Frau, Robert Dr. iur.

Robert Frau studierte Rechtswissenschaften an der Europa-Universität Viadrina in Frankfurt (Oder). 2005 schloss er sein Studium ab. 2010 erfolgte die Promotion zum Dr. iur. im Völkerrecht an der Viadrina mit einer Arbeit zum Thema „Das Verhältnis zwischen ständigem Internationalen Strafgerichtshof und dem Sicherheitsrat der Vereinten Nationen – Art. 13 lit. b) IStGH-Statut und der Darfur-Konflikt vor dem Gerichtshof". Seit 2007 ist er wissenschaftlicher Mitarbeiter am Lehrstuhl für Öffentliches Recht, Völkerrecht, Europarecht und ausländisches Verfassungsrecht der Viadrina. Zu seinen Forschungsschwerpunkten gehören das humanitäre Völkerrecht, Völkerstrafrecht, Menschen- und Grundrechte sowie das Verfassungsrecht und dessen internationale Bezüge.
Ausgewählte Publikationen:
„Drohnen und das Recht – Völker- und verfassungsrechtliche Fragen automatisierter und autonomer Kriegführung", Tübingen 2014 (Herausgeber)
„Unmanned Military Systems and Extraterritorial Application of Human Rights Law", Groningen Journal of International Law 1 (2013), S. 1–18
„Unbemannte Luftfahrzeuge im internationalen bewaffneten Konflikt", Humanitäres Völkerrecht – Informationsschriften 2011, S. 60–72

Fuchs, Friedrich Kapitän zur See d.R.

Kapitän Friedrich Fuchs hat seine Laufbahn 1968 als Schiffsjunge begonnen. Nach einer Ausbildung zum Matrosen und Offizieranwärter, Studium an der Hochschule für Nautik in Bremen und danach 16 jährige Fahrtzeit als Nautischer Offizier und Kapitän auf Fracht- und Passagierschiffen. Seelotse seit 1991 im Revier Nordostseekanal 1. Darüber hinaus ist er aktiver Reserveoffizier der Marine im Bereich Beratung und Führung der Handelsschifffahrt durch die Marine in Krisen- und Kriegsgebieten, Schwerpunkt: Konvoioperationen. Ernennung zum Convoy Commodore 1993.

Hansen, Stefan M.A. Korvettenkapitän d.R.

Stefan Hansen hat Politikwissenschaft, Geschichte und Rechtswissenschaft an der Universität Kiel studiert und 2008 als Magister Artium abgeschlossen. Zuvor wurde er als Zeitsoldat zum Marineoffizier ausgebildet und ist seitdem kontinuierlich in unterschiedlichen Verwendungen tätig (DG: Korvettenkapitän d.R.). Er ist seit 2009 Dozent am Lehrstuhl für Internationale Beziehungen und seit 2011 Geschäftsführer des Instituts für Sicherheitspolitik (ISPK) an der Christian-Albrechts-Universität zu Kiel. Er war Projektkoordinator zweier Forschungsprojekte im Auftrag des BMVg und gibt gemeinsam mit Prof. Dr. Joachim Krause u.a. das „Jahrbuch Terrorismus“ heraus. Seine Forschungsschwerpunkte sind u.a. maritime Sicherheit und internationaler Terrorismus.

Ickert, Christian Kapitänleutnant

Christian Ickert ist Marineoffizier und Kompaniechef im Seebataillon in Eckernförde.

Jenisch, Uwe K. Prof. Dr. Kapitän z.S. d.R.

Prof. Dr. Uwe K. Jenisch ist Honorarprofessor für Internationales Seerecht am Walther-Schücking-Institut für Internationales Recht an der Universität Kiel, zugleich Mitglied des dortigen Exzellenzclusters „Ozean der Zukunft“ und Gastprofessor an der World Maritime University Malmö. Jenisch arbeitete seit 1970 in verschiedenen Ministerien des Bundes und des Landes Schleswig-Holstein und nahm als Mitglied der deutschen Delegation ab 1975 an den Verhandlungen zum Seerechtsübereinkommen der Vereinten Nationen teil. Aktuelle Forschungs- und Arbeitsgebiete sind u.a. das Recht des Meeresbergbaus, der Arktis und der maritimen Sicherheit. Er hat seit 1968 kontinuierlich über Fragen des Seerechts publiziert

und als Reserveoffizier in der Deutschen Marine gedient, zuletzt mit dem Dienstgrad Kpt. z. See d. R.
Ausgewählte Publikationen:
„Bibliographie des deutschen Schrifttums zum Internationalen und Öffentlichen Seerecht 1982-2007“ (mit Jeannette Edler), Nomos Verlag 2008, 231 S
„Arktis und Seerecht: Seegrenzen, Festlandsockel, Verkehrsrechte“, OSTEUROPA 2011, Nr. 2/3, S. 57–76 „EU Legislation for the Safety of Passenger Ships“, HANSA 2012, Nr. 3, S. 67–70
„Old Laws for New Risks at Sea: Mineral Resources, Climate Change, Sea Lanes and Cables“, WUM Journal of Maritime Affairs, 2012 no. 1, s. 169–185
„Tiefseebergbau: Lizenzvergabe und Umweltschutz“, NordÖR 2014 im Druck

Johns, Dirk Max Dr.

Dr. Dirk Max Johns studierte Archäologie und Kunstgeschichte in Montpellier, arbeitete zunächst als freier Journalist in Johannesburg/Südafrika. In Leuven absolvierte er seinen MBA und baute beim ZDF seit 1996 den Online-Bereich auf, den er als Hauptredakteur leitete. Zudem war er Gründer und Geschäftsführer der ZDF-Tochter newmedia. 2002 wechselte er zur European Broadcasting Union nach Genf, seit 2005 war er Leiter Kommunikation des Verbandes Deutscher Reeder. Seit März 2012 ist er Geschäftsführer im Verband Deutscher Reeder.

Nafzger, Hans-Jörg Prof. Kapitän

Nach einer Schiffsmechanikerlehre und Seefahrtzeit als Nautischer Offiziersassistent studierte Hans-Jörg Nafzger von 1989 bis 1992 Nautik an der Fachhochschule Oldenburg, Fachbereich Seefahrt in Elsfleth. Danach fuhr er als Nautiker zur See, erwarb das Patent AG (Kapitän auf Großer Fahrt) und schloss sein Studium zum Master of Science in International Shipping an der University of Plymouth in England ab. Bis 1999 arbeitete er, zuletzt in der Position als Technical Manager, bei der Reederei Contship Containerlines in Ipswich (GB). Im September 1999 wurde er zum Professor für Schiffssicherheit und Gefahrguttransport am Fachbereich Seefahrt in Elsfleth der heutigen Jade Hochschule berufen. Seine Schwerpunkte in Lehre und Forschung liegen in der Schiffssicherheit und der Schiffsführungssimulation. Daneben engagiert er sich in der Selbstverwaltung der Hochschule und amtierte von 2008 bis 2012 als Studiendekan des Fachbereichs Seefahrt. Im März 2014 übernahm er die wissenschaftliche Leitung des Schiffsführungssimulators.

Retkowski, Nils

Nils Retkowski sammelte während seiner 13jährigen Dienstzeit bei der Marine Erfahrung als Zugführer sowie als Adjutant des Amtschefs Marineamt. In seiner letzten Tätigkeit bei der Bundeswehr als Kompaniechef verantwortete er bei den Marineschutzkräften die Entsendung von Objektschutz- und Vessel Protection Teams für Marineeinsätze; insbesondere für die Missionen UNIFIL und ATALANTA. Er selbst nahm an Einsätzen im Sudan und auf den Kapverden teil. Nach einer Tätigkeit als Consultant bei einer maritimen Beratungsfirma in Hamburg ist er seit 2011 Head of Maritime Services bei der Result Group GmbH.

Schneider, Patrica Dr.

Patricia Schneider studierte Politikwissenschaft und Volkswirtschaftslehre an den Universitäten Bamberg, Galway/Irland und Hamburg. Sie schloss ihr Studium 1998 als Diplom-Politologin ab. 2003 erfolgte die Promotion zum Dr. phil. im Schnittfeld Politikwissenschaft und Völkerrecht an der Universität Hamburg über das Thema „Internationale Gerichtsbarkeit als Instrument friedlicher Streitbeilegung“. Sie ist wissenschaftliche Referentin am *Institut für Friedensforschung und Sicherheitspolitik an der Universität Hamburg* (www.ifsh.de) und war Co-Leiterin und Projektkoordinatorin des Verbundprojekts „PiraT – Piraterie und Maritimer Terrorismus als Herausforderung für die Seehandelssicherheit“ (www.maritimesicherheit.eu). Sie ist Dozentin im „Master of Peace and Security Studies“, sowie Mitherausgeberin der sicherheitspolitischen Fachzeitschrift „S+F. Sicherheit und Frieden – Security and Peace“ (http://www.sicherheit-und-frieden.nomos.de/). Zu Ihren Forschungsschwerpunkten zählen folgende Themen: Maritime Sicherheit, Internationaler Terrorismus und Internationale Gerichtsbarkeit.

Siebels, Dirk

Dirk Siebels promoviert derzeit zum Thema „Maritime security in East and West Africa – a comparative analysis“ an der University of Greenwich in London. Bevor er im September 2012 mit seiner Promotion begann, war er zunächst als Marineoffizier und später als freier Journalist und Politikberater tätig. Im Jahr 2010 schloss er zudem sein Studium an der Durham University in Großbritannien als Master of Arts im Bereich International Studies ab. Neben seiner Promotion ist Dirk Siebels aktiver Reserveoffizier, zudem ist er als Research Manager für die Security Association for the Maritime Industry (SAMI) an verschiedenen Forschungsprojekten beteiligt. Darüber hinaus arbeitet er als Associate Analyst für den Bereich Westafrika für Risk Intelligence.

Singer, Tassilo

Tassilo Singer hat zwischen 2006 und 2012 Rechtswissenschaften an der Universität Passau studiert. Im Anschluss an das erste Staatsexamen im März 2012 war er an der Universität Passau wissenschaftlicher Mitarbeiter am Lehrstuhl für Verfassungs- und Verwaltungsrecht, Europarecht, Europäisches und Internationales Wirtschaftsrecht von Prof. Dr. Christoph Herrmann (bis März 2013). Zugleich war er – ebenfalls in Passau – wissenschaftlicher Mitarbeiter am Lehrstuhl für Verfassungs- und Verwaltungsrecht, Völkerrecht, Europäisches und Internationales Wirtschaftsrecht von Prof. Dr. Hans-Georg Dederer. Im Rahmen seiner Tätigkeit war er im August 2012 Gastdozent an der Sibirischen Föderalen Universität Krasnojarsk in Russland, wo er Völkerrecht für den Studiengang Deutsches Recht unterrichtete. Im Juli 2013 wechselte er an die Europa Universität Viadrina in Frankfurt (Oder) an den Lehrstuhl für Öffentliches Recht, insb. Völkerrecht, Europarecht und ausländisches Verfassungsrecht von Professor Heintschel von Heinegg. Seit Oktober 2013 promoviert er dort zum Thema „Dehumanisierung der Kriegführung – Herausforderungen für das Völkerrecht“. Die Schwerpunkte seiner Forschung bilden derzeit das Völkerrecht und das humanitäre Völkerrecht, insbes. das Ius ad Bellum und die Einordnung moderner Technologien in das geltende Recht.

Steffen, Dirk M.A.

Dirk Steffen ist seit 2009 Gesellschafter und Leiter des Bereichs „Maritime Sicherheit“ des dänischen Unternehmens Risk Intelligence. Er war zwischen 1988 und 2000 aktiver Offizier der Deutschen Marine. 2002 erwarb er einen Master-Abschluss in Military Studies an der American Military University. Seit 2002 widmet er sich dem Thema maritimer Sicherheit aus praktischer und analytischer Sicht. Als Vertreter einer „Recognised Security Organisation“ war er 2004 an der Einführung des ISPS Code in Libyen und Nigeria beteiligt. Seit 2004 liegt der Schwerpunkt seines beruflichen Interesses im Golf von Guinea und in der Erarbeitung von schiffseitigen Präventionsmaßnahmen. So betreute er zwischen 2009 und 2011 die Vorbereitung und den Einsatz an Bord von insgesamt acht Offshore-Schiffen in den Hochrisikogebieten des Golf von Guinea und Indischen Ozeans. Als Reservist ist Dirk Steffen seit 2010 für die Marineschifffahrtleitung in Hamburg tätig und nahm unter anderem als eingeschiffter NCAGS-Stabsoffizier an Bord der Fregatte Hamburg an der African Partnership Station Übung OBANGAME EXPRESS 2014 in Golf von Guinea teil.
Ausgewählte Publikationen:
„Convoys and Citadels: Maritime Security in the Niger Delta“, Seaways, October 2008, 24-26
„Private Sicherheitsdienstleister auf See“, Hansa, September 2012, 149-154
„Product Tanker Hijackings: Understanding Trends & Tendencies in the Gulf of Guinea“, Maritime Reporter, November 2013, S. 72–3
„Obangame Express 2014 – Manöver der kleinen Schritte im Golf von Guinea“, MarineForum 7/8-2014, S. 8–11
„Risks in Contracting Government Security Forces in the Gulf of Guinea“, CIMSEC, 16 September 2014, zuletzt eingesehen am 23.11.2014 unter: http://cimsec.org/troubled-waters-2-risks-contracting-government-security-forces-gulf-guinea/13016

Topp, Claudia Maîtrise en Droit

Claudia Topp leitet im Bundesamt für Wirtschaft und Ausfuhrkontrolle (BAFA) das Referat Zulassung privater Sicherheitsdienste zum Schutz von Seeschiffen, das sie im Rahmen der eingeführten Regelung aufgebaut hat.

Bei dieser Tätigkeit kommen ihr ihre langjährigen Erfahrungen aus dem Bereich der Exportkontrolle als Projektmanagerin von EU-Outreachprojekten in Russland und Nordafrika zugute. Frau Topp ist deutsch-französische Juristin und war als solche vor ihrer Beschäftigung im BAFA in verschiedenen Unternehmen in Deutschland und Frankreich tätig.

Ausgewählte Publikationen:

„Germany: Administrative Efforts Paired with Company's Responsibility", in Sensitive Trade: The Perspective of European States, Quentin Michel (ed.), P.I.E. Peter Lang, *Non-Proliferation No. 5*, Brussels 2011, pp. 31 ff

Albrecht, Irina und Topp, Claudia, „Exportkontrollkooperation, Europäisch-rußländische Zusammenarbeit wider die Verbreitung von Massenvernichtungswaffen", *Osteuropa*, Heft 02-03/2007, S. 311 ff

Züngler, Philipp Kapitänleutnant M.A.

Er begann seine Laufbahn bei der Marine im Jahr 2004. Nach Offizierschule und weiterführenden Ausbildungen studierte er von 2005 bis 2009 Geschichte und Staatswissenschaften in Hamburg sowie Internationale Beziehungen in Kingston, Kanada. Im Anschluss an das Studium war er als Offizier auf Schnellbooten eingesetzt und zweimal für die Vereinten Nationen im Auslandseinsatz im Libanon. Nach seiner letzten Tätigkeit als Erster Wachoffizier auf einem Schnellboot arbeitet er seit 2013 als Jugendoffizier (http://www.jugendoffizier.de) in der öffentlichen sicherheitspolitischen Bildungsarbeit im Auftrag der Bundeswehr. Seine derzeitigen Forschungsschwerpunkte sind Maritime Sicherheit, gescheiterte Staaten und europäische Sicherheit.

von Unruh, Werner Prof. Dr. Kapitän

Werner von Unruh, Jahrgang 1954, studierte Nautik an der Fachhochschule Leer und schloss als Diplom-Nautiker mit Patent AG (Kapitän auf Großer Fahrt) ab. Im Anschluss an einige Jahre als nautischer Offizier an Bord, nahm er ein Jura-Studium auf, welches er 1991 mit dem 2. Staatsexamen und der Befähigung zum Richteramt abschloss. Anschließend promovierte er über „Das Seeamtsverfahren" an der Universität Greifswald. Auf die darauffolgende Dozententätigkeit an der Verwaltungsfachhochschule

Kiel-Altenholz, schloss sich 1994 der Ruf als Professor an den Fachbereich Seefahrt der Jade-Hochschule in Elsfleth an. Seine Lehrtätigkeit umfasst den Bereich Recht, im Schwerpunkt Seehandels- und Verwaltungsrecht. Zusätzlich war Professor von Unruh von 1995 bis 2002 stellvertretender Vorsitzender des damaligen Bundesoberseeamtes. Darüber hinaus ist er Mitglied des Ständigen Fachausschusses des Deutschen Nautischen Vereins, des Arbeitskreises der Schifffahrtsrechtsdozenten, der Deutschen Schifffahrtshistorischen Kommission, sowie weiterhin Nautischer Wachoffizier in der Seeschifffahrt und Kapitän auf Traditionsschiffen.
Ausgewählte Publikationen:
„Project Twinning Latvia – Anpassungshilfe für die Verwaltungen der EU-Beitrittsländer“ *HANSA* 11/2004, S. 18
„Seeunfalluntersuchung heute – erfüllt das neue Verfahren den Gesetzeszweck?“, *HANSA* 8/2005, S. 16
„Die Ausbildungs- und Arbeitsmarktsituation für Schiffsoffiziere“, *HANSA* 6/2007, S. 64
„Einsatz privater Sicherheitsdienste zum Schutz vor Piraten – Rechtliche Rahmenbedingungen für Schutzmaßnahmen auf Schiffen unter deutscher Flagge“, *Schiff und Hafen* 2/2012, S. 52

Wethling, Tore M.A.

Tore Wethling hat an der Universität Kiel Politikwissenschaft, Neueste Geschichte und Philosophie studiert und 2011 mit einem Magistergrad in Politikwissenschaft abgeschlossen. Er ist als leitender Analyst bei einem maritimen Sicherheitsunternehmen tätig und freier Mitarbeiter am Institut für Sicherheitspolitik (ISPK) an der Universität Kiel. Seine Forschungsschwerpunkte sind u.a. maritime Sicherheit und internationaler Terrorismus.

Index

C

D

E

T

U

V

W

Übersicht der Grafiken und Abbildungen im Band

Analysen zur Sicherheitspolitik /
German Strategic Studies

ISPK – Institut für Sicherheitspolitik
an der Christian-Albrechts-Universität zu Kiel

Herausgegeben von Professor Dr. Joachim Krause

Band 1 Patrick Fitschen: Die Transformation der US-Streitkräfte. Die Neuausrichtung der Streitkräfte der Vereinigten Staaten zwischen 2001 und 2006. 2007.

Band 2 Benjamin Schreer: The Howard Legacy. Australian Military Strategy, 1996–2007. 2008.

Band 3 Stefan Hansen: Neue deutsche Sicherheitsarchitektur. Ist eine Reform der Kompetenzverteilung zwischen Polizeibehörden, Nachrichtendiensten und den Streitkräften notwendig? 2009.

Band 4 Matthias Badenhop: Globaler Ölmarkt und die Außenpolitik der Vereinigten Staaten von Amerika. Implikationen und Interdependenzen. 2009.

Band 5 Hajo Lippke: Die Zukunft der Deutschen Marine. 2009.

Band 6 Carsten Michels: Die Taliban in den Stammesgebieten Pakistans. Eine sicherheitspolitische Analyse der Jahre 2001-2011. 2013.

Band 7 Moritz Brake (Hrsg.): Maritime Sicherheit – Moderne Piraterie. Hintergründe, Gefahren und mögliche Gegenmaßnahmen. 2015.

www.peterlang.com

www.ingramcontent.com/pod-product-compliance
Ingram Content Group UK Ltd.
Pitfield, Milton Keynes, MK11 3LW, UK
UKHW021821290926
8980IPUK00004B/204

9 783631 660539